DISCURSO DEL MÉTODO
MEDITACIONES METAFÍSICAS
REGLAS PARA LA DIRECCIÓN DEL ESPÍRITU
PRINCIPIOS DE LA FILOSOFÍA

RENÉ DESCARTES

Unico retrato de Descartes sacado del natural *(ad vivum)*. Lo grabó Frans Shooten, hijo, profesor de matemáticas, y autor de obras científicas. Es de fecha 1644, y Descartes dióle las gracias en los siguientes términos: "Le encuentro de muy buena factura, aunque la barba y el vestido no se parecen en nada." Cabe señalar que la inscripción es el único documento conocido atestiguando que Descartes nació el 31 de marzo de 1596.

DESCARTES

DISCURSO DEL MÉTODO

✦

MEDITACIONES METAFÍSICAS

REGLAS PARA LA DIRECCIÓN DEL ESPÍRITU

PRINCIPIOS DE LA FILOSOFÍA

ESTUDIO INTRODUCTIVO, ANÁLISIS
DE LAS OBRAS Y NOTAS AL TEXTO

POR

FRANCISCO LARROYO

VIGÉSIMA TERCERA EDICIÓN
Primera reimpresión

EDITORIAL PORRÚA
AV. REPÚBLICA ARGENTINA, 15
MÉXICO, 2012

Primeras ediciones: *Discurso del Método, 1637: Meditaciones Metafísicas,* 1641; *Reglas para la dirección del espíritu,* 1701: *Principios de la Filosofía,* 1644.

Primera edición en la Colección "Sepan Cuantos...", 1971

ISBN 970-07-6520-2 Rústica
ISBN 970-07-6349-8 Tela

IMPRESO EN MÉXICO
PRINTED IN MEXICO

PRELIMINAR

DESCARTES Y LA PRÁCTICA DE LA MEDITACIÓN PERSONAL

La figura de Descartes como filósofo no ha sido objeto de unánime interpretación. Sobre todo en la actualidad se juzga y pondera su obra, no menos que su personalidad, de manera diferente.

Para algunos, Descartes es de preferencia un *metodólogo* (W. Windelband, P. Natorp...). Su preocupación, su gran preocupación consistió, según ellos, en dar un fundamento lógico a la nueva ciencia natural, para ver de desarrollarla, como él mismo lo intentó y lo hizo. Descartes es, de cierto, así un clásico en la historia de la filosofía como un clásico en la historia de la ciencia.

Para otros, la intención, acuciante e íntima, de Descartes era de *orden moral y religioso* (L. Blanchet, por ejemplo): apaciguar el conflicto entre revelación y razón, entre fe y saber. De ahí, se dice, la importancia concedida a la idea de Dios en todo el sistema.

Un tercer grupo enfatiza en las apreciaciones los perfiles *ontológicos y metafísicos* de la obra cartesiana: la finalidad reside, a su juicio, en vivir experiencias ontológicas del yo y del mundo (F. Alquié, M. Guéroult). Dentro de esta línea hay quien, inclusive, acaso exagera el papel que tiene el pensamiento medieval en la formación de la doctrina de Descartes (E. Gilson, H. Gouhier).

Otra interpretación, menos correcta quizá, la formula M. Leroy. Para este pensador, Descartes es un *filósofo enmascarado*. No hay que entenderle de continuo de manera literal, sino penetrar en el mensaje secreto de sus filosofemas. A veces, se subraya, oculta su pensamiento por temor a las consecuencias públicas que puedan traer consigo.

Decir esto de Descartes, el filósofo de las ideas claras y distintas, es de sobra "original". Un examen imparcial de los textos, al contrario, pone al desnudo los rasgos todos de las letras francesas, de las cuales él mismo es promotor y exponente: claridad, soltura, agudeza, desenfado...

Las mencionadas interpretaciones son unilaterales. Ven al filósofo desde un solo ángulo, cuando no desdibujan su personalidad en obsequio de una idea preconcebida de él. Por ello, hay que encarar la obra de Descartes en su conjunto, esforzándose en descubrir los hilos de la trama que constituyen su pensamiento (O. Hamelin, L. Brunschvicg, E. Cassirer, K. Jaspers).

Descartes es *un sistemático* en toda la fuerza del vocablo. A la luz de su racionalismo toca los registros todos de la filosofía. Descartes es lógico y metafísico, ético y antropólogo, y teólogo, y psicólogo, puesto aparte su genio científico, que de manera indudable influyó en su filosofar, ya como físico y fisiólogo, ora como matemático y astrónomo.

Al imponer a la cultura de Occidente el estilo de pensar por ideas claras y distintas, libera a la reflexión filosófica de toda suerte de autoridad (religiosa, política...) inaugurando así la práctica de la meditación personal.

ESTUDIO INTRODUCTIVO

DESCARTES, FUNDADOR DEL RACIONALISMO

SUMARIO

1. LUGAR DE DESCARTES EN LA HISTORIA DE LA FILOSOFÍA OCCIDENTAL

La Historia de la Filosofía occidental suele dividirse en estas unidades:

1. La Filosofía de los Griegos (hasta la muerte de Aristóteles, 322 a. de J. C.).

2. La Filosofía helenístico-romana (hasta fines del siglo iv).

3. La Filisofía medieval: la Patrística y la Escolástica (de fines del siglo iv a fines del siglo xiv).

4. La Filosofía del Renacimiento (del siglo xv a fines del siglo xvii).

5. La Filosofía del Iluminismo (desde Locke hasta la muerte de Lessing, 1787).

6. La Filosofía del Idealismo alemán (de Kant a Hegel y Herbart, principios del siglo xix).

7. La Filosofía en el siglo xix.

8. La Filosofía en el siglo xx.

Descartes, 1596-1650, crea el sistema del *racionalismo,* y, con éste, la Filosofía del Renacimiento alcanza su madurez. Esta doctrina postula como principio por antonomasia la *unidad de la razón.* Fundamento de todo saber, teórico y práctico, es la esencia racional del hombre. Hay, en efecto, ciertas ideas que constituyen la razón humana, llamadas, por ello, *ideas innatas,* y que no sólo dan las bases del conocimiento verdadero, sino también de la sabiduría de la vida toda *(bona mens)*.

Descartes está aun dentro del concepto universalista de la filosofía. Identifica a ésta con todo el saber demostrado. Además de la metafísica, forman parte de ella la matemática, la física, la antropología, la medicina, etc. La filosofía es la ciencia universal. (Cfr. *Carta del autor al traductor del libro, la que puede servir de prefacio a Los Principios de la Filosofía.)*

2. CARACTERES DE LA FILOSOFÍA DEL RENACIMIENTO [1]

La época del Renacimiento no fue un mero retorno a la literatura y plástica de la antigüedad. Trajo consigo una vasta renovación de la existencia humana, una nueva concepción del mundo y de la vida: con Maquiavelo se lanza una atrevida doctrina de la sociedad y el Estado; Lutero pide una tradición de libertad, en las relaciones del creyente con la Iglesia; Montaigne predica una concepción más mundana de las relaciones morales del hombre, y Copérnico y Galileo, Descartes y Bacon emancipan a la ciencia y la filosofía de su concepción medieval.

Con parecida actitud a la de Sócrates y los sofistas, los hombres del Renacimiento se sienten individuos independientes y libres; quieren admitir de la tradición medieval sólo lo que puede exhibir sus credenciales de verdad objetiva; se engendra en ellos una alta conciencia de su propio valer: la fe y la obediencia, la renunciación y la humildad, se truecan en orgullo y osadía, voluntad de poder y de aventura.

No ha sido fortuito, dice W. Windelband, que al lado de París, los centros de la vida intelectual se multiplicaran cada vez más. Si ya antes Oxford había adquirido propia importancia como hogar de la oposición de los franciscanos, ostentan ahora vida independiente, primero Viena, Heidelberg, Praga; después las incontables academias de Italia, y, al fin, las universidades de la Alemania protestante. Pero desde luego gana la vida literaria, gracias al descubrimiento de la imprenta, tal extensión y un desarrollo de tal suerte ramificado, que acaba por desprenderse del rígido nexo de escuela, rompe las cadenas de la tradición erudita y se traduce en el surgimiento autónomo de las

---

[1] Cfr. F. LARROYO, *Sistema e historia de las doctrinas filosóficas.* Colaboración de E. Escobar. Ed. Porrúa, S. A., México, 1968.

personalidades. La filosofía pierde su carácter gremial y se convierte, en sus mejores creaciones, en libre actividad de los individuos; busca sus fuentes en toda la amplitud de la realidad, y se presenta también, públicamente, con la vestimenta de las modernas lenguas nacionales.

El renacimiento de la investigación pura, es el verdadero sentido del renacimiento científico, y en él reside también su semejanza con el pensar griego que, para su evolución, es decisivo. La subordinación a objetivos de la vida práctica, ética y religiosa, que había sido el caso en toda la filosofía de la época helenístico-romana y de la Edad media, decrece más al iniciarse los Tiempos Modernos, y el conocimiento de lo real aparece de nuevo como objeto privativo de la investigación científica.

Otro suceso que vino a conmover la concepción del mundo y la vida hasta entonces imperante, fueron los descubrimientos geográficos. El conocimiento de la existencia del Nuevo Mundo con su peculiar tipo humano, el indio, no sólo produjo un impacto en las ideas cosmológicas, sí que también en la antropología y la filosofía de la historia.

La expresión filosófica de la época renacentista es la siguiente. Ante todo se desarrolla un período durante el cual los pensadores anhelan un saber del mundo y del hombre, y, por tanto, del lugar del hombre en el mundo. En tal faena, tratan de superar al intelectualismo medieval, pero sólo producen filosofemas obtenidos por la vía de la mera especulación.

En el segundo período, el desarrollo de la ciencia natural con sus nuevas conquistas impulsa a la filosofía a meditar sobre el método, iniciándose, por obra de Descartes, la venturosa época del racionalismo, que no intelectualismo (de signo medieval).

Pero la conquista de los nuevos métodos llevó pronto a muchos pensadores a forjar, recurriendo al principio del racionalismo, nuevos sistemas metafísicos, bien que de sabor mundano, una vez separada la filosofía de la teología (siglo XVII).

3. PERSONALIDAD Y OBRAS

Bacon, 1561-1626, tuvo ya clara conciencia de la necesidad de una nueva lógica y vislumbró la idea de una reforma de la filosofía. En el período subsiguiente, inaugurado por Descartes, se colma esta exigencia. Surge el racionalismo con definitivos perfiles. La ciencia natural moderna, con su método matemático, influyó mayormente en la nueva doctrina: la vía especulativa de filosofar cedió paso a un nuevo método.

El hogar de la filosofía moderna es, ante todo Francia y los Países Bajos. Italia y Alemania, envueltas en los conocidos conflictos religiosos, pierden la preponderancia que tuvieron al iniciarse el Renacimiento. La época del racionalismo es un movimiento rico en manifestaciones. Una vez puestas las bases por Descartes, se originan muy importantes sistemas metafísicos que, aunque al principio predominan en ellos los temas teológico y cosmológico, muy pronto vuelven su mirada a los grandes problemas del derecho y la sociedad, superando de paso las concepciones utópicas del siglo XVI.

Descartes nace en la Turena, el año de 1596. Educado en el colegio jesuita de La Flèche, estaba destinado a la carrera militar y hasta llegó a participar en campañas durante los años que van de 1618 a 1621. Después regresó a París y más tarde pasó muchos años en diversos lugares de Holanda, en una soledad científica, mantenida a porfía. Como le amargaran su vida las controversias que provocó su doctrina en las universidades, atendiendo a un llamado de la reina Cristina de Suecia, se trasladó a Estocolmo en 1649, donde murió al año siguiente. La pasión de saber, indiferente a todo afán de bienes externos, el irresistible impulso de autoformación, la lucha contra todo engaño de sí mismo, la exaltación de la vida puramente intelectual y la plena austeridad de la verdad íntima: he ahí la esencia de su personalidad.

Una noche del año de 1619, tuvo, como él mismo lo relata, la primera intuición de su método. Para corresponder a tan inmenso favor, hizo votos de ir en peregrinación al santuario de la Virgen de Loreto, en Italia; lo que cumplió poco después.

La primera obra que compuso gracias al nuevo hallazgo fueron las *Reglas para la dirección del espíritu* (1628), sólo publicadas, por cierto, después de su muerte. En 1634 concluye un estudio sobre *El Mundo*, que conocerá la luz pública con el nombre de *Tratado de la luz*. Por lo pronto, se abstuvo de editarlo, al conocer la condena de Galileo, pues Descartes aceptaba la doctrina heliocéntrica de Copérnico. En 1637 publica su *Discurso del Método,* que no era otra cosa que un preámbulo a tres ensayos de carácter científico, a saber, la *Dióptrica,* los *Meteoros* y la *Geometría.* Las *Meditaciones metafísicas* aparecen en 1641, con el nombre de *Meditaciones acerca de la primera filosofía en la cual se prueba la existencia de Dios y la inmortalidad del alma,* junto con las *Objeciones* que se le habían hecho (pues las dio a conocer con anterioridad a un grupo de filósofos y teólogos) y las *Respuestas* del propio Descartes. *Los Principios de la Filosofía* (una imagen *in nuce* de todo su sistema, con intención didáctica) fueron publicados en 1644. En 1649 dio a la estampa *Las pasiones del alma.* Después de la muerte del filósofo se editaron: *Tratado del hombre* (1664); *El Mundo o Tratado de la Luz* (1664); *Cartas* (1657-67);

las *Reglas* (1701), y *La búsqueda de la verdad por medio de la razón natural* (1701).

4. LA DUDA METÓDICA. EL COGITO

La filosofía moderna se inaugura, como se ha dicho ya, con el problema del método. La filosofía precedente se había preocupado de preferencia por el problema del ser: fue una filosofía ontológica. Con los grandes pensadores del siglo XVI toma un nuevo giro la meditación filosófica. Antes de lanzarse a la búsqueda del ser, el pensar filosófico se afana por descubrir el camino que pueda conducir allí: ¿Qué ruta tiene que recorrer el conocimiento para alcanzar la verdad?

Con ello se formula la idea de que una investigación sobre la razón humana debe preceder al conocimiento del mundo. Descartes, en efecto, busca los principios racionales que han de normar todo conocimiento, los principios racionales de los que han de derivarse las nociones sobre el mundo y sobre Dios. Por este motivo, se considera a Descartes como el fundador del racionalismo moderno.[2]

Descartes no procede, en efecto, como en la Edad Media; no inquiere por las cualidades ocultas de las cosas, sin antes haberse preguntado si la razón humana puede lograr tal saber. Si el hombre quiere investigar la verdad, debe examinar, en primer término, su propio intelecto, su razón. En esta empresa, como de suyo se comprende, reaparece bajo nuevos aspectos la idea de autoconciencia a título de recurso filosófico.

La *duda metódica* es el instrumento que ha de emplearse en la búsqueda de estos principios. Advierte Descartes cómo innumerables hechos que se tienen por verdaderos, pronto se presentan como falsos. No hay otro medio, dice, para librarse de los diversos prejuicios y llegar a un conocimiento firme y seguro, que dudar de todo cuanto se ofrezca con la menor sospecha de incertidumbre. De inmediato puede admitirse que no existe Dios, ni cielo e infierno; que incluso los principios matemáticos son falsos. Pero en este mar de dudas se levanta una roca de certeza absoluta. "Advertí luego, agrega, que queriendo yo pensar que todo es falso, era necesario que yo, que lo pensaba, fuese alguna cosa; y observando que esta verdad: 'yo pienso, luego soy', era tan firme y segura, que los más audaces argumentos de los escépticos no son capaces de conmoverla, juzgué que podía recibirla sin escrúpulo, como el primer principio de la filosofía que andaba buscando...

"Examiné después atentamente lo que yo era, y viendo que podía fingir que no tenía cuerpo alguno y que no había mundo ni lugar

---

2 Cfr. L. BRUNSCHVICG, *Escritos filosóficos.* I, París, 1951.

alguno en el que yo me encontrase, pero que no podía fingir por ello mismo que yo no fuese, sino al contrario, por lo mismo que pensaba en dudar de la verdad de las otras cosas, se seguía muy cierta y evidentemente que yo era, con sólo dejar de pensar, aunque todo lo demás que había imaginado fuese verdad, no tenía yo razón alguna para creer que yo era, conocí por ello que yo era una sustancia cuya esencia y naturaleza toda es pensar, y que no necesita para ser de lugar alguno, ni depende de cosa alguna material; de suerte que este yo, es decir, el alma, por la cual yo soy lo que soy, es enteramente distinta del cuerpo y hasta más fácil de conocer que éste y, aunque el cuerpo no fuese alma, no dejaría de ser cuanto es."

Descartes duda para llegar a la certidumbre; su duda es una vía para descubrir la verdad: es duda metódica. Su principio *cogito ergo sum (je pense, donc je suis)*, es para él solamente el punto metódico de partida. Permanece cierto en toda duda que yo pienso, que yo soy una cosa pensante *(une chose qui pense)*. Esto no lo adquiere por medio de un silogismo, sino por "experiencia" inmediata, por una "intuición del espíritu", por la "luz natural" de su razón, por una "representación clara y distinta" *(perception claire et distincte)*.[3]

5. Criterio de la verdad

El *criterio de la verdad* se halla, puntualmente, en estos últimos caracteres, pues la plena claridad y la completa distinción son propiedades del evidente principio. "Claro es un conocimiento —dice Descartes— que está presente y patente al alma atenta, como se llama claro a lo que está presente al ojo contemplador y lo excita con fuerza suficiente. Llamo, empero, distinto, a un conocimiento que en su claridad se distingue y deslinda de todos los demás, y en el cual, además, las partes o elementos del objeto están diferenciadas, como, por ejemplo, ocurre en los números. Por consiguiente, todo lo que yo conozco clara y distintamente en la misma forma puedo considerarlo verdadero".

Sean o no la claridad y la distinción los signos decisivos de lo verdadero, Descartes ha hecho ver la importancia fundamental del problema del criterio de verdad en la teoría del conocimiento. Sin un patrón objetivo de lo verdadero, no hay medio para evadirse de la incertidumbre. Hay más: sólo teniendo como modelo un tal criterio, pueden ser formuladas las etapas del método.[4]

[3] E. von Aster, *Introducción a la filosofía de Descartes*, Berlín, 1921.
[4] P. Natorp, *La teoría del conocimiento de Descartes. Un estudio acerca de la prehistoria del criticismo*. Leipzig.

6. Evidencia, análisis, síntesis y prueba

Son cuatro las reglas que precisa seguir en la captura de la verdad:

1. "No aceptar nunca como verdadero lo que con toda evidencia no reconociese como tal; es decir, se evitará cuidadosamente la precipitación y los prejuicios, no dando cabida en los juicios sino a aquellos que se presenten al espíritu en forma tan clara y distinta que no sea admisible la más mínima duda." Regla de la evidencia.

2. "Dividir cada una de las dificultades que hallase a mi paso en tantas partes como fuere posible y requiriera su más fácil solución." Regla del análisis.

3. "Ordenar los conocimientos, empezando por los más sencillos y fáciles, para elevarme poco a poco y como por grados hasta los más complejos, estableciendo también cierto orden en los que naturalmente no lo tienen". Regla de la síntesis.

4. "Hacer siempre enumeraciones tan completas y revistas tan generales que se pueda tener la seguridad de no haber omitido nada." La enumeración verifica el análisis, la revisión la síntesis. Regla de la prueba. (Cfr. *Discurso del método.)*

7. Dios y Mundo

Sobre el principio inconmovible del *cogito ergo sum* trata Descartes de construir todo su sistema. Piedra angular de esta construcción es la idea de Dios. Existe un ser del cual, aunque exterior a nosotros, precisa afirmar su existencia con la seguridad de las ideas claras y distintas: Dios.

Dos argumentos de la existencia de Dios da Descartes. El primero la toma de San Anselmo. El segundo, de la limitación de los hombres como seres finitos, para poseer por sí mismos la idea de lo infinito. De nada, argumenta Descartes, no puede provenir nada. De aquí deduce: la causa no puede contener menos realidad o perfección que el efecto. Ahora bien, yo encuentro en mí la idea de Dios como la de un ser infinitamente perfecto. Yo mismo soy finito y no pude haber producido esta idea. Sólo puede provenir de un ser que contenga realmente toda la perfección que yo me presento en ella; es decir, Dios tiene que existir.

Dios mismo ha sembrado en el hombre la idea de lo Infinito. El mundo existe, además, porque Dios existe, ya que siendo Dios perfecto, no nos puede engañar imbuyéndonos ideas falsas. Justamente la hipótesis de la existencia de un *ser maligno*, introducida por Descartes para poner en duda la objetividad del mundo, queda nulificada con la prueba de la existencia de Dios como ser omnipotente e infinitamente bueno.

En suma: Descartes admite tres realidades substanciales: *a)* Dios, substancia infinita *(res infinita); b)* el yo pensante, consciente *(res cogitans); c)* los objetos corporales *(res extensa).*

El mundo es extensión, y si la ciencia que estudia la extensión es la geometría, la física, que estudia el mundo, es geometría.

Por otra parte, el mundo funciona de manera mecánica. Animales y plantas, que carecen de substancia pensante, son máquinas, bien que perfectas. Con ello, Descartes se convierte en un precursor del mecanicismo, que tanta importancia llega a tener desde el siglo XIX.

8. IDEAS INNATAS, IDEAS ADVENTICIAS E IDEAS FICTICIAS

Estas demostraciones traen consigo un nuevo aporte: las *ideas innatas.* El pensamiento de Dios, los principios lógicos, el concepto de sustancia y de causa, de extensión y número, son sembrados por Dios en nuestra razón y vienen con nosotros al nacer.

Ésa es la razón, asegura Descartes, que nos permite derivar de ellos otros principios conceptuales evidentes, como los teoremas de la geometría. Los conceptos innatos son los fundamentos posibles del conocimiento científico del universo, a diferencia de los contenidos de la experiencia sensible, cuyos conceptos nunca están exentos de confusión.

A más de las ideas innatas, se distinguen otras dos clases de ideas: las *adventicias,* provocadas por la realidad externa; y las *ficticias,* que son creadas por la imaginación. Las innatas son, sin embargo, las únicas que constituyen los verdaderos fundamentos del conocimiento.

Ahora bien, el modelo del saber en donde quedan probadas estas dos exigencias es la matemática. Todo principio matemático es, en verdad, *claro* en sí mismo, y vinculado metódicamente a otros, es decir, con un contenido *distinto.* El propio Descartes había procedido de tal modo en su descubrimiento y constitución de la *geometría analítica.* De esta suerte consideró justificado tal criterio de verdad.

El paso siguiente era el demostrar la fecundidad de este método racionalista en las diversas ramas del saber, ante todo en la metafísica.

9. SUSTANCIA, ATRIBUTO, MODO. LA COMUNICACIÓN DE ALMA Y CUERPO

La ontología cartesiana da la versión hoy difundida de los conceptos de sustancia, atributo y modo. Sustancia para Descartes es aquello que de tal manera existe, que no necesita de ninguna otra cosa para su existencia. Descartes admite que, en sentido estricto, sólo Dios es sustancia. En sentido más amplio llama sustancia a todo lo que sólo necesita de la cooperación divina para su existencia. Sin la fuerza creadora y conservadora de la divinidad, las sustancias finitas no existirían o se reducirían a la nada.

La sustancia es conocida por sus propiedades. La propiedad fundamental que expresa la "esencia" del objeto y que puede concebirse por sí sola (sin presuposición de otras propiedades), se llama *atributo*.

Descartes distingue entre Dios, como sustancia infinita, y dos clases de sustancias finitas, espíritu y cuerpo. El atributo del espíritu es el pensar (la conciencia). En esto se manifiesta su esencia; nunca está, por lo tanto, sin pensar. El atributo del cuerpo es la extensión, pues sin ella no es posible cuerpo alguno.

Descartes entiende por *modos* o *accidentes* aquellas propiedades de las sustancias que presuponen la existencia de los atributos. El sentir, el querer, el anhelar, el imaginar, el juzgar, son "modos del pensamiento" (es decir, modificaciones de la conciencia). La figura, la posición, los movimientos (del espacio) son, por el contrario, modos de la extensión.

Como se advierte, Descartes se aparta del concepto tradicional de *forma sustancial,* según la cual todo ser consta de una materia y de una forma que define su esencia. Las cosas corporales, para Descartes, no contienen estas formas metafísicas, que se realizan conforme a cierta finalidad interna. En el mundo de lo material todo se reduce a extensión y movimiento mecánico; extensión y movimiento, por otra parte, plenamente inteligibles. La materia no es irracional, como enseñaba todavía el aristotelismo medieval.

Para Descartes, además, ambas sustancias, alma y cuerpo, son completamente distintas entre sí y existen con entera independencia mutua. De esta guisa, representa Descartes el *dualismo metafísico,* es decir, la concepción que establece una radical diferencia entre lo corpóreo y lo espiritual.[5]

Alma y cuerpo son esencialmente distintos, pero se comunican. ¿Cómo? La pregunta ya fue formulada por la princesa Elisabeth. Descartes contesta diciendo que es Dios quien funda esta comunicación, como lo exhibe el conocimiento del mundo externo. La sustancia pensante, al conocer, se pone en comunicación con la sustancia extensa. No hay unidad de naturaleza entre alma y cuerpo, sino unidad de composición.

10. LA ANTROPOLOGÍA

El dualismo metafísico suministra el fundamento de la antropología cartesiana. Los animales, para Descartes, son mecanismos desprovistos

[5] Cfr. A. KOIRÉ, *Descartes y la Escolástica,* Berlín, 1923.

en absoluto del alma. La naturaleza pensante (cogitante) del hombre lo diferencia de las bestias. (Cfr. *Tratado del hombre.*)

El hombre es un compuesto de alma y cuerpo, en nexo recíproco, cuyo centro de acción es la glándula pineal, en el cerebro; pero hay una diferencia de esencia entre espíritu y cuerpo. "El cuerpo es divisible, el espíritu indivisible". "En efecto, cuando considero el espíritu, dice Descartes, esto es, a mí mismo, en cuanto que soy sólo una cosa que piensa, no puedo distinguir partes en mí, sino que conozco y concibo muy claramente que soy una cosa absolutamente una y entera; y aunque todo el espíritu aparece unido a todo el cuerpo, sin embargo, cuando un pie, un brazo o cualquiera otra parte son separados del resto del cuerpo, conozco muy bien que nada ha sido sustraído a mi espíritu; tampoco puede decirse propiamente que las facultades de querer, sentir, concebir, etc., son partes del espíritu, pues uno y el mismo espíritu es el que por entero quiere, siente, y concibe, etc. Pero en lo corporal o extenso ocurre lo contrario; pues no puedo imaginar ninguna cosa corporal o extensa, por pequeña que sea, que mi pensamiento no deshaga en pedazos o que mi espíritu no divida fácilmente en varias partes, y por consiguiente, la conozco como divisible." *(Meditaciones metafísicas.)* [6]

11. LAS PASIONES. LA MORAL.

En el alma humana hay una pugna entre las *acciones* y las *pasiones*. Las primeras están gobernadas por la voluntad, que es libre de aceptar o rechazar. Las segundas son involuntarias, algo así como resistencias mecánicas del cuerpo; pero no se crea que todo es malo en ellas. Lo grave es caer en los excesos.

Las pasiones son efecto del cuerpo, algo así como reflejos de éste en el alma. Hay seis pasiones cardinales: la admiración, el amor, el odio, el deseo, la alegría y la tristeza. De ellas, por combinación, se producen otras muchas: el aprecio, la conmiseración, etc. El estudio de las pasiones lleva a Descartes a descubrir importantes hechos psicofisiológicos (Cfr. *Las pasiones del alma*).

La ética cartesiana se basa enteramente en la antropología. El peligro de la dignidad humana reside en parte mayor en las servidumbres del alma. Por ello, el hombre ha de liberarse de ellas, que, en definitiva, son efecto de pasiones. Éstas, a decir verdad, hacen ver el bien y el mal de manera errónea.

La experiencia y el razonamiento deben ser la guía de la conducta del hombre, no las pasiones. La sabiduría justamente consiste en do-

[6] F. ALQUIÉ, *El descubrimiento metafísico del hombre en Descartes*, París, 1950.

meñar a estas últimas; lo que se logra de manera progresiva extendiendo la fuerza de la razón, lo cual restituye al hombre el uso del *libre albedrío.*

Descartes pondera por esta vía la resolución y constancia de voluntad. Acepta también la adhesión a la tradición religiosa y política que, por otra parte, no somete a la crítica racionalista, de que hace tan libre uso en el dominio de las ciencias. Para Descartes, punto culminante de la moral es el de la elección de vida. Él mismo declara que ha elegido la del científico, después de estudiar a fondo las diversas ocupaciones de los hombres.

12. Evolución de Descartes

La doctrina de Descartes se fue integrando al correr de los años. ¡Qué duda cabe! Cinco de sus obras marcan el desenvolvimiento: Las *Reglas* (1628), el *Discurso del método* (1637), las *Meditaciones metafísicas* (1641), *Los Principios de la Filosofía* (1644) y el *Tratado de las Pasiones* (1649).

Al hablar de la evolución de Descartes, precisa subrayar el carácter de ella. Se trata aquí de un desarrollo concéntrico, ello es, de un desenvolvimiento que parte de ciertas ideas, que, a manera de círculos concéntricos, se van ampliando con el tiempo.

Hay que cotejar. La evolución filosófica de un pensador puede asumir dos formas. A veces la mudanza, efecto en una de sus etapas, es de tal magnitud, que significa propiamente un nuevo giro o derrotero. La etapa anterior se rectifica en más o menos. Tal es el caso, por ejemplo, del tercer período de la filosofía de Aristóteles, cuando, bajo la influencia de las doctrinas astronómicas de Calipo, se declara que hay más de un motor inmóvil (Libro XII de la *Metafísica*).[7]

Otras veces, la mudanza sólo significa una integración gradual de las ideas precedentes. La doctrina de la etapa anterior sigue conservando su valor teorético: partiendo de ella se continúa construyendo. Este es el caso justamente de Descartes. El *Discurso del Método* es, en un sentido, una versión más acabada de los principios contenidos en las *Reglas*. Las *Meditaciones Metafísicas,* por su lado, una exposición *in extenso* de la cuarta parte del *Discurso*. Lo propio cabe decir de las relaciones entre la quinta parte del susodicho *Discurso* y *Los Principios de la Filosofía*. En fin, la doctrina moral, pergeñada en la

---

[7] Cfr. Aristóteles, *Metafísica*. Introducción y análisis de los libros por Francisco Larroyo, págs. 199 y ss. Colección "Sepan Cuantos..." Nº 120, Ed. Porrúa, S. A. México, 1968.

tercera parte del *Discurso,* logra su completo desarrollo en *Las Pasiones del Alma.*

La primera forma evolutiva, brusca, violenta, revolucionaria, constituye una *evolución por inflexión.* La segunda es, a las claras, una *evolución por continuidad.* Naturalmente que se dan evoluciones de modalidades intermedias, evoluciones ni muy revolucionarias ni muy conservadoras. Tal vez la cuarta etapa de la filosofía platónica, al reafirmar el carácter inmaterial de las ideas, pero adscribiéndoles ahora cierta dinamicidad ontológica, sea un tipo de evolución intermedia.[8]

13. RESONANCIAS

Como todo gran sistema filosófico, el racionalismo ha tenido viva resonancia desde su fundación. No sólo puso las bases de los grandes sistemas filosóficos de fines del siglo XVII y principios del XVIII, sí que también fue insoslayable doctrina durante toda la Época de las Luces.

Kant, para crear el idealismo trascendental, litiga denodadamente con el cartesianismo no menos que con el empirismo, y los discípulos inmediatos del propio filósofo alemán, echan mano una y otra vez de filosofemas del racionalismo. Nada menos que Hegel ha llamado a Descartes, en un célebre texto "el autor de la revolución del espíritu que marca los orígenes de los tiempos modernos".

Descartes, en efecto, es una de las señeras figuras occidentales de la filosofía. Incrementa y profundiza las doctrinas europeas: recoge lo valioso de ellas, y cava, al propio tiempo, un nuevo cauce, hondo y dilatado; todo esto sin contar sus aportaciones en el desarrollo de las ciencias particulares, sobre todo en los dominios de la matemática y de la física.

Un ejemplo, entre muchos, confirma la resonancia de Descartes: la doctrina fenomenológica, hoy, no sólo se sirve del lenguaje cartesiano; asimismo renueva no pocas de sus medulares ideas.[9]

---

[8] Cfr. PLATÓN, *Las Leyes, Epinomis, El Político.* Introducción y preámbulos a los *Diálogos* por Francisco Larroyo, págs. XXII y ss. Colección "Sepan Cuantos..." Nº 139, Ed. Porrúa, S. A. México, 1969.

[9] J. LAPORTE, *Le rationalisme de Descartes,* 1945.

SINCRONÍA DE DESCARTES

1596. Nace en La Haye, Touraine, el 31 de marzo.
1606. Ingresa en el Colegio de La Flèche en Anjou.
1610. Galileo (1546-1642): *Nuncius siderium*, en donde ya se habla de las primeras observaciones telescópicas.
1611. Kepler (1571-1630): *Dióptrica*.
1614. Sale del Colegio de La Flèche.
1616. Obtiene el bachillerato y la licenciatura en Derecho, en Poitiers.
1617. Muere Francisco Suárez (n. en 1548).
1618. Voluntario en Holanda en el ejército de Maurice de Nassau, príncipe de Orange y director de la Escuela de Guerra Internacional.
1619. Quema del filósofo Vanini en Tolosa, por ateísmo.
(10 de noviembre). La memorable noche durante la cual tuvo Descartes la revelación de una ciencia admirable.
1620. Campañas militares en Bohemia, Hungría, Silesia y Polonia.
1622. Renuncia a la vida militar. Regresa a Francia.
1623. Viaje de placer a Italia, Venecia y Roma.
Peregrinación al santuario de la Virgen de Loreto, prometida la memorable noche del 10 de noviembre de 1619.
1624. Pedro Gassendi (1592-1655): *Tratados contra Aristóteles*.
1625. Otra vez en Francia. Permanece en París hasta 1628.
1627. Asiste a una conferencia filosófica en la casa del Nuncio papal. Interviene en la discusión en presencia del Cardenal de Bérulle, quien le sugiere consagrarse a la reforma de la filosofía.
1628. Compone las *Reglas para la dirección del Espíritu*.
1629. Publica G. Harvey (1578-1657) su obra *De motu cordis*.
1630. Se inscribe en la Universidad de Leyde como caballero de Poitou.
1632. Se publica de Galileo la obra *Diálogo sobre dos grandes sistemas del mundo*.
1633. Condena de Galileo en Roma, por la Inquisición.
1634. Descartes, a resultas de la condenación de Galileo, se abstiene de publicar su *Tratado del mundo*, que acaba de terminar.
1637. Aparece publicado de manera anónima un libro que contiene la *Dióptrica, los Meteoros y la Geometría*. A manera de preámbulo de estos tratados figura el célebre *Discurso del Método*.
Escribe un pequeño trabajo de *mecánica*.
1638. Envía a París un ensayo sobre *geostática*.
1639. Pascal (1623-1662): *Ensayo sobre las secciones cónicas*.
1640. Jansenio publica su *Augustinus*.

1641. Edita en Amsterdam, bajo su nombre, las *Meditaciones metafísicas* En el propio libro figuran las *Objeciones* y las *Respuestas*.
Hostilidad contra Descartes, de parte del teólogo protestante Voetius, rector de la Universidad de Utrecht.

1642. Juicio pronunciado por la Universidad de Utrecht en favor de la filosofía tradicional.
Muere Galileo, nace Newton.

1643. Entra en relaciones con la princesa Elisabeth de Bohemia.
El concejo municipal de Utrech dicta un arresto contra Descartes.

1644. Viaje a París (mayo).
Edita *Los Principios de la Filosofía* (julio).
Retorna a Holanda.
Gassendi publica sus objeciones a Descartes en su *Disquisitia Metaphisica.*
El P. Marsenne publica sus *Cogitata physico-mathematica,* en los cuales hay estudios cartesianos.

1645. Muere el jurista Hugo Grocio (nacido en 1583).

1646. Nace Godofredo Guillermo Leibniz.

1647. Descartes es acusado de pelagianismo ante la Universidad de Leyde.
Entrevista con Pascal. En ella se habla del vacío.
Descartes recibe una pensión de 3,000 libras del rey de Francia.
Reconciliación de Descartes y Gassendi.
Polémica contra Regius.

1648. Descartes sale precipitadamente de París al iniciarse las agitaciones de la Fronda contra Ana Bolena, bajo la minoridad de Luis XIV.
Muerte de su amigo el P. Marsenne.

1649. La reina Cristina de Suecia invita a Descartes a vivir en Estocolmo; lo que éste acepta.
Publicación de su tratado *Las pasiones del alma,* base de sus ideas morales.

1650. Muere (11 de febrero) de neumonía, en Estocolmo.

1651. Tomás Hobbes (m. en 1679) autor de las terceras Objeciones dirigidas a Descartes, publica su *Leviathan.*

1655. Muere Gassendi.

1663. Las obras de Descartes son puestas en el *Índice.*

1667. Los restos de Descartes vuelven a París y son inhumados en el monte de Santa Genoveva.

EDICIONES Y BIBLIOGRAFÍA

Oeuvres de Descartes, publicadas por Charles Adam y Paul Tannery, bajo el patrocinio del Ministerio de Instrucción Pública de Francia, 12 vols. 1897-1910, con suplemento e índice general, 1913. (Vol. XII: Charles Adam, *Vida y Obra de Descartes*). Nueva edición, 1956-1957.

DESCARTES, *Oeuvres et Lettres.* Contiene: *Reglas para la Dirección del espíritu; Discurso del Método; Meditaciones metafísicas; Objeciones y Respuestas; Los principios de la filosofía; Las Pasiones del alma; La busca de la verdad por la luz natural; Las Cartas.* Texto presentado por André Bridoux. Bibliothéque de la Pléiade, París, 1947.

CHARLES ADAM y GÉRARD MILHAUD, *Correspondencia de Descartes,* Ed. Félix Alcan, 1936. París.

DESCARTES, *Oeuvres complétes,* edición de J. Gilber, 2 vols. París.

B. GIBSON; J. BERTHET; P. NATORP; A. HANNEQUIN; H. SCHWARZ; P. TANNERY; D. J. KORTEWEG; E. BOUTROUX; V. BROCHARD; G. LANSON; M. BLONDEL; F. TOCCO y CH. ADAM, *Homenaje en el aniversario del nacimiento de R. Descartes. Revue de Méthaphysique et de Morale,* julio, 1896.

BAILLET, A., *La Vie de M. Descartes,* París, 1691.

BOULLIER, Francisque, *Histoire de la philosophie cartésienne,* 2 vols. París, 1868.

HAMELIN, O., *El sistema de Descartes,* Buenos Aires, 1949.

HOFFMAN, A., *Descartes.* "Revista de Occidente". Madrid, 1932.

GILSON, E., *Discours de la Méthode* (Texte et commentaire). Lib. Vrin. París, 1947.

GILSON, E., *Index scolastico-cartésien,* Alcan, París, 1913.

GOUHIER, H., *Les premières pensées de Descartes.* Lib. Vrin. París, 1951.

M. LEROY, *Descartes, el filósofo enmascarado,* 2 vols. Madrid, 1930.

ALQUIE, F., *La découverte méthaphysique de l'homme chez Descartes,* Presses Universitaires, París, 1950.

CASSIRER, E., *Descartes, doctrina, personalidad, influencia.* Berlín, 1939.

L. BRUNSCHVICG; E. BRÉHIER; A. RIVAUD; S. V. KEELING; J. LAPORTE; H. GOUHIER; G. LURIA; F. ENRIQUES; H. DREYFUES-LE FOYER; E. SIGNORET; C VON BROCKDORFF; G. BEAULAVON, *Centenario del Discurso del Método. Revue de Méthaphysique et de Morale.* Enero, 1937.

BLANCHET, L., *Los antecedentes del "Je pense, donc je suis".* París, 1920.

G. MILHAUD, *Descartes savant,* París, 1921.

ESPINAS, A., *Descartes y la Moral,* 2 vols. París, 1924.

BRUNSCHVICG, L., *Descartes.* Les Editions Rieder, París, 1937.

SERRUS, CH., *La mèthode de Descartes et son application a la méthaphysique,* 1933.

FRISCHEISEN-KÖHLER, M., *René Descartes,* en *Grosse Denker,* editados por E. von Aster, 2ª ed. Berlín, 1923.

COCHET, M. A., *Le Congrés Descartes.* Bruselas, 1938.

HUSSERL, E., *Meditaciones cartesianas.* Traducción española. México, 1938.

DISCURSO DEL MÉTODO

Versión española de Manuel Machado, revisada.

ANÁLISIS

El *Discurso del Método* fue editado (en forma anónima) en 1637 a manera de preámbulo a tres trabajos científicos: la *Dióptrica*, los *Meteoros* y la *Geometría*. La *Dióptrica* se ocupa de la refracción y la reflexión de la luz, así como de la visión y de ciertas indicaciones para construir lentes. Los *Meteoros* explican la naturaleza de los vientos, del trueno, de la nieve y del arco iris. La *Geometría* (analítica) es una nueva disciplina matemática: interpreta figuras geométricas mediante fórmulas algebraicas. El *Discurso* sirve de lazo metódico de estas tres ramas del saber. Es, como Descartes lo declara, un "prefacio" en donde se ofrecen "los principios para guiar bien la razón y buscar la verdad en las ciencias". Pero hay más: en tal faena era preciso bosquejar el plan general de la filosofía y ubicar los tres tratados en el conjunto de su obra.

Acaso el *Discurso* no tuvo para Descartes mismo la importancia que cobró más tarde a los ojos de Spinoza, de Leibniz y del propio Kant, a saber, el *programa del racionalismo,* que tanto influyó en la filosofía y la ciencia de los siglos XVII y XVIII.

El *Discurso del Método* consta de seis partes. En la primera, intitulada "Consideraciones relativas a las ciencias", Descartes refiere la historia de su desarrollo intelectual, algo así como su autobiografía intelectual, la cual, dada la unidad de la razón humana, representa un caso típico en la lucha por el saber. Insatisfecho del saber recibido, y dudando de lo que se reputa como ciencia, se da a la tarea de encontrar algo firme. Recurre a las matemáticas. "Gustaba sobre todo de las matemáticas, por la certeza y evidencia que poseen sus razones; pero aún no advertía cuál era su verdadero uso y, pensando que sólo para las artes mecánicas servían, me extrañaba que, siendo sus cimientos tan firmes y sólidos, no se hubiese construido sobre ellos algo más elevado. En semejante reflexión dirige su mirada a la filosofía tradicional, con su multitud de opiniones, de continuo en franca divergencia. Sin embargo, es preciso encontrar ciertos principios sobre cuyos cimientos se pueda edificar todo el saber. En tal empresa Descartes alecciona: recorre tanto el libro externo del mundo como libro íntimo de sí mismo. Mas ¿cómo posesionarnos de saber tan radical?

En la segunda parte del *Discurso*, intitulada "Principales reglas del método", pretende aportar un recurso seguro para investigar y los medios adecuados de comprobación. La filosofía no ha descubierto aún tal método. La ciencia hasta ahora se ha desarrollado al azar. A decir verdad, se han hecho intentos en favor de tal proyecto, pero los resultados aún no son satisfactorios. La lógica deductiva, escolástica, y la lógica inductiva, de Bacon, son dos plausibles intentos; pero no han sido reducidas a su justa medida, ni coordinadas debidamente con la matemática. Es urgente unir todos los afanes en un nuevo pensamiento más coherente y sólido. Resultado de tal esfuerzo encaminado a eludir la incertidumbre son cuatro reglas: *a)* No admitir como verdadero sino lo evidente (principio de la evidencia); *b)* Dividir cada problema en tantas partes como sea preciso (principio del análisis); *c)* Ordenar los pensamientos de lo más simple a lo más complicado (principio de la síntesis), y *d)* Practicar revisiones o recuentos para ver que nada se omita (principio de la enumeración).

En la tercera parte, intitulada "Algunas reglas de moral sacadas de este método", considera Descartes la actitud ética que necesita para vivir, hasta que haya reformado su concepción filosófica. Por ello, la llama *moral provisional*. La reduce a cuatro máximas: *a)* Obedecer las leyes y costumbres de su país, de donde se deriva: 1) la creencia en Dios, y 2) no enajenar nunca la libertad; *b)* Firmeza y resolución en las decisiones, de donde se deriva: 1) Vencer el arrepentimiento; 2) No invadir por la voluntad el dominio de la inteligencia; *c)* Autodominio. Precisa vencernos a nosotros mismos antes que a la fortuna, y domeñar nuestras pasiones antes de sujetar al mundo en su orden ontológico; *d)* Elección de profesión. Entre las diversas ocupaciones de los hombres, sólo una le conviene a cada cual. Elegirla es un deber insoslayable.

La cuarta parte contiene las "Razones por las cuales se prueba la existencia de Dios y el alma humana, o sean los fundamentos de la metafísica". Para ello pone en marcha su método. Desde luego precisa superar tanto el dogmatismo ingenuo como el escepticismo destructivo. ¿Hay una verdad indubitable por principio? Sí, la verdad que dice: *yo pienso, luego existo;* de la cual se obtiene, por la vía de la evidencia también, que la esencia del yo es pensamiento. Hay más: aquí descubre Descartes los caracteres de la verdad misma, a saber, *claridad y distinción.* Ya sobre estos principios intenta probar la existencia de Dios. Puesto que Éste involucra la idea de perfección, que no es en manera alguna atributo del hombre, tal idea no proviene sino de un ser perfecto. De la idea innata de Dios, el filósofo demuestra el principio de la veracidad divina; y de aquí, la existencia del mundo, no sin discurrir al propio tiempo entre las diferencias entre razón e imaginación. (Puede decirse que toda esta cuarta parte del *Discurso* es un resumen anticipado de las *Meditaciones metafísicas.)*

La quinta parte, "Orden de cuestiones en física", está consagrada a temas especiales de cosmología y biología. La unidad de las cuestiones se explica. Descartes atribuye a los cuerpos (sin hacer excepción del cuerpo humano) el carácter de lo espacial regido sólo por mecanismos causales. Rechaza deliberadamente las formas substanciales a título de cualidades ocultas o almas de las cosas, doctrina tan cara a la filosofía escolástica. A continuación diserta sobre el tema de la luz y otros temas conexos. Del estudio de los cuerpos inanimados, de las plantas, pasa al de los animales y, en particular, al de los hombres. La última disertación tiene que ver con la circulación de la sangre. (Esta quinta parte del *Discurso* es una síntesis de la física cartesiana, de que se ocupa en extenso en *Los Principios de la filosofía*.)

En la sexta y última parte del *Discurso* refiere Descartes lo que ha logrado (y que a veces ha temido publicar) y el camino a seguir para acrecentar el contenido de aquella "ciencia admirable", cuyo ideal tuvo aquella noche de grata memoria en 1619, en la ciudad alemana de Ulm. El racionalismo de Descartes no es enemigo de la observación y el experimento; pero exige el acuerdo de la razón. La experiencia es inagotable; no hay que pensar que se agote por hacer su análisis y descubrir las ideas que lo explican; y, además, un experimento no tiene alcance sino cuando sirve de prueba a una hipótesis, a una idea preconcebida. Además, hay reglas de toda experiencia que no resultan de ninguna experiencia y que no se pueden seguir sino "conociendo de antemano la verdad de las cosas". No hay que extrañarse de que en muchos casos la doctrina cartesiana se anticipe a las experiencias, y que sea a veces como el complemento hipotético de un análisis por verificar.

DISCURSO DEL MÉTODO

PARA CONDUCIR LA RAZÓN Y BUSCAR LA VERDAD EN LAS CIENCIAS

Si este discurso parece demasiado extenso puede dividirse en seis partes; en la primera encontrará el lector diversas consideraciones relativas a las ciencias; en la segunda, las principales reglas del método; en la tercera, las reglas morales que el autor ha deducido de su método; en la cuarta, las razones que prueban la existencia de Dios y del alma humana, fundamentos de la metafísica; en la quinta, algunas cuestiones referentes al orden de los fenómenos físicos y especialmente la explicación de los movimientos del corazón y de algunas otras dificultades íntimamente relacionadas con la medicina; en esta parte también se trata de la diferencia que existe entre el alma racional y la de las bestias; la última parte está dedicada a las condiciones requeridas para la investigación de la naturaleza y a las razones que han movido al autor a escribir este trabajo.

PRIMERA PARTE

CONSIDERACIONES RELATIVAS A LAS CIENCIAS

El buen sentido es la cosa mejor repartida en el mundo; pues cada uno piensa estar tan bien provisto de él que aun en aquellos que son más difíciles de contentar en todo lo demás, creen que tienen bastante y, por consiguiente, no desean aumentarlo.

No es verosímil que todos se equivoquen: eso nos demuestra, por el contrario, que el poder de juzgar rectamente, distinguiendo lo verdadero de lo falso, poder llamado por lo general buen sentido, sentido común o razón, es igual por naturaleza en todos los hombres; por eso la diversidad que en nuestras opiniones se observa, no procede de que unos sean más razonables que los otros, porque, como acabamos de decir, el buen sentido es igual en todos los hombres; depende de los diversos caminos que sigue la inteligencia y de que no todos consideramos las mismas cosas.

Las almas más elevadas, tanto como de las mayores virtudes son capaces de los mayores vicios; y los que marchan muy lentamente, si siguen el camino recto pueden avanzar mucho más que los que corren por una senda extraviada.

Nunca he creído que mi espíritu es más perfecto que el del vulgo y con frecuencia he llegado a desear para mi espíritu cualidades que en otros he observado: rapidez en el pensamiento, imaginación clara y distinta, memoria firme y extensa. No conozco más cualidades que sirvan para formar un espíritu perfecto, porque la razón, característica del hombre, en cuanto por ella nos diferenciamos de las bestias, está entera en cada ser racional. En esto sigo la opinión común de los filósofos, que dicen que sólo en los *accidentes* hay *más* o *menos* y de ningún modo en las *formas* o naturalezas de los *individuos* de una misma *especie.*

No temo decir que tengo la fortuna de haber encontrado ciertos caminos que me han llevado a consideraciones y máximas, que forman un método, por el cual pienso que puedo aumentar mis conocimientos y elevarlos al grado que permitan la mediocridad de mi inteligencia y la corta duración de mi vida.

Y tales son los resultados que con ese método he obtenido, que yo, que siempre al hablar de mí mismo me he inclinado a la desconfianza de las propias fuerzas mucho más que a la persuasión y que considero vanas e inútiles casi todas las acciones y empresas de los hombres, creo haber prestado un gran servicio a la causa de la verdad, y tan grandes esperanzas concibo para el porvenir, que pienso que si entre las ocupaciones de los hombres hay alguna verdaderamente buena e importante, es la que yo he elegido.

Posible es que me equivoque y tome por oro y diamantes lo que sólo es cobre y vidrio. Sé cuán sujetos estamos al error y cuán sospechosos deben parecernos los juicios de los amigos cuando nos son favorables. Pero quiero mostrar los caminos que he seguido y representar mi vida como en un cuadro, a fin de que cada cual juzgue y el conjunto de opiniones me sirvan, por lo menos, como medio de instruirme, rectificando errores y reafirmando de lo que de verdadero haya en mi exposición de ideas.

Mi propósito no es enseñar el método que cada uno debe adoptar, para conducir bien su razón; es más modesto; se reduce a explicar el procedimiento que he empleado para dirigir la mía. Los que dan preceptos se estiman más hábiles que los que los practican, y por eso la más pequeña falta en que aquéllos incurran, justifica las críticas y censuras que contra ellos se hagan. Escribiendo en forma de historia, o si os parece mejor, en forma de fábula, en la que podáis encontrar ejemplos que imitar al lado de otros que deban ser olvidados, espero que mi trabajo sea útil a algunos, para nadie perjudicial y que todos agradecerán mi sinceridad.

Desde mis años infantiles he amado el estudio. Desde que me persuadieron de que estudiando se podía adquirir un conocimiento claro y seguro de lo que es útil a la vida, el estudio fue mi ocupación favorita. Pero tan pronto como terminé de aprender lo necesario para ser considerado como persona docta, cambié enteramente de opinión porque eran tantos y tan grandes mis errores y las dudas que a cada momento me asaltaban, que me parecía que instruyéndome no había conseguido más que descubrir mi profunda ignorancia. Y, sin embargo, yo estaba en una de las más célebres escuelas de Europa,[1] en contacto con hombres sabios, si es que los hay en la tierra; aprendí todo lo que ellos sabían, y no satisfecho con las ciencias que me enseñaron, estudié los libros que trataban de las más raras, de las menos exploradas por los hombres de estudio. Observada los juicios que sobre mí hacían los profesores y noté que no se me consideraba inferior a mis condiscípulos, y eso que algunos de éstos sucedieron a nuestros maestros, lo cual prueba que no carecían de talento.[2] Nuestro siglo me parecía más fértil de grandes inteligencias que ninguno de los precedentes. Todo esto me inducía a juzgar a los demás por mí mismo y

---

[1] El ya mencionado Colegio de La Flèche, en donde permaneció de 1904 a 1912.
[2] A juicio de A. Baillet, Descartes fue alumno distinguido en La Flèche.

a pensar que no había en el mundo una doctrina capaz de satisfacerme por completo, de darme la certidumbre a que mi espíritu aspiraba. A pesar de este desencanto, no dejaba de estimar y practicar los ejercicios de las clases. Sabía que las lenguas que en ellas se aprenden, son necesarias para comprender los libros antiguos; que la graciosa sencillez de las fábulas, despierta el espíritu; que los hechos memorables de la historia, lo elevan e interpretados con discreción, ayudan a formar el juicio; que la lectura de los buenos libros, es como una conversación con los hombres más esclarecidos de los siglos pasados, una conversación estudiada, que sólo descubre lo mejor de todo lo que se ha pensado; que la elocuencia posee una energía y una belleza incomparables; que la poesía tiene delicadezas y dulzuras que nos subyugan; que las matemáticas abundan en muy sutiles invenciones, que tanto sirven para contentar a los curiosos, como para facilitar las artes y disminuir el trabajo de los hombres; que los escritos relativos a las costumbres contienen muchas enseñanzas y exhortaciones a la virtud, sumamente útiles; que la teología nos muestra el modo de ganar el cielo; que la filosofía nos da el medio de poder hablar de todas las cosas y de que nos admiren los menos sabios; que la jurisprudencia, la medicina y las demás ciencias proporcionan honores y riquezas a los que las cultivan; y finalmente, que es conveniente conocerlas todas, hasta las más supersticiosas y falsas, a fin de apreciarlas en su justo valor y no incurrir en errores frecuentes.

No obstante, yo creía que había dedicado ya bastante tiempo a la lectura de libros antiguos, de historias y de aventuras novelescas. El conversar con los que vivieron en otros siglos y el viajar, vienen a ser lo mismo. Muy útil es saber algo de las costumbres de los distintos países, a fin de juzgar rectamente las nuestras y no calificar de ridículo todo lo que se oponga a ellas, que es lo que hacen los que no han visto nada.

Pero cuando se viaja mucho, se llega a ser extranjero en el país natal, y cuando es grande el entusiasmo por las cosas de los siglos que pasaron, se desconocen las de éste. Esto ocurre con mucha frecuencia.

Además, las narraciones novelescas nos llevan a pensar, como posibles, acontecimientos que no lo son, y lo más escrupulosos historiadores, si no cambian o aumentan el valor de las cosas para hacerlas más dignas de ser leídas, omiten casi siempre las circunstancias menos notables y atractivas, y de aquí que lo que nos cuentan no es en realidad lo que parece, y los que ajustan sus costumbres a los modelos que sacan de esas lecturas, caen en las extravagancias de los paladines de nuestras novelas, y conciben designios que no están al alcance de sus fuerzas.

Admiraba la elocuencia y la poesía me encantaba, pero creía que tanto una como otra eran más bien dones del espíritu que frutos del estudio. Los que tienen vigorosos el razonamiento y digieren bien las ideas, a fin de hacerlas claras e inteligibles, pueden siempre persuadir, aunque no sepan retórica y se expresen en una dialecto de poca importancia y áspero al oído; los que tienen gran fuerza de imaginación y saben expresar sus imágenes con galanura, serán poetas excelentes aunque el arte poético les sea desconocido.

Las ciencias matemáticas eran las que más me agradaban, por la certeza y evidencia de sus razonamientos; pero no comprendía todavía su verdadera aplicación, y al pensar que no servían más que a las artes mecánicas, me admiraba de que sobre tan firmes y sólidos fundamentos no se hubiera edificado algo de mayor trascendencia que esas artes mecánicas. En cambio, siempre que leía los escritos de los antiguos paganos, relativos a las costumbres, se me ocurría compararlos a palacios soberbios, magníficos, edificados sobre barro y arena; elevan demasiado las virtudes, las presentan como lo más sagrado que en el mundo existe, pero no enseñan a conocerlas lo bastante, y con frecuencia aquello que designan con tan bello nombre, no es más que una insensibilidad o un orgullo exagerado, o una sombría desesperación o un abominable parricidio.

Estudiaba asiduamente nuestra teología y aspiraba, tanto como el que más, a ganar el cielo; pero como me habían enseñado que el camino que a él conduce tan abierto está a los ignorantes como a los doctos, y que las verdades reveladas son inasequibles a nuestra inteligencia, no me atrevía a someterlas a la debilidad de mis razonamientos; creía que para acometer la empresa de examinarlas era necesario un auxilio extraordinario del cielo y ser algo más que un hombre.

Nadie diré de la filosofía, pero sí haré constar la impresión que en mi ánimo produjo. Al ver que la habían cultivado las inteligencias más elevadas de todos los siglos, y a pesar de ello nada quedaba fuera de discusión, libre de duda, no tuve la presunción de conseguir lo que hasta entonces nadie había conseguido. Consideré las innumerables opiniones que acerca de una misma cosa pueden tener los sabios, vi que todas ellas se encuentran con frecuencia muy lejos de la verdad y desde aquel momento creía falso, o poco menos, todo lo que se presentaba a mi inteligencia aun con el carácter de verosímil.

Las otras ciencias tomaban sus principios de la filosofía, y sobre fundamentos tan poco sólidos nada podía construirse. Ni el honor ni el provecho que hubieran de producirme, eran incentivos suficientes para que yo las estudiara; no necesitaba hacer de la ciencia una profesión para aliviar mi estado económico; tampoco quería la gloria obtenida con tan falsos títulos.

Las pseudo-ciencias me inspiraban menor crédito si cabe; las conocía lo bastante para no dejarme engañar por las promesas de un alquimista, ni por las predicciones de un astrólogo, ni por las imposturas de un mago ni por los artificios o la vanidad de los que pretenden saberlo todo no sabiendo nada.

Por esas razones en cuanto me liberté de la tutela intelectual de mis preceptores.[3] abandoné el estudio en los libros,[4] y decidido a no

---

[3] Véase *Reglas para dirigir el espíritu*. Regla segunda.
[4] Comparése A. BAILLET, *La vie de Descartes*, París, 1691.

buscar más ciencia que la que en mí mismo o en el gran libro del mundo pudiera encontrar, empleé el resto de mi juventud en viajar, en ver cortes y ejércitos, en frecuentar el trato de personas de muy diverso carácter y condición, en recoger datos y observaciones de todo lo que veía y en reflexionar sobre todas las cosas, de modo que de estas reflexiones sacara siempre algún provecho, alguna enseñanza por pequeña que fuera.

Me parecía que había de encontrar más verdad en los razonamientos que uno hace sobre lo que le interesa, que en los que hace un sabio en su gabinete sobre especulaciones que para él no tienen más consecuencia que el efecto que en su vanidad produzca el juicio de los demás. Con una particularidad: que la vanidad del sabio se sentirá tanto más halagada cuanto más se aparten sus conclusiones del sentido común, porque habrá tenido que emplear más ingenio y habilidad para presentarlas al dictamen del público con alguna verosimilitud.

Me impulsaba un imperioso deseo de aprender a distinguir lo verdadero de lo falso para juzgar con claridad de mis acciones y caminar rectamente por la senda de la vida.

Verdad es que cuando consideraba las costumbres de los hombres nada encontraba de cierto, porque existía tanta diferencia entre ellas como entre los sistemas y opiniones de los filósofos. Aprendí a no creer como demasiada firmeza en lo corroborado únicamente por el ejemplo y la costumbre, porque vi muchas cosas que pareciéndonos a nosotros muy extravagantes y ridículas, otros pueblos han recibido y adoptado hasta con entusiasmo. De este modo disipé de mi espíritu muchos errores y prejuicios, que ofuscan nuestras luces naturales y nos hacen menos capaces de oír la voz de la razón.

Después de algunos años de estudio en el libro del mundo, adopté un día la resolución de estudiar en mí mismo y de emplear todos mis fuerzas espirituales en elegir los caminos que debía seguir. Y creo haber obtenido más éxito con este procedimiento que con los libros de los sabios y la experiencia de los viajes.

SEGUNDA PARTE

PRINCIPALES REGLAS DEL MÉTODO

Con motivo de las guerras, que aún no han terminado, estuve en Alemania algún tiempo. Después de la coronación del emperador,[5] emprendí el viaje de vuelta, a fin de reunirme a mi ejército; pero el invierno que comenzaba entonces, me obligó a hacer un alto en el camino, y no encontrando un compañero que amenizara las horas con una

---

[5] El dicho coronamiento tuvo lugar el 28 de agosto de 1619.

conversación ingeniosa, me encerré en mi habitación y me entregué por completo a mis pensamientos.

Había observado yo con bastante frecuencia que las obras compuestas de varias piezas y hechas por varias personas, no son tan perfectas como las ejecutadas por una persona. Las construcciones edificadas por un solo arquitecto son más bellas y sistemáticas que las levantadas por varios, aprovechando paredes o cimientos que estaban destinados a otros fines. Las antiguas ciudades, que en un principio fueron caseríos y poco a poco han ido transformándose hasta llegar a su estado actual, son mucho más irregulares que esas poblaciones que, creadas por una exigencia más o menos imperiosa o con un fin más o menos importante, se han desarrollado en muy poco tiempo, por obras de los esfuerzos armonizados de una sola generación. Las calles de las primeras, son desiguales y tortuosas, como si fuera el azar, y no la voluntad de los hombres, el que las ha colocado así. Las calles de las segundas, son más simétricas, trazadas con arreglo al mismo plan.

Del mismo modo los pueblos que se han ido civilizado poco a poco y haciendo sus leyes a medida que los crímenes lo exigían, no están socialmente tan bien organizados como aquellos otros que desde el principio se reunieron en asambleas y decidieron observar las constituciones de algún sabio legislador. Fijemos la vista en la religión y veremos el orden admirable que todo en ella lo preside; Dios es el gran legislador, y por eso nadie más que él puede establecer preceptos. Y si ese ejemplo nos parece muy elevado pongamos el de cualquier pueblo. Esparta en otro tiempo fue famosa y su estado no podía ser más floreciente; la explicación de su prosperidad no se encuentra en la bondad de cada una de sus leyes en particular, porque muchas eran hasta opuestas a las buenas costumbres. La causa de su florecimiento la hallamos en que uno fue el que hizo todas aquellas leyes, y, por consiguiente, tendían a un mismo fin.

Siguiendo la corriente de las ideas, pensaba yo que las ciencias de los libros —por lo menos aquellas cuyos razonamientos no son más que probables y por lo tanto carecen de demostración— se forman con ideas de diversas personas; por eso no están tan cerca de la verdad como los juicios que puede hacer naturalmente un hombre de buen sentido, sobre las cosas y sobre los hechos que se presentan a su consideración.

Si todo hemos sido niños antes de ser hombres, si han sido los meros apetitos sensitivos y los preceptores los que han gobernado nuestra vida en su primer período, y si unos y otros nos han aconsejado muchas veces, si no lo peor tampoco lo mejor, claramente se ve la imposibilidad de que nuestros juicios sean tan puros y tan sólidos como serían de haber estado en el entero uso de nuestra razón desde el momento de nacer, y de habernos guiado siempre por sus dictados.

Cierto es que nunca hemos visto derribar todas las casas de una ciudad con la intención de rehacerlas de otra manera para que las calles fuesen más bonitas; pero sí vemos que muchos las derriban para reedificarlas y en ocasiones no tienen más remedio que hacerlo así por el grave peligro que corren los que las habitan si los muros son ruinosos o los cimientos poco sólidos.

Digo esto porque yo me propuse arrancar de mi espíritu todas las ideas que me enseñaron, para sustituirlas con otras si mi razón las rechazaba o para reafirmarme en ellas si las encontraba a su nivel. Creía firmemente que por este medio obtendría mejores resultados que edificado sobre viejos fundamentos y apoyándome en principios aprendidos en mi juventud, sin examinar si eran verdaderos. Esta labor tenía sus dificultades, pero no eran invencibles ni comparables a las que se oponen a la reforma de las cosas relativas a los intereses comunes. Los grandes cuerpos son difíciles de levantar una vez caídos y de sostener cuando van a caer; estas caídas tienen que ser muy violentas. Las imperfecciones de esos cuerpos son más soportables que sus cambios; por eso los grandes caminos que avanzan entre montañas, a fuerza de frecuentarlos, llegan a parecernos tan llanos y tan cómodos, que creeríamos loco al que en vez de seguirlos quisiera ir más recto al punto de llegada, saltando por las rocas y descendiendo por lo precipicios.

Por tales razones nunca prestaré mi conformidad a esos espíritus inquietos e impacientes, que sin las condiciones requeridas para el manejo de los negocios públicos, siempre piensan en llevar a cabo alguna reforma; si yo supiera que en este trabajo hay algo que se halle en contradicción con las ideas que acabo de exponer, me arrepentiría de haberlo publicado. Trato de reformar mis pensamientos, sólo los míos; mi propósito es el de levantar el edificio de mis ideas y de mis creencias sobre un cimiento exclusivamente mío. Si mi obra me ha agradado lo suficiente para que me decida a presentaros el modelo, no por eso trato de induciros a que me imitéis. Posible es que algunos tengan propósitos más elevados que los míos; seguro, que muchos calificarán de atrevido mi designio. La resolución de deshacerse de las ideas recibidas, para sustituirlas por otras depuradas en el tamiz del propio juicio y de la propia razón, no es ejemplo que todos deban imitar.

La mayor parte de los hombres son de las dos clases siguientes: unos, creyéndose superiores a los demás, juzgan de todo con mucha precipitación, y no son dueños de la suficiente paciencia para ordenar sus pensamientos e investigaciones: si dudan de los principios que ya les dieron formados y se apartan del camino vulgar, nunca podrán encontrar la senda que los conduzca a la verdad, y permanecerán toda su vida alejados de ella; otros, modestos hasta el punto de creer que no son capaces de distinguir lo verdadero de lo falso y que hombres superiores a ellos les indicarán el verdadero camino, se limitan a seguir las opiniones de sus maestros. Ni a unos ni a otros conviene tomar el ejemplo que vean en mi obra.

Por lo que a mí respecta, hubiera pertenecido a la segunda clase de las dos en que por lo general se dividen los hombres, de no haber tenido más que un solo maestro o de no haber podido apreciar las diferencias que han existido siempre entre las opiniones de los más doctos.

Pero ya en el colegio aprendí que nada por raro y extravagante ha dejado de ser definido por algún filósofo. En mis viajes observé que gentes que piensan y sienten de modo distinto al nuestro, nada tienen de salvajes y son tanto o más inteligentes que nosotros; consideré que un mismo hombre educado desde su infancia entre franceses o alemanes, es completamente distinto a como sería si hubiera vivido entre chinos o caníbales, y que hasta las modas de nuestros trajes acusan la misma variedad: lo que nos agradó hace diez años, y tal vez que nos agrade dentro de muy poco tiempo porque un capricho infundado lo resucite, ahora nos parece extravagante y ridículo. En suma, que más que un conocimiento verdadero y cierto, es la costumbre y el ejemplo lo que nos persuade. Sin embargo, la pluralidad de opiniones no es prueba de valor decisivo, cuando se trata de verdades difíciles de alcanzar, porque es más verosímil el que un hombre las encuentre, que no un pueblo, que al unísono haya dirigido su inteligencia colectiva por el camino recto que eleva a la definitiva consecución de la verdad. Por esa causa yo no quería adoptar las opiniones de un sabio con preferencia a las de otro y aspiraba a conducirme sin necesidad de guía.

Hombre solo que marcha en las tinieblas, resolví andar con tanta lentitud y circunspección que ya que avanzara poco evitara al menos el peligro de caer. Antes de desechar alguna de las antiguas opiniones que habían penetrado en mi espíritu, sin el detenido examen de la razón, empleaba bastante tiempo en formar el proyecto de la ardua empresa que acometía y buscaba el método apropiado para llegar al conocimiento de las cosas, objeto de mis investigaciones.

En mi juventud había estudiado la lógica, como parte de la filosofía, y el análisis geométrico y el álgebra, como parte de las matemáticas; y creí que podía contribuir a la realización de mis propósitos. Pero me previne contra los peligros que estas ciencias encierran para el observador. La lógica con sus silogismos, más que para aprender las cosas, sirve para explicarlas al que las ignora o —como el arte de Raimundo Lulio—[6] para hablar de ellas aunque no las conozcamos. Cierto es que contiene preceptos muy verdaderos y muy útiles, pero con éstos se mezclan otros que si no son perjudiciales, por lo menos son superfluos; y pretender separar uno de otros es tan difícil como sacar una Minerva o una Diana de un bloque de mármol que no haya sido bosquejado siquiera.

El análisis de los antiguos y el álgebra de los modernos de refieren a materias muy abstractas y de ninguna aplicación. Además, el análisis,

---

[6] Lulio (1235-1315) es el inventor de la *Ars Magna*.

restringido a la consideración de las figuras, tiene el inconveniente de que fatiga mucho la imaginación al ejercitarse el entendimiento. En cuanto al álgebra, de tal modo nos somete a ciertas reglas y cifras, en lugar de una ciencia que cultiva el espíritu, es una arte confuso y obscuro que detiene la labor intelectual.

Fundado en estas consideraciones comprendí la necesidad de buscar otro método que reuniendo las ventajas de los tres anteriores estuviera exento de sus defectos.

Así como la exagerada multiplicidad de las leyes es con frecuencia excusa de las infracciones, y del mismo modo que los Estados mejor organizados son los que dictan pocas leyes, pero de rigurosa observancia, creí que, en lugar de los numerosos preceptos que contiene la lógica, bastaban cuatro reglas, pero cumplidas de tal modo que ni por una sola vez fuera infringidas bajo ningún pretexto.[7]

El primero de estos preceptos, consistía en no recibir como verdadero lo que con toda evidencia no reconociese como tal, evitando cuidadosamente la precipitación y los prejuicios, y no aceptando como cierto sino lo presente a mi espíritu de manera tan clara y distinta que acerca de su certeza no pudiera caber la menor duda.

El segundo, era la división de cada una de las dificultades con que tropieza la inteligencia al investigar la verdad, en tantas partes como fuera necesario para resolverlas.

El tercero, ordenar los conocimientos, empezando siempre por los más sencillos, elevándome por grados hasta llegar a los más compuestos, y suponiendo un orden en aquellos que no lo tenían por naturaleza.

Y el último, consistía en hacer enumeraciones tan completas y generales, que me dieran la seguridad de no haber incurrido en ninguna omisión.

Esas largas cadenas de razonamientos, tan sencillos y fáciles, de que se sirven los geómetras para sus demostraciones más difíciles, me hicieron pensar que todas las cosas susceptibles de ser conocidas se relacionaban como aquellos razonamientos, y que con tal no se reciba como verdadero lo que no lo sea y se guarde el orden necesario para las deducciones, no hay cosa tan lejana que a ella no pueda llegarse ni tan oculta que no pueda ser descubierta.

No tuve que reflexionar mucho para saber el punto de partida; ya conocía que ese punto era lo más fácil, lo más sencillo. Consideré que entre los que hasta entonces se habían consagrado a la investigación de la verdad científica, sólo los matemáticos pudieron hallar algunas demostraciones, es decir, razones ciertas y evidentes que por lo menos me servirían para acostumbrar a mi espíritu a las verdades demostradas con toda certeza y a rechazar los errores y sus falsas apariencias.

---

[7] En cierto modo, estas cuatro reglas son una expresión comprimida de las *Reglas para dirigir el espíritu*.

No se crea por esto que intenté aprender todas las ciencias particulares, conocidas comunmente con el nombre de matemáticas; me fijé en que, siendo diferente su objeto, coinciden, sin embargo, en las diversas relaciones y proporciones que en ellas encontramos. Por esto pensé que lo que a mi propósito convenía, era el examinar en general esas proporciones, no suponiéndolas más que en las cosas cuyo conocimiento hicieran más fácil, y de este modo simplificaba la investigación y la ampliaba cada vez más al extender a otras cosas la aplicación de aquéllas verdades matemáticas, ciertas y evidentes. No perdí de vista que no bastaba un examen general de las proporciones y relaciones comunes a todas las ciencias matemáticas. Habría que verlas en particular, y hasta procurando conjuntos armónicos. Para considerarlas en particular del modo más adecuado a su sencillez y a la claridad de la comprensión, las supuse líneas geométricas. Para considerarlas en conjunto era conveniente que las representara por cifras. Por este procedimiento pondría a contribución el análisis geométrico y el álgebra y corregiría los defectos con las ventajas que su uso me reportara.[8]

La exacta observación de esos preceptos me dio tal facilidad para resolver las cuestiones relacionadas con esas dos ciencias, que a los dos o tres meses de estudiarlas no sólo encontraba en cada verdad una regla para descubrir otras menos sencillas, no sólo resolví cuestiones que en otros tiempos me parecieron complicadísimas, sino que hasta llegué a poder formar juicio de otras desconocidas para mí, determinando el procedimiento más a propósito para resolverlas por completo.

Si os parezco exageradamente vanidoso, tened en cuenta que siendo una, sólo una, la verdad de cada cosa, el que la encuentra sabe todo lo que puede saber. Si un niño hace una suma según las reglas de la aritmética, ese niño, por lo que a la suma se refiere, ha encontrado todo lo que es el espíritu humano puede encontrar. El método que enseña a seguir el orden verdadero, el camino recto y a conocer con exactitud .todas las circunstancias de lo que se busca, contiene todo aquello que da certeza a las reglas de la aritmética.

Lo más ventajoso de este método era, a mi juicio, la seguridad de que mi razón intervenía como principalísmo elemento en la labor científica, desechando prejuicios y rutinas, preocupaciones tradicionales y errores arraigadísimos, que obscurecen la inteligencia, interponiendo un velo entre ella y la verdad. Practicando este método mi espíritu se habituaba paulatinamente a concebir más clara y distintamente la realidad de las cosas; y no sometiéndolo a ninguna materia o ciencia particular podía aplicarlo con la misma utilidad a vencer las dificultades que me ofrecieran otras ciencias. No es que yo quisiera examinarlas todas y asentar lo que de verdadero hubiera en cada una; esto era

---

[8] Como se advierte, Descartes se esfuerza por descubrir los supuestos más generales de los fundamentos metódicos de las ciencias.

opuesto al orden que me había propuesto seguir. Además, las ciencias toman sus principios de la filosofía y yo en ésta hasta entonces nada de cierto había encontrado. Lo más racional era establecer los principios de la filosofía, labor dificilísima y de la mayor importancia. La precipitación y los prejuicios podían malograrla.

Pensé que no debía de intentar tamaña empresa hasta que hubiera alcanzado mayor experiencia y serenidad de juicio que las que se poseen a la edad de veintitrés años; que la magnitud de mi intento requería una preparación larga y constante; que era preciso arrojar de un espíritu las falsas creencias que por costumbre o por pusilanimidad se me habían impuesto; que el conjunto de muchas observaciones y experiencias debía ser la base de mis razonamientos; y, finalmente, que el ejercicio constante del método que me impuse, serviría para robustecer mi teoría.

TERCER PARTE

PRECEPTOS MORALES SACADOS DEL MÉTODO

Antes de destruir la casa en que se habita, antes de reedificarla y buscar materiales y arquitectos que los empleen, es indispensable buscar otra casa para vivir cómodamente el tiempo que lo exija la construcción o reedificación de la antigua. Algo parecido a esto tuve yo que hacer. Si la razón me dictaba la mayor irresolución en mis juicios, sus dictados no podían hacerse extensivos a mis actos. Para vivir desde entonces con tranquilidad, y sin que en mi conducta se reflejaran las incertidumbres de mi espíritu, formé para mi uso una moral provisional que no consistía más que en tres o cuatro máximas que ahora voy a exponer:

Por la primera me obligaba a obedecer las leyes y costumbres de mi país y a permanecer en el seno de la religión que Dios permitió me enseñaran en mi infancia. Mi conducta debía ajustarse a la opinión de los más sensatos y prudentes, de entre todos los que me rodearan, porque no teniendo en cuenta mis opiniones, puesto que iba a someterlas al examen riguroso de la razón, nada más natural que siguiera el criterio de los más sensatos. Aunque entre los persas y los chinos, por ejemplo, haya hombres muy sensatos, tanto como entre nosotros, creí más útil fijarme en los que iban a vivir conmigo y seguir sus opiniones siempre que las informara la más exquisita prudencia.

Me propuse observar, no sólo lo que decían, sino también lo que hacían los demás, porque, daba la actual corrupción de las costumbres, hay pocas personas que digan todo lo que creen, y algunas hasta lo ignoran, puesto que, siendo diferente la acción del pensamiento por la que se cree una cosa, de aquella otra por la que se conoce que se cree, nada es más verosímil que no se conozca lo que se cree. Elegía de las múltiples opiniones la más moderada, porque las opiniones moderadas son las más cómodas en la práctica y acaso las mejores. Los excesos son perjudiciales, y eligiendo una opinión extrema corría el riesgo de alejarme demasiado del camino recto. Especialmente me prevenía contra todo lo que pudiera menoscabar mi libertad; bien está que para remediar la inconstancia de los caracteres débiles o para asegurar el cumplimiento de pactos lícitos, se dicten leyes que tiendan a asegurar la persistencia de la voluntad en determinados órdenes, obligando a verificar tales o cuales actos; pero como yo no veía nada en el mundo que permaneciese siempre en el mismo estado, y como me prometía reformar constantemente mis juicios en sentido progresivo, no quería cometer una falta gravísima contra el buen sentido obligándome a tomar por bueno, para siempre, lo que una vez reputé por tal cuando lo era y que con posterioridad dejó de serlo.

La segunda máxima de mi moral consistía en emplear en mis actos la mayor energía y firmeza de que fuera capaz y seguir las opiniones dudosas, una vez aceptadas, con la constancia con que seguiría las más evidentes. Los viajeros extraviados en un bosque no deben detenerse ni elegir un camino para luego desandarlo y elegir nuevamente; deben, por el contrario, escoger el que les parezca conveniente, y seguirlo, sin volver la vista atrás, y si todos les parece lo mismo, seguir uno cualquiera, pero sin retroceder un paso, porque si no llegan al sitio que desean, al menos ese camino les conducirá a lugar más seguro que el centro de una selva.

Cuando no está en nuestro poder el discernir la opinión verdadera, es necesario que nos inclinemos a la más probable, si queremos que los actos de la vida no sufran aplazamientos indefinidos e imposibles en muchos casos; y cuando no podamos determinar de qué lado están las probabilidades, hemos de decidirnos en algún sentido, y considerar la opinión que sigamos, no como dudosa, sino como cierta, y de este modo no vacilaremos al obrar. Por estas razones deseché los remordimientos y las indecisiones que inquietan con frecuencia a los débiles que practican como buenas cosas que luego juzgan malas.

Mi tercera máxima consistía en aspirar, más que a la fortuna, a vencerme, y más a cambiar de deseos, que a que el orden real se trastornara por dar cumplida satisfacción a mis veleidades. Quería habituarme a creer que sólo nuestros pensamientos nos pertenecen, a fin de no desear lo que no pudiera adquirir. Si nuestra voluntad no se inclina a querer más que las cosas que nuestro entendimiento presenta como posibles, es indudable que considerando todos los bienes fuera del alcance de nuestro poder, no sentiremos la carencia de ninguno, como no sentimos tampoco el no poseer el reino de México o el de la China; y haciendo de la necesidad una virtud, el deseo de la salud en el enfermo o el de la libertad en el encarcelado, no será mayor que el que tengamos de una materia tan pura como el diamante para la composición de nuestro cuerpo, o de alas para volar como los pájaros.

Confieso que son necesarios largos ejercicios y una meditación constante, para habituarse a ver las cosas desde este punto de vista. En esto, creo yo, que consiste el secreto de los filósofos que supieron sustraerse al imperio de la fortuna y que, a pesar de pobreza y dolores, llegaron a ser completamente felices. Considerando constantemente la limitación impuesta a nuestra débil naturaleza, se persuadieron de que únicamente nuestros pensamientos estaban dentro del poder de nuestras mezquinas facultades, y, por consiguiente, que ninguna afección debían inspirarnos las cosas, puesto que nada era nuestro, fuera de los pensamientos. Se creían más ricos y poderosos, más libres y felices, que los demás hombres, porque por muy favorecidos de la fortuna que sean estos hombres, nunca tienen todo lo que quieren.

Para coronar mi moral examiné las profesiones que suelen ejercerse en sociedad a fin de elegir la que mejor me pareciera; y, sin que esto sea despreciar las de los demás, pensé que la mejor profesión era la que ya practicaba, que la más noble misión del hombre consistía en cultivar la razón, y que, al consagrarme por entero a esta labor, debía avanzar cuanto pudiera en el camino de la verdad, siguiendo fielmente el método que me había impuesto.

Desde que comencé a emplear este método toqué los provechosos resultados de su aplicación y tales fueron los progresos, que con él logré conseguir, tantas las verdades que logré ver demostradas con su auxilio, que la satisfacción que mis investigaciones me producían no dejaban lugar ni tiempo para que me interesaran otras cosas.

Las tres máximas precedentes no estaban fundadas más que en mi propósito de continuar instruyéndome. Dios nos ha dado una luz natural para distinguir lo verdadero de lo falso y yo no me hubiera contentado un solo momento con las opiniones de otro si no hubiera formado el propósito de examinarlas a su debido tiempo, haciéndolas pasar por el tamiz de mi propio juicio, y no hubiera perdido mis escrúpulos al seguirlas si no hubiera creído que nada iba perdiendo y mucho menos la ocasión de encontrar otros caminos más rectos, en el caso de que el seguido no fuera el verdadero.

Supe limitar mis deseos al elegir un camino que me aseguraba la adquisición de todos los conocimientos de que yo era capaz, y de todos los verdaderos bienes que se hallaban en mi poder. Nuestra voluntad quiere o rechaza las cosas, según el entendimiento las califique de buenas o malas; basta juzgar bien para obrar bien, y juzgar lo mejor que se pueda para hacer lo mejor, para adquirir las virtudes y con ellas los otros bienes asequibles a nuestra voluntad.

Por todo eso sentía yo aquella intensa satisfacción que llenaba por completo mi espíritu.

Después de asegurarme de las tres máximas que componían mi moral y de ponerlas junto a los artículos de la fe, cuyas verdades han sido siempre las más importantes para mí, creí que ya no había obstáculos para que acometiera con toda libertad la empresa de deshacerme de mis ideas y opiniones.

Y creyendo que sacaría más partido de la comunicación con hombres de distintos países, que de la reflexión solitaria en la habitación caldeada por la estufa y atestada de libros, resolví viajar, y por espacio de nueve años,[9] hoy aquí, mañana allá, traté de ser espectador más bien que actor de la comedia que en el mundo se representa; y reflexionando, en todas las materias, sobre lo que pudiera infundir alguna duda, procuraba desechar de mi espíritu creencias y preocupaciones antiguas, errores que sin darme cuenta habían tomado carta de naturaleza en mi pensamiento. No es que imitara yo a los escépticos que dudan por dudar y afectan hallarse siempre irresolutos, sino que al contrario, buscaba tierra firme, base sólida en qué fundar las afirmaciones de mi fe científica.

Al derribar un edificio, siempre se aprovecha algo para el que se ha de edificar después; al destruir en mi espíritu las creencias que carecían de fundamento, hacía diversas observaciones y adquiría datos que después me han servido para establecer proposiciones ciertas.

Me ejercitaba constantemente en el método que me impuse, y ponía especial cuidado en conducir mis pensamientos de conformidad con sus reglas. De cuando en cuando, dedicaba algunas horas a vencer las dificultades que podían ofrecerme las matemáticas y otras semejantes a éstas, separándolas de los principios de otras ciencias, principios que no me parecían suficientemente sólidos. Esto he hecho en algunos tratados que se publican en este mismo volumen.[10]

Viviendo, al parecer, sin otra ocupación que la de pasar mis años tranquila y felizmente, y gozando con todos los entretenimientos y pasatiempos que para distraerse emplean las personas honestas y prudentes, no dejaba de hacer todo lo que estaba a mi alcance para la realización de mi designio, y aprovechaba todas las circunstancias que mis viajes incesantes me deparaban, con más éxito que si, en lugar de dedicar nueve años a viajar, hubiera frecuentado el trato de hombres sabios y la lectura de libros famosos por su ciencia.

Pasaron esos nueve años[11] y aún no había comenzado a buscar los fundamentos de alguna filosofía más cierta que la del vulgo. El ejemplo de muchos hombres de gran talento que no pudieron realizar el mismo propósito que yo quería ver convertido en hechos, me desa-

---

[9] Acerca de los viajes de Descartes, véase A. Baillet, *op. cit.*
[10] Ya se dijo que la *Dióptrica*, los Meteoros y la *Geometría* aparecieron en el mismo volumen con el *Discurso del Método*.
[11] 1619-1628.

nimaba y aumentaba las dificultades en mi imaginación. Y no hubiera comenzado tan pronto mi labor si no hubiese visto que algunos hacían correr el rumor de que el triunfo coronaba mis aspiraciones. No sé sobre qué fundamentaban esta opinión, ni si he contribuido a que tomara cuerpo con mis discursos, por confesar en éstos, con más sinceridad que la habitual en todos los escritores, mi ignorancia en muchas cosas y las razones que me hacían dudar en lo que otros estimaban como indudable. Nunca me jacté de la excelencia de ninguna doctrina.

Yo no podía permitir que se me tuviera por lo que no era; pensé que era preciso hacerme digno de la reputación de que gozaba; y este deseo me movió a alejarme de los sitios en que podían distraerme de mis trabajos. Me retiré a este país en donde la larga duración de la guerra ha hecho surgir un ambiente de paz tal, que los ejércitos sólo sirven para que las ventajas de la paz se saboreen con más seguridad.[12] Aquí, en este pueblo fuerte y activo, más atento a sus propios intereses que a los del prójimo, en este pueblo serio, en el que ninguna de las comodidades conocidas en las grandes ciudades se hecha de menos, he podido vivir tan solitario y retirado como en un desierto de los más apartados.

CUARTA PARTE [13]

PRUEBAS DE LA EXISTENCIA DE DIOS Y DEL ALMA, FUNDAMENTOS DE LA METAFÍSICA

No sé si debo hablaros de mis primeras meditaciones; son tan metafísicas y tan poco vulgares que, es seguro no serán del gusto de todos. Y, sin embargo, tal vez esté obligado a ocuparme de ellas para que podáis apreciar la consistencia de mis razonamientos.

Observé que, en lo relativo a las costumbres, se siguen frecuentemente opiniones inciertas con la misma seguridad que si fueran evidentísimas; y esto fue precisamente lo que me propuse evitar en mis investigaciones de la verdad. Quería rechazar lo que me ofreciera la más pequeña duda para ver después si había encontrado algo indubitable.

Como a veces los sentidos nos engañan, supuse que ninguna cosa existía del mismo modo que nuestros sentidos nos la hacen imaginar. Como los hombres se suelen equivocar hasta en las sencillas cuestiones de geometría, consideré que yo también estaba sujeto a error y rechacé por falsas todas las verdades cùyas demostraciones me

---

[12] A. Baillet pondera los motivos que llevaron a Descartes a abandonar Francia.
[13] Ya se dijo que toda esta cuarta parte es un resumen anticipado de las *Meditaciones Metafísicas*.

enseñaron mis profesores. Y, finalmente, como los pensamientos que tenemos cuando estamos despiertos, podemos también tenerlos cuando soñamos, resolví creer que las verdades aprendidas en los libros y por la experiencia no eran más seguras que las ilusiones de mis sueños.[14]

Pero en seguida noté que si yo pensaba que todo era falso, yo, que pensaba, debía ser alguna cosa, debía tener alguna realidad; y viendo que esta verdad: *pienso, luego existo* era tan firme y tan segura que nadie podría quebrantar su evidencia, la recibí sin escrúpulo alguno como el primer principio de la filosofía que buscaba.

Examiné atentamente lo que era yo, y viendo que podía imaginar que carecía de cuerpo y que no existía nada en que mi ser estuviera, pero que no podía concebir mi no existencia, porque mi mismo pensamiento de dudar de todo constituía la prueba más evidente de que yo existía —comprendí que yo era una substancia, cuya naturaleza o esencia era a su vez el pensamiento, substancia que no necesita ningún lugar para ser ni depende de ninguna cosa material; de suerte que este *yo* —o lo que es lo mismo, el alma— por el cual soy lo que soy, es enteramente distinto del cuerpo y más fácil de conocer que él.

Después de esto reflexioné en las condiciones que deben requerirse en una proposición para afirmarla como verdadera y cierta; acababa de encontrar una así y quería saber en qué consistía su certeza. Y viendo que en el *yo pienso, luego existo,*[15] nada hay que me dé la seguridad de que digo la verdad, pero en cambio comprendo con toda claridad que para pensar es preciso existir juzgué que podía adoptar como regla general que las *cosas que concebimos muy clara y distintamente son todas verdaderas;* la única dificultad estriba en determinar bien qué cosas son las que concebimos clara y distintamente.

Meditando[16] sobre las dudas que asaltaban mi espíritu, deduje la conclusión de que mi ser no era perfecto, puesto que el conocer supone mayor perfección que el dudar. Quise saber dónde había aprendido a pensar en algo más perfecto que yo y conocí con toda evidencia que ésta era la obra de una naturaleza o esencia más perfecta que la mía.

En lo relativo al conocimiento de ciertas cosas, como el cielo, la tierra, la luz, el calor y mil más, ninguna dificultad me salía al paso, porque no observando en ese conocimiento nada que le hiciera superior a mí, podía creer, si era verdadero, que dependía de mi naturaleza, en cuanto ésta encerraba alguna perfección; y si no era verdadero, que procedía de la nada, que ninguna base tenía, que estaba en mi espíritu por lo que en mi ser había de imperfecto.

---

[14] Contenido de la primera *Meditación.*
[15] La expresión francesa suena: *Je pense donc je suis.*
[16] Toda esta exposición comprende pensamientos de la 3ª y 4ª *Meditaciones.*

Pero no podía suceder lo mismo con la idea de un ser más perfecto que el mío; el que esta idea procediese de la nada, de la imperfección de mi naturaleza, era imposible. Lo más perfecto no puede ser una consecuencia, una dependencia de lo menos perfecto y no hay cosa que proceda de la nada.

La única solución posible era que aquella idea hubiera sido puesta en mi pensamiento por una esencia más perfecta que yo y que encerrara en sí todas las perfecciones de que yo tenía conocimiento.

Si sabía de algunas perfecciones que no poseía, ya no era yo el único ser que existiera (permitidme que use con libertad los términos de filosofía aprendidos en las escuelas) sino que era preciso suponer otro más perfecto del cual yo dependía y del cual procedía lo que yo hallaba en mí; porque si hubiera existido solo, independiente de cualquier otro ser, teniendo en mí todo lo que participaba del Ser perfecto, hubiera tenido también, por la misma razón, todo lo demás que yo sabía me faltaba y hubiera sido infinito, eterno, inmutable, omnipotente —todas las perfecciones que observaba en Dios.

Siguiendo el razonamiento que acabo de hacer, para conocer, en lo posible, la naturaleza de Dios no tenía más que considerar, en lo relativo a las cosas, si eran o no una perfección. Estaba seguro de que las que argüían una imperfección no se daban en Él; la duda, la inconstancia, la tristeza y todas las otras cosas, propias del ser imperfecto, no se encontraban en Él.

Yo tenía ideas de muchas cosas sensibles y corporales; y aun admitiendo que soñara o que era falso lo que veía o imaginaba, no cabía negar que las ideas de esas cosas estaban en mi pensamiento.

Había comprendido muy claramente que la esencia o naturaleza inteligente es distinta de la corporal, que toda composición atestigua dependencia y, por consiguiente, que la composición es un defecto. Juzgué que en Dios no podía ser una perfección el estar compuesto de dos naturalezas, la inteligente y la corporal, y, por lo tanto, que no era un ser compuesto porque nada hay en Él de imperfecto. Si en el mundo existían cuerpos o naturalezas espirituales que no fuesen perfectas, dependerían del poder de Dios, de tal modo que no subsistirían sin Él un solo momento.

Quise, por un instante, indagar otras verdades; y habiéndome propuesto para ello el objeto de los geómetras, que yo concebía como un cuerpo continuo o un espacio infinitamente extenso en longitud,[17] anchura y altura o profundidad, divisible en diferentes partes que podían afectar diversas figuras y tamaños y que podían ser cambiadas de lugar y posición —los geómetras suponen todo esto en su objeto— recorrí algunas de sus demostraciones más sencillas y no olvidé que esa certeza que todo el mundo les atribuye no se funda

---

[17] Hay que diferenciar entre *indefinido* e *infinito*.

más que en el hecho de concebirlas con absoluta evidencia— y ésta es la regla de que antes he hablado; nada había en ellas que me asegurase la existencia de su objeto: por ejemplo, yo veía claramente que suponiendo un triángulo, era preciso que sus tres ángulos fuesen iguales a dos rectas, pero no por esto veía algo que me diera la seguridad de que en el mundo existía un triángulo.

Volvamos al examen de la idea que yo tenía de un Ser perfecto. Del mismo modo que en esta idea está comprendida la existencia del Ser perfecto, lo estaba en la concepción del triángulo la equivalencia de sus tres ángulos a dos rectas o en la de la esfera la igualdad de las distancias de todas sus partes al centro. Tan cierta es la existencia del Ser perfecto como una demostración geométrica y aun es más evidente la primera que la segunda.

La causa de que muchos crean que hay dificultades para conocer a Dios, está en que no saben elevar su pensamiento más allá de las cosas sensibles, y como están acostumbrados a no conocer más que lo que pueden imaginarse, les parece que lo que no es imaginable no es inteligible. Enseñan los filósofos una máxima que es de perniciosas consecuencias. *Nada hay en el entendimiento que no haya impresionado antes a los sentidos* . Las ideas de Dios y del alma nunca han pasado por los sentidos; y los que quieren usar la imaginación para comprenderlas obtendrán los mismos resultados que si se sirven de los ojos para oír o para oler. Por otra parte, ni el sentido de la vista ni el oído, ni el del olfato nos aseguran por sí solos de sus respectivos objetos; ni la imaginación ni los sentidos nos asegurarían de nada si no interviniera el entendimiento.

Si hay hombres que no están suficientemente persuadidos de la existencia de Dios y del alma, quiero que sepan que las cosas que ellos tienen por más seguras y evidentes, que hay astros y una tierra y tales o cuales objetos, son menos ciertas que la existencia de Dios y del alma. Cuando se tiene una seguridad moral completa, parece una extravagancia y una sinrazón la duda contra aquella metafísica certidumbre, más evidente aún, que lo que se funda en la base movediza de simples impresiones de la sensibilidad. ¿Por qué los pensamientos que nos asaltan durante el sueño son más falsos que los otros a pesar de ser tan vivos y tan lógicos como ellos? Los más grandes sabios del mundo, por mucho que estudien, no creo que den una razón suficiente para disipar esta duda, a no ser que presupongan la existencia de Dios.

En primer término, la regla general que afirma la verdad de las cosas que concebimos muy clara y distintamente, se funda en que Dios existe, en que es un Ser perfecto y en que todo lo que hay en nosotros procede de Él;[18] de donde se sigue que nuestras ideas y nociones, puesto que se refieren a cosas reales y proceden de Dios en lo

---

[18] Leáse las Objeciones (las cuartas) de A, Arnault.

que tienen de claras y distintas, no pueden menos de ser verdaderas. Si, con frecuencia, nuestras ideas y nociones son falsas, la causa de su falsedad hay que buscarla en la confusión y obscuridad de que adolecen, porque no somos absolutamente perfectos. Si no supiéramos que lo que existe en nosotros de real y verdadero, se deriva de un ser perfecto e infinito, por claras y distintas que fuesen nuestras ideas, ninguna razón tendríamos que nos asegurara de que esas ideas poseen la perfección de ser verdaderas.

Después de asegurarnos de la verdad de la regla que he establecido, seguridad que debemos al conocimiento de Dios y del alma, importa afirmar, que las ilusiones de los sueños no deben hacernos dudar de la verdad de las ideas que tenemos cuando estamos despiertos. Puede ocurrir que soñando nos venga a la mente una idea muy clara, por ejemplo: un geómetra que encuentra una nueva demostración. En este caso, el sueño del geómetra no impedirá que su idea sea verdadera. El error más ordinario en los sueños consiste en la representación de diversos objetos, del mismo modo que hacen los sentidos exteriores; nada importa que esto nos dé ocasión de desconfiar de las ideas habidas durante el sueño, porque también podemos equivocarnos estando despiertos; los enfermos de icteria lo ven todo amarillo, y los astros y otros cuerpos muy lejanos nos parecen mucho menores de lo que son.

Lo mismo despiertos que dormidos nunca debemos persuadirnos más que por la evidencia de nuestra razón. Observad que digo *evidencia de nuestra razón* y no de *nuestra imaginación ni de nuestros sentidos*. Aunque vemos el sol muy claramente no por eso afirmamos que sea del tamaño de que lo vemos; podemos imaginar distintamente una cabeza de león en un cuerpo de cabra, y no por esto hemos de pensar que haya quimeras en el mundo.

La razón, ya que no nos dicte la verdad o la falsedad de lo que así percibimos, nos dice, al menos, que todas nuestras ideas o nociones deben tener algún fundamento de verdad; porque no es posible que Dios, que es la perfección y la suma verdad, las hubiera puesto en nosotros siendo falsas.

Nuestros razonamientos no son tan evidentes ni tan seguros durante el sueño como cuando estamos despiertos, a pesar de que frecuentemente la imaginación se exalta en el sueño mucho más que en la normalidad de la vida perfectamente consciente. Esto nos dice la razón; y también nos dicta que nuestros pensamientos no pueden ser siempre verdaderos porque no somos perfectos, y que lo que tienen de verdad, debe buscarse antes que en el sueño, en la realidad de la vida.

QUINTA PARTE

ORDEN DE CUESTIONES FÍSICAS

Bien quisiera continuar aquí la exposición iniciada en la parte anterior y presentar la cadena de verdades que he deducido de las que primeramente he descubierto; pero sería preciso que me ocupara de varias cuestiones muy controvertidas por los doctos —con los cuales no deseo discutir— y creo que será mejor que me abstenga de ello y que enuncie solamente aquellas verdades, a fin de que los sabios juzguen si a la generalidad de los lectores conviene conocerlas de un modo detallado.

Siempre he permanecido firme en mi resolución de no suponer otro principio que el que he expuesto, para explicar la existencia de Dios y del alma, y de no recibir como verdadero sino lo que me pareciese más claro y más cierto que las mismas demostraciones de los geómetras. Sin embargo, me atrevo a decir que no sólo he encontrado un medio que me ha satisfecho por espacio de algún tiempo en lo relativo a las principales dificultades que se acostumbra a encontrar en la filosofía, sino también que he observado ciertas leyes establecidas por Dios en la Naturaleza, leyes de las cuales ha impreso tales nociones en nuestra mente, que, después de reflexionar sobre ellas con la debida atención, no podemos poner en duda su exacto cumplimiento en todo lo que existe o se hace en el mundo. Al sacar las consecuencias de estas leyes, me parece haber descubierto varias verdades más útiles e importantes que todo lo que hasta entonces había aprendido y esperaba aprender.

He intentado explicar las principales en un tratado que algunas consideraciones de índole muy delicada me impiden publicar;[19] no obstante, diré sumariamente lo que ese tratado contiene.

Tuve el propósito de exponer en él todo lo que yo creía saber, relativo a la naturaleza de las cosas materiales. Pero del mismo modo que los pintores, no pudiendo representar en un cuadro plano, con la misma exactitud, los diversos aspectos de un cuerpo sólido, eligen uno de los principales, y dejando en la sombra los demás, hacen que la vista del que contempla la figura, se los suponga —temiendo yo no poder encerrar en un tratado todo mi pensamiento, decidí exponer con amplitud lo que yo creía cierto sobre la luz y añadir alguna cosa acerca del sol y las estrellas fijas, puesto que de éstas procede casi toda la luz, ocupándome también de los cielos que la transmiten; de los planetas, de los cometas y de la tierra, que la hacen reflejarse; y

---

[19] Se trata, sin duda de la obra *Tratado del Mundo y de la Luz,* en el cual Descartes aceptaba la concepción heliocéntrica.

en particular de los cuerpos que están en la superficie de la tierra, ya que son coloreados, transparentes o luminosos; y, por fin, del hombre, que es el espectador de todos esos fenómenos.

Para sombrear un poco este cuadro y poder decir más libremente lo que pensaba acerca de él, sin verme obligado a seguir ni a refutar las opiniones de los doctos, resolví dejar este mundo entregado a sus discusiones y hablar solamente de lo que ocurriría en uno nuevo, si Dios crease en los espacios imaginarios bastante materia para formarlo, y agitase desordenadamente las diversas partes de esta materia de modo que resultara un caos tan confuso como pudieran imaginarlo los poetas, no haciendo Dios otra cosa que prestar a la Naturaleza su ordinario concurso y dejar que se cumplieran las leyes que Él ha establecido.

En primer término, describía esta materia y trataba de presentarla de tal manera que, excepción hecha de lo que tantas veces he dicho de Dios y del alma, nada hay tan claro y tan inteligible en el mundo, como aquella descripción. Suponía que en ella no había ninguna de las formas o cualidades que tanta controversia producen en las escuelas, ni ninguna cosa cuyo conocimiento no fuera tan natural que no hubiera más remedio que afirmar su certeza.

Después, hacía ver cuáles eran las leyes de la naturaleza; y apoyando mis razonamientos en las infinitas perfecciones de Dios, trataba de demostrar la existencia de las que alguna duda podían ofrecer y de persuadir de que estas perfecciones son tales que aunque Dios hubiera creado varios mundos en todos ellos regirían las mismas leyes.

Como consecuencia de estas leyes, la mayor parte de aquel caos debía disponerse de cierto modo que la hiciera semejante a nuestros cielos; algunas partes de ese caos debían componer una tierra; otras, los planetas y los cometas; y algunas otras, el sol y las estrellas fijas.

Al llegar aquí, me extendía en lo concerniente al objeto de la luz, explicaba ampliamente qué luz era la del sol y las estrellas fijas, cómo atravesaba en un instante los inmesos espacios de los cielos y cómo la reflejaban los planetas y cometas. También hablaba de la substancia, situación, movimiento y demás cualidades del cielo y de los astros; de suerte que todo lo que dijera de este mundo hipotético, fuera semejante en un todo a lo que hallamos en el que vivimos.

De aquellas consideraciones generales pasé a tratar de la tierra en particular. Aunque había supuesto que Dios no dio pesadez a la materia de que se formaba el mundo, sus partes tendían todas al centro con igual intensidad. Habiendo agua y aire en la superficie, y dada la disposición de los astros, principalmente la de la luna, debía producirse un flujo y reflujo, semejante en todas sus circunstancias al que vemos en nuestros mares, y cierta corriente del agua y del aire en la dirección de levante a poniente tal como la observamos en los trópicos. Luego explicaba la formación natural de las montañas, mares, ríos y arroyos; el yacimiento de metales en las minas; el crecimiento de las plantas en los campos; el origen de los cuerpos denominados compuestos; y como después de los astros, yo no conocía en el mundo más elemento que el fuego, que sirviera para producir la luz, procuraba hacer comprender claramente todo lo relativo a la naturaleza del fuego: cómo se produce, cómo se alimenta, cómo es que a veces hay calor sin luz y a veces luz sin calor, cómo puede a diversos cuerpos darles diversos colores y otras cualidades, cómo funde a unos y endurece a otros, cómo consume a casi todos o los convierte en cenizas y en humo y cómo estas cenizas, por la sola fuerza de su acción, se convertían en cristal; esta trasmutación de las cenizas en cristal me parecía la más admirable de cuantas se verifican en la naturaleza y la describía muy detalladamente y con extraordinario placer.

No es que yo quisiera inferir de todas estas cosas que el mundo había sido creado de aquel modo, porque mucho más verosímil es que Dios, desde un principio lo ha creado tal como debía ser. Pero también es cierto —y ésta es una opinión aceptada comunmente por los teólogos— que la acción por la que el Ser supremo conserva al mundo, es la misma por la que lo creó; de modo, que, aunque Él no le hubiera dado al principio más forma que la del caos, hay que suponer que al establecer las leyes de la Naturaleza, prestó a ésta su concurso para que obrara como observamos que obra constantemente. Podemos, pues, creer —sin que por esto dudemos un solo momento del milagro de la Creación— que todas las cosas que son puramente materiales, con el tiempo hubieran podido llegar al estado en que hoy las encontramos. La naturaleza de las cosas nos induce a creer como más lógico su nacimiento paulatino que su aparición súbita en el mundo.

De la descripción de los cuerpos inanimados y de las plantas, pasaba a la de los animales deteniéndome con particular cuidado en las de los hombres.

No tenía yo los suficientes conocimientos para hablar del hombre con la misma filosofía empleada en los anteriores capítulos de mi tratado; no podía demostrar los efectos por las causas ni hacer ver por qué semillas y de qué modo la naturaleza debe producir los seres humanos.

Por estas razones me limité a suponer que Dios había formado el cuerpo de un hombre semejante a nosotros, tanto en la figura exterior de sus miembros como en la conformación interior de sus órganos, sin que entrara en su composición otra materia que la que ya he descrito y sin animarle con un alma racional. Dios excitaba en el corazón del hombre así formado uno de esos fuegos sin luz —acerca de los cuales ya me había ocupado en un capítulo anterior— semejantes al que calienta el heno cuando se encierra antes de hallarse completamente seco o al que hace hervir los vinos cuando se deja que la uva fermente.

Examinando las funciones que podían tener lugar en ese cuerpo, observaba que eran las mismas que se verifican en nosotros cuando no pensamos, cuando el alma —parte distinta del cuerpo— no contribuye con su actividad intelectual a la realización de esas funciones que son las mismas que hacen nos asemejemos a los animales irracionales. En ese supuesto, ninguna función de las que nos corresponden como hombres, encontraba en aquel cuerpo humano. En cambio, encontraba todas las funciones racionales y las explicaba con perfecta lógica, si admitía la existencia de un alma racional, unida al cuerpo por Dios.

Con el fin de que se aprecie de qué suerte trataba yo esta materia, voy a exponer aquí la explicación del movimiento del corazón y las arterias,[20] porque siendo este movimiento el primero y más generalizado de los que se observan en los animales, juzgaremos por él de todos los demás.

Para que todos me entiendan es preciso que los profanos en anatomía, vean el corazón de un animal grande, que tenga pulmones, porque es muy parecido al corazón del hombre; en el de ese animal, base de nuestra experiencia, hay dos concavidades. La primera está en el lado derecho y a ella corresponden dos especies de tubos muy anchos: uno de ellos es la vena caba, principal receptáculo de la sangre, tronco del que son ramas las demás venas del cuerpo; el otro tubo es la vena arterial, mal denominada porque es una arteria, que nace del corazón y se divide en muchas ramas que van a los pulmones. La segunda concavidad está en el lado izquierdo y a ella corresponden también dos tubos tan anchos o más que los anteriores: el primero es la arteria venosa que recibe un nombre impropio, puesto que es una vena, viene de los pulmones y se divide en muchas ramas entrelazadas con las de la vena arterial y las del conducto respiratorio; el otro tubo es la gran arteria que sale del corazón y se ramifica por todo el cuerpo.

Sería preciso que esos profanos examinaran con detenimiento las once telículas que como otras tantas puertecillas, abren y cierran las cuatro aberturas de las dos concavidades: tres de las once están situadas a la entrada de la vena cava, dispuestas de tal modo que no pueden impedir que la sangre que la cava contiene, llegue a la concavidad derecha del corazón e impiden que salga de éste; tres a la entrada de la vena arterial, permiten a la sangre que pase de la concavidad a los pulmones, pero no a la que está en los pulmones que vuelva a ellos; otras dos, a la entrada de la arteria venosa, que dejan correr la sangre de los pulmones hacia la concavidad izquierda del corazón, pero se oponen a su vuelta; y las tres últimas, a la entrada de la grande arteria, que permiten a la sangre salir del corazón pero no volver a él.

La razón del número de estas telículas es bien sencilla: la abertura de la arteria venosa es ovalada, a causa del lugar donde se halla, y puede cerrarse perfectamente con dos; las otras aberturas son redondas y para estar bien cerradas necesitan tres.

---

[20] Descartes se apoya aquí en lo fundamental, en los descubrimientos de Guillermo Harvey (1578-1657).

La gran arteria y la vena arterial son de una composición mucho más dura y firme que la arteria venosa y la vena cava. Estas dos últimas se ensanchan antes de entrar en el corazón y forman como dos bolsas, llamadas orejas del corazón, de una carne parecida a la de éste.

Como observación importante, diré que hay más calor en el corazón que en cualquiera otro sitio del cuerpo y si alguna gota de sangre entra en las concavidades, la acción del calor hace que esa gota se dilate rápidamente lo mismo que todos los líquidos, cuando gota a gota caen en una vasija de temperatura muy alta.

Para dejar perfectamente explicado lo relativo al movimiento del corazón, he de advertir que cuando sus concavidades no están llenas de sangre, por la derecha pasa al corazón la de la vena cava y por la izquierda la de la arteria venosa; estos dos vasos están siempre llenos de sangre y como sus aberturas miran al corazón, no puede impedirse el paso de la sangre. Cuando de este modo penetra una gota en cada una de las concavidades, esas gotas, que son muy gruesas, porque las aberturas por donde entran son muy anchas y los vasos de donde vienen están llenos de sangre, se rarifican y se dilatan por el calor, inflan el corazón, empujan y cierran las cinco puertecillas situadas en las entradas de los dos vasos de donde proceden las gotas, y rarificándose cada vez más, empujan y abren las otras seis puertecillas, situadas a la entrada de los otros dos vasos, inflan todas las ramificaciones de la vena arterial y de la gran arteria al mismo tiempo que el corazón, que se desinfla, lo mismo que estas arterias, en cuanto la sangre que ha entrado se enfría. Entonces, las seis puertecillas se vuelven a cerrar, las cinco de la vena cava y arteria venosa se vuelve a abrir, y dan paso a otras dos gotas de sangre que inflan de nuevo el corazón y las arterias. La sangre que entra así en el corazón, pasa por las bolsas llamadas orejas y por eso se explica que el movimiento de éstas sea contrario al de aquél y que cuando él se desinfle ellas se inflen.

Con el fin de que los que no conocen la fuerza de las demostraciones matemáticas y no están acostumbrados a distinguir las verdaderas razones de las que sólo son verosímiles o probables, no se aventuren a negar todo esto sin examinarlo, quiero advertirles de que ese movimiento que acabo de explicar se deduce necesariamente de la sola disposición de los órganos, que se pueden apreciar a simple vista; del calor, que se puede experimentar tocando con los dedos; y de la naturaleza de la sangre, que se puede conocer por la observación.

Si alguno pregunta porqué la sangre de las venas no se agota, puesto que de ellas pasa continuamente al corazón y por qué las arterias nunca se llenan, puesto que a ellas va toda la sangre que pasa por el corazón, contestaremos con las palabras de un médico de Inglaterra, al cual hay que conceder el mérito de haber solucionado satisfactoriamente esta cuestión.[21] Ese médico ha sido el primero que

---

[21] Esto muestra la rica información científica de Descartes.

ha enseñado que en las extremidades de las arterias hay pequeños pasos por donde la sangre que reciben del corazón, entra en las ramificaciones de las venas y de éstas vuelve de nuevo al corazón; de suerte que este curso no es más que una perpetua circulación. La prueba la hallamos en la experiencia ordinaria de los cirujanos. Cuando éstos atan con poca fuerza el brazo, por la parte superior del sitio en que abren la vena, la sangre sale con más abundancia que si no lo hubieran atado; lo contrario ocurre si pone la venda en la parte inferior entre la mano y el agujero o si la atan fuertemente por la parte superior. Claramente puede verse que si bien la venda apretada débilmente impide que la sangre que está ya en el brazo vuelva al corazón por las venas, no por eso impide que vuelva por las arterias, situadas debajo de las venas, ni que la sangre que viene del corazón tienda con más fuerza a pasar por las arterias a la mano, que a volver al corazón por las venas. La piel que recubre a aquéllas es más dura, más resistente que la de éstas y, por consiguiente, más difícil de oprimir. Puesto que la sangre, en el ejemplo que hemos elegido, sale del brazo por el agujero de la vena, lógico es suponer que debe haber algunos pasos debajo de la venda —en dirección a las extremidades del brazo— por los cuales pueda venir la sangre de las arterias.

Para probar lo relativo a la circulación de la sangre, el médico inglés habla de una pequeñas cubiertas dispuestas de tal modo en diversos lugares a lo largo de las venas, que no la permiten pasar del centro del cuerpo a las extremidades y sí volver de éstas al corazón. Como si esto fuera poco, la experiencia nos muestra que todo lo que está en el cuerpo puede salir de él por una sola arteria, aunque esté ligada estrechamente, muy próxima al corazón y cortada por un sitio intermedio al corazón y la venda, es decir, suponiendo esa arteria en las condiciones necesarias para quitar la sospecha más pequeña de que la sangre que salga de ella venga de otra parte.

Pero hay otras cosas que atestiguan de que la verdadera causa del movimiento de la sangre es la que ya he dicho. La diferencia que se observa entre la que sale de las venas y la que sale de las arterias, procede de que al pasar por el corazón se ha rarificado y como destilado y por eso es más sutil y más viva y más cálida, después de salir del corazón —o lo que es lo mismo, estando en las arterias— que antes de entrar en él —es decir, estando en las venas. Esta diferencia se observa·mejor en los lugares próximos al corazón que en los alejados de él. A mayor proximidad, mayor diferencia entre esas dos situaciones de la sangre.

Además, la mayor dureza de la piel o cubierta de que están provistas la vena arterial y la gran arteria, nos demuestra que la sangre choca con ellas con más fuerza que con las venas. Y ¿por qué la concavidad izquierda del corazón y la gran arteria son más anchas, más grandes que la concavidad derecha y la vena arterial sino por ser la sangre de la arteria venosa más sutil y por rarificarse con más facilidad que la que viene inmediatamente de la vena cava? ¿Qué pueden adivinar los médicos al tomar el pulso, si no saben que la sangre, según cambie de naturaleza, se rarifica por el calor del corazón con mayor o menor intensidad y con mayor o menor rapidez que antes?

Si examinamos cómo se comunica este calor a los otros miembros, tendremos que confesar que esta comunicación se efectúa por medio de la sangre que al pasar por el corazón vuelve a calentarse y se extiende por todo el cuerpo; por cuya razón si se quita la sangre de cualquier parte del organismo humano, se quita también el calor. Aunque el corazón fuese tan ardiente como un hierro al rojo, los pies y las manos estarían helados si no enviara constantemente sangre nueva.

De lo dicho se infiere, que el verdadero fin de la respiración es el de llevar aire fresco a los pulmones para hacer que la sangre que viene de la concavidad derecha del corazón, en la cual se ha rarificado y casi convertido en vapor, se espese y se convierta de nuevo en sangre, antes de caer en la concavidad izquierda. Si queremos confirmar lo que afirmamos basta con que nos fijemos en que los animales que carecen de pulmones no tienen en el corazón más que una concavidad, y en que los niños mientras están en el vientre de sus madres tienen una abertura, por la cual la sangre de la vena cava pasa a la concavidad izquierda, y un conducto, por el cual la sangre procedente de la vena arterial, va a la gran arteria sin pasar por el pulmón.

¿Cómo sería posible la cocción de los alimentos en el estómago, si el corazón no enviase calor por las arterias y la sangre no ayudase a disolver las viandas que ingerimos para la nutrición? ¿No se explica fácilmente la acción que convierte el jugo de los alimentos en sangre si consideramos que ésta se destila al pasar y repasar por el corazón más de doscientas veces cada día? ¿No nos explicamos también la nutrición y la producción de diversos humores en el cuerpo por la fuerza con que la sangre al rarificarse pasa del corazón a las extremidades de las arterias, hace que algunas partes de esa sangre se pare entre las de los miembros en que se encuentran, y ocupen el lugar de que arrojan a otras, y que, según la situación o la figura o la pequeñez de los poros, unas llegan a ciertos lugares antes que otras, a la manera de cribas diversas que, agujereadas de distinto modo, sirven para separar unos granos de otros?

Lo más notable que hay en todo esto es la generación de los espíritus animados, que son como viento muy sutil, o más bien como una llama muy pura y muy viva, que subiendo de continuo en gran abundancia del corazón al cerebro se comunica a los músculos por los nervios y da movimiento a todos los miembros, sin que tengamos que imaginar otra causa que haga que las partes de sangre más apropiadas para formar esos espíritus, puesto que son las más inquietas y penetrantes, se dirijan más al cerebro que a cualquiera otra parte del cuerpo porque las arterias que llevan esa sangre son las que vienen del corazón más en línea recta y según las reglas de la mecánica, que son las mismas que las de la naturaleza, cuando varias cosas tienden a moverse en el mismo sentido,[22] y no hay espacio suficiente para todas, las más débiles son desviadas por las más fuertes que ocupan el lugar que para todas sería insuficiente —según esas reglas, las partes de sangre que salen de la concavidad izquierda, tienden al cerebro.

Todas esas cosas las explicaba detalladamente en el tratado que hace algún tiempo tuve el propósito de publicar.[23] Exponía cuál debe ser la disposición de los nervios y de los músculos en el cuerpo humano, para que los espíritus animados que hay dentro de él tengan la fuerza de mover sus miembros; qué cambios se verifican en el cerebro para que se produzca la vigilia y los sueños; cómo la luz, los sonidos, los olores, los sabores, el calor y las demás cualidades de los objetos exteriores, pueden imprimir en nuestro cerebro diversas ideas por el intermedio de los sentidos; como el hambre, la sed y las otras pasiones interiores, pueden también suscitar ideas; de qué modo son recibidas éstas por el sentido común y qué relación guardan con ellas la memoria, que las conserva, y la fantasía, que las modifica y las combina de diversas maneras.

También explicaba, fundándome en la distribución de los espíritus animados por el cuerpo, el movimiento de los diversos miembros del cuerpo y la variedad y adaptación de ese movimiento a los objetos que impresionan los sentidos, y a las pasiones que puede encerrar el organismo humano; y empezaba por referirme a los movimientos en que no interviene la voluntad, es decir, aquellos que son como una consecuencia de la disposición de los órganos, sin que la iniciativa psíquica del hombre sirva para llevarlos a cabo. La industria construye máquinas que se mueven empleando pocas piezas en comparación con la multitud de huesos, músculos, nervios, arterias, venas, etc. Si consideramos el cuerpo como una máquina, hemos de venir a la conclusión de que es mucho más ordenada que otra cualquiera y sus movimientos más admirables que los de las máquinas inventadas por los hombres, puesto que el cuerpo ha sido hecho por Dios.

Y de este punto trataba en un estudio con más amplitud que de otros porque le adjudicaba una importancia realmente extraordinaria. Quería demostrar que una máquina con los órganos y la figura exterior de un ser humano y que imitase nuestras acciones en lo que moralmente fuera posible, no podía ser considerada como un hombre; y para ello aducía dos consideraciones irrefutables. La primera era

---

[22] Formulación radical del mecanicismo cartesiano.
[23] Otra referencia al *Tratado del Mundo y de la Luz.*

que nunca una máquina podrá usar palabras ni signos equivalentes a ellas, como hacemos nosotros para declarar a otros nuestros pensamientos. Es posible concebir una máquina tan perfecta que profiera palabras a propósito de actos corporales que causen algún cambio en sus órganos —por ejemplo: si le toca en un sitio que conteste, lo que determinó contestara el autor de la máquina—; lo que no es posible, es que hable contestando con sentido a todo lo que se diga en su presencia, como hacen los hombres menos inteligentes.

La segunda consideración era que aun en el caso de que esos artefactos realizaran ciertos actos mejor que nosotros, obrarían no con conciencia de ellos, sino como consecuencia de la disposición de sus órganos. La razón es un instrumento universal, porque puede servir en todos los momentos de la vida; y esos órganos necesitan una particular disposición para cada acto. De aquí se deduce que es moralmente imposible que una máquina obre en todas las circunstancias de la vida del mismo modo que nuestra razón nos hace obrar.

Por cualquiera de las dos consideraciones expuestas se puede conocer la diferencia que existe entre los hombres y las bestias. No hay hombre, por estúpido que sea, que no coordine varios vocablos formando partes para expresar sus pensamientos; y ningún animal, por bien organizado que esté, por perfecto que sea, puede hacer lo mismo.

Y no procede esta incapacidad de la falta de órganos, porque la urraca y el loro pueden proferir palabras lo mismo que nosotros, y sin embargo no hablan del mismo modo, puesto que no piensan lo que dicen, y los sonidos que emiten no constituyen un lenguaje porque éste requiere un fondo que es el pensamiento. En cambio los sordomudos, privados de los órganos que los hombres empleamos para hablar, inventan una serie de signos para comunicarse con sus semejantes. Estos hechos nos indican, no que las bestias tienen menos razón que el hombre, sino que carecen por completo de ella, porque no se necesita tener mucha para saber hablar.

Por grande que sea la desigualdad entre los animales de una misma especie y entre los hombres, no es creíble que un mono o un loro, los más perfectos entre los de su especie, igualen a un niño de los más estúpidos o que esté perturbado, a no ser que tenga un alma de distinta naturaleza que la nuestra, cosa inadmisible. No hay que confundir las palabras con los movimientos naturales, que pueden ser imitados por máquinas y por animales, ni pensar, como los antiguos, que las bestias hablan, aunque nosotros no entendamos su lenguaje. Si eso fuera verdad, puesto que tienen órganos semejantes a los nuestros, podrían hacerse entender de nosotros tan perfectamente como de sus semejantes.

También es digno de observación el hecho de que haya animales que muestran más habilidad que nosotros en algunas cosas. Muy cierto es esto, pero lo es también que en muchas otras no hacen gala de la misma disposición. El que realicen algo, mejor que nosotros, no nos prueba que tengan razón, porque si eso afirmáramos nos veríamos precisados a reconocer que la suya era mayor que la nuestra. Nos prueba, por el contrario, que carecen de ella y que es la naturaleza la que obra, según la disposición de sus órganos. Un reloj compuesto de ruedas y resortes, cuenta las horas y mide el tiempo con mucha mayor exactitud que nosotros, a pesar de nuestra inteligencia.

Después de tocar este punto tan importante, me ocupaba en un tratado, del alma racional y procuraba demostrar que no ha sido sacada de la fuerza de la materia sino que ha sido expresamente creada y que no basta que habite en el cuerpo humano para dirigir sus miembros como un piloto su navío. Es preciso que alma y cuerpo estén unidos íntimamente, formando un todo homogéneo, el hombre racional.[24] Me extendía un poco al tocar esta materia porque es verdaderamente trascendental. Después del error, que ya hemos refutado debidamente, de los que niegan a Dios,[25] ningún otro contribuye tanto a desviar los espíritus del camino recto de la verdad, como el que sostiene que el alma de las bestias es de la misma naturaleza que la nuestra y, por consecuencia, que nada podemos esperar ni temer después de esta vida porque las moscas ni las hormigas esperan ni temen nada. En cambio, cuando se comprende la diferencia que media entre una y otra, se entienden mejor las razones que prueban que la nuestra, por su naturaleza, es enteramente independiente del cuerpo y, por consiguiente, no está sujeta a morir con él. Y finalmente, no habiendo otras causas que las destruyan, el recto juicio se inclina a creer en su inmortalidad.

SEXTA PARTE

POSTULADOS REQUERIDOS PARA PROSEGUIR EN LA INVESTIGACIÓN DE LA NATURALEZA

Tres años hace que terminé el tratado que contiene lo que acabo de exponer, y comenzaba a revisarlo para entregarlo a la imprenta,[26] cuando me enteré de que personas muy respetables, cuya autoridad sobre mis actos no puede mucho menos que la de mi propia razón sobre mis pensamientos, habían reprobado una opinión de física emitida poco antes por otro que de estos asuntos se ocupaba. No quiero decir que participase de esa opinión, pero sí he de hacer constar que no imaginé que fuese perjudicial a la religión y al Estado, y supuse que nadie me hubiera impedido expresarla si la razón así me lo hubiera dictado. Llegué a temer que alguna de mis opiniones fuera errónea, a pesar

---

[24] Compárese la sexta *Meditación*
[25] Compárece la cuarta parte del *Discurso.*
[26] Compárese la *Carta de Descartes dirigida al R.P. Mersenne,* de 22 de julio de 1833.

de que nunca acepto sino lo que compruebo por demostraciones que no dejan lugar a duda, y que en mis escritos se hubiera deslizado algo que pudiera perjudicar a alguien. Por eso abandoné el propósito que tenía de publicarlos; además de estas razones tan fundadas, mi odio al oficio de escribir libros, hizo que yo encontrara otras poderosísimas, suficientes para que no imprimiera mi tratado, si las primeras no hubieran servido para convencerme por completo. Estas razones son de un carácter tan especial que me creo en el deber de exponerlas porque no dejan de ser interesantes.

Nunca me he jactado de las ideas que mi inteligencia me ha sugerido, y mientras de mi método no he recogido más fruto que el explicarme algunas dificultades relativas a ciencias de especulación [27] y regir mis costumbres por las reglas que la razón me dictaba al aplicar ese método, no me he creído obligado a escribir nada sobre él, por que en lo referente a las costumbres hay una diversidad de opiniones tan grande que bien se puede afirmar que hay tantos moralistas como inteligencias, y aunque mis especulaciones me agraden mucho he pensado que a los demás las suyas pueden parecerles tan bien como a mí las mías. Pero tan pronto como adquirí nociones generales relativas a la física, y comencé a experimentarlas en distintas dificultades concretas, vi hasta dónde podían conducirnos y cuándo diferían de los principios de que nos hemos hasta ahora servido; pensé que no debía tenerlas ocultas sin pecar contra la ley que nos obliga a procurar por lo demás tanto como por nosotros mismos. Esas nociones me hicieron ver es posible llegar a la adquisición de conocimientos utilísimos para la vida, y que, en lugar de la filosofía especulativa que se enseña en las escuelas, se puede encontrar una filosofía eminentemente práctica, por la cual, conociendo la fuerza y las acciones del fuego, del agua, del aire, de los astros, de los cielos y de todo los que nos rodea, tan distintamente como conocemos los oficios de nuestros artesanos, aplicaríamos esos conocimientos a los objetos adecuados y nos constituiríamos en señores y poseedores de la Naturaleza.

Y no sólo me refiero a la invención de una infinidad de artificios, que nos proporcionarían sin trabajo alguno el goce de los frutos de la tierra e innumerables comodidades; me refiero especialmente a la conservación de la salud, que es sin duda el primer bien y el fundamento de todos los bienes de esta vida; porque hasta el espíritu depende de tal modo de la disposición de los órganos del cuerpo, que si es posible encontrar algún medio de que los hombres sean buenos e inteligentes, creo que ese medio hay que buscarlo en la medicina.[28] Verdad es que la de ahora contiene muy pocas cosas que tengan tanta importancia, pero

---

[27] Compárese el contenido de las *Reglas para dirigir el espíritu,* en particular las últimas.

[28] Adviértase la viva oposición de Descartes al método especulativo de la escolástica.

—y digo esto sin el menor intento de menospreciarla— nadie se atreverá a poner en duda que lo que se sabe es una cosa insignificante comparada con lo que queda por saber, y que podríamos librarnos de infinidad de enfermedades y hasta del debilitamiento de la vejez, si se tuviera un exacto conocimiento de sus causas y de los remedios de que nos ha provisto la Naturaleza.

Teniendo el propósito de dedicar mi vida a la indagación de una ciencia tan necesaria y habiendo encontrado un camino que juzgo infalible para encontrarla, a no ser que me lo impidiera la brevedad de la vida o lo defectuoso de las experiencias, creí que el mejor procedimiento para vencer estos dos obstáculos era el de comunicar fielmente al público el resultado de mis trabajos, invitando a las inteligencias poderosas a seguir el camino por mí emprendido, contribuyendo cada uno según sus medios y sus aptitudes, a las experiencias que fuera necesario hacer y comunicando al público las investigaciones a fin de que los últimos comenzaran su labor en el punto adonde hubieran llegado los precedentes y de este modo uniendo las vidas y los trabajos de varios, llegáramos todos juntos mucho más lejos que cada uno en particular.

Observé asimismo que las experiencias son tanto más necesarias cuanto más se ha avanzado en el conocimiento. En los comienzos de la indagación, más que de experiencias raras y que exijan estudio, conviene servirse de las que por sí mismas se presentan a nuestros sentidos, y que a poco que se reflexione no se puede negar su evidencia. Las experimentaciones raras engañan frecuentemente, cuando todavía no se conocen las causas más comunes, y las circunstancias de que dependen son casi siempre tan particulares y tan pequeñas, que es difícil observarlas.

El orden que yo he seguido, ha sido el que en parte ya he indicado. En primer término he tratado de encontrar en general los principios o primeras causas de todo lo que es o puede ser en el mundo, sin considerar la existencia de más ser que la de Dios y sacando esos principios de verdades que estén naturalmente en nuestras almas. Después he examinado cuáles eran los primeros y más ordinarios efectos que pueden deducirse de esas causas; y por ese examen he encontrado cielos, astros, una tierra y sobre esta tierra, agua, aire, fuego, minerales y algunas otras cosas que son las más comunes de todas, las más sencillas y, por lo tanto las más fáciles de conocer. Cuando he querido descender a las más particulares se me han presentado tantas y tan diversas, que no he creído que al espíritu humano fuera posible distinguir las formas o especies de cuerpos que hay en la tierra de una infinidad de ellos que podrían existir si Dios hubiera querido crearlos, a no ser que indagáramos antes las causas, que conociéramos los efectos y nos sirviéramos de muchas experiencias particulares. Repasando en mi espíritu todos los objetos que se han presentado alguna vez a mis sentidos, no he hallado ningún imposible de explicar fácilmente por los principios que he encontrado.

Mas, también debo confesar que no he observado ningún efecto particular sin que haya pensado en seguida, que puede ser deducido de varios modos. Es tan amplio y tan vasto el poder de la Naturaleza, y tan generales y tan simples los principios o causas, que ellos sirven para justificar los diversos modos de la deducción de los efectos particulares. La mayor dificultad para mí consiste en saber qué modo es el verdadero. Para obviar esta dificultad no se me ocurre otro procedimiento que el de realizar algunas experimentaciones de manera que su resultado no sea el mismo, tratándose de formas distintas de deducción.

Me parece que sé cuáles son las experimentaciones que deben hacerse en cada caso para conseguir el efecto apetecido; pero son tantas y de tal índole que ni mis manos ni mi capital, y aunque fuera mil veces mayor, bastarían para verificarlas todas. Así es que el número de experiencias que haga, estará en razón directa de mi conocimiento de la Naturaleza. Por el tratado que había escrito y me proponía publicar, quería hacer ver la utilidad de que todos los que desean el bien de los hombres en general —los que son realmente virtuosos y no de fama ni de apariencia— me comunicaran las experimentaciones que realizaran y me ayudaran a llevar a buen término las que quedan por hacer.

Otras razones me obligaron a cambiar de opinión; pensé que debía continuar escribiendo lo que juzgara de importancia a medida que fuera descubriendo su verdad, poniendo el mismo cuidado que si fuera a imprimirlo porque así tendría ocasión de examinarlo nuevamente. Además, quería imaginarme que lo escrito iba a ser criticado por el público. Porque siempre se pone mayor cuidado al hacer una cosa que ha de ser juzgada por muchos que cuando sólo ha de ser conocida de su autor. Si a esto se agrega que muchas cosas que me parecieron ciertas cuando las pensé, al escribirlas me parecieron falsas se comprenderá los poderosos motivos que me impulsaron a continuar escribiendo mis indagaciones científicas. Haciéndolo así quizá podría prestar algún día un buen servicio a mis semejantes; si mis investigaciones tenían algún valor, mis sucesores usarían de ellas en la forma más conveniente.

Lo que decidí firmemente no consentir, fue el que se publicasen viviendo yo, con el fin de que ni la oposición ni las controversias a que dieran lugar, ni siquiera el renombre que me proporcionaran, me hicieran perder el tiempo que quería emplear en instruirme.

Cierto es que todos estamos obligados a procurar tanto como por el nuestro por el bien de los semejantes, y que el que a nadie es útil, nada vale; pero no es menos cierto, que el efecto de nuestros esfuerzos ha de ir más allá de los años de nuestra corta vida, y, por lo tanto que es lícito omitir lo que aportaría algún provecho a los que viven cuando otro provecho mayor pudieran obtener nuestros nietos como resultado de esa omisión.

Quiero que se sepa que lo poco que he aprendido carece de valor, comparado con lo que ignoro y no desespero de aprender. A los que descubren la verdad en las ciencias, se les pueden comparar a los jefes de los ejércitos cuyas fuerzas crecen en proporción a las victorias, que necesitan más esfuerzo para mantenerse después de la pérdida de una batalla que para tomar ciudades y provincias después de haberlas ganado. Tratar de vencer todas las dificultades y todos los errores que nos impiden llegar a la consecución de la verdad, es trabar batallas con la ignorancia; y aceptar una falsa opinión relativa a una materia un poco general e importante, es perder una de esas batallas; y cuesta más trabajo volver al sitio que se ocupaba antes de la derrota, que hacer grandes progresos después de establecer principios inconcusos.

Si yo he encontrado algunas verdades en las ciencias (y yo espero que los que lean este volumen pensarán que he hallado algunas)[29] bien puedo decir que no son más que consecuencias de cinco o seis principales dificultades que he vencido y que considero como otras tantas batallas en que he tenido la fortuna del triunfo. Y no temo decir que sólo me falta ganar dos o tres batallas parecidas para llegar a la realización de mi designio; no soy tan viejo que desespere de tener a mi disposición el tiempo necesario para lograr lo que me propongo; pero por eso precisamente, porque tengo la esperanza de emplear bien los años de mi vida, es por lo que no quiero desperdiciarlos. Si publicaba los fundamentos de mi metafísica se me ofrecían mil ocasiones de perder el tiempo, porque aunque sus principios fueran evidentes, de tal modo que entenderlos y disputarlos, ciertos formaran una misma cosa, como es imposible que todos los hombres concuerden sus opiniones, no discrepando ni en los detalles siquiera, la oposición y las controversias me hubieran distraído de mi objeto principal.

Puede oponerse a mi manera de ver en esta cuestión, que la oposición y las controversias serían útiles porque me harían conocer mis faltas y servirían para aumentar el caudal de conocimientos de los demás, si en mi labor había algo bueno, y como muchos hombres ven más que un solo, las investigaciones de los otros facilitarían mi tarea científica. Aun creyéndome muy propenso a error, y eso que nunca me fío de las primeras ideas que las cosas me sugieren, la experiencia que tengo de las objeciones que de seguro habrían de hacerme, me impide esperar ningún provecho de ellas. Conozco, por desgracia, los juicios de los amigos, de los que yo creía indiferentes y hasta los de algunos cuya malignidad y envidia, sabía yo que tratarían de descubrir lo que el afecto de los amigos había ocultado; y nunca se me ha objetado algo que yo no hubiera previsto. Todos mis censores me han parecido menos rigurosos o equitativos que yo. Además, nunca he

---

[29] En la *Dióptrica*, los *Meteoros* y la *Geometría*.

visto que por el procedimiento de discusión, que se practica en las escuelas, haya sido descubierta una verdad de alguna importancia; todos tratan de vencer en la contienda, y más que del valor efectivo de las razones alegadas por una y otra parte, se preocupan de la apariencia; sin contar que los que han sido buenos abogados no por esto son mejores jueces.

La utilidad que los demás recibirían con la comunicación de mis opiniones no sería muy grande; aparte de que no he ido tan lejos que no tuviera necesidad de añadir otras cosas, precisas para que mis pensamientos hallaran una realización completa en la práctica. Y pienso poder decir, sin ninguna vanidad, que si hay alguien capaz de llevar a término esa empresa, ese alguien soy yo. En el mundo hay multitud de inteligencias incomparablemente superiores a la mía; pero el que inventa algo, sabe concebirlo y hacerlo suyo mejor que el que lo aprende de otro. Con frecuencia he explicado algunas de mis opiniones a personas inteligentes mientras hablaba parecían comprenderme perfectamente, pero poco después, cuando esas personas querían repetir mis ideas, las alteraban por completo y decían verdaderos contrasentidos. Por esto yo ruego a nuestros nietos que no crean que es mío sino aquello que yo mismo haya divulgado. No me extraña que a filósofos antiguos cuyos libros no han llegado hasta nosotros les atribuyan las mayores extravagancias; ni tampoco que sus libros hayan sido tan mal interpretados que se les suponga autores de atrocidades impropias de todo aquel que conserva equilibrada su razón. Los grandes cerebros no son comprendidos por lo hombres de su tiempo; y sus sectarios nunca han podido sobrepujarles. Estoy seguro de que los aristotélicos más entusiastas, se considerarían felices si tuvieran el conocimiento que tuvo su maestro de la Naturaleza, aunque fuera condición de no poder aventajar nunca al gran filósofo griego. Esos sectarios son como la hiedra que rodea a los árboles, que nunca sube a mayor altura que ellos, sino que cuando llega al punto más alto, comienza otra vez a bajar. La manera de filosofar de esos fanáticos es muy cómoda para los espíritus mediocres; porque la oscuridad de las distinciones y principios de que se sirven, es causa de que hablen de todo con el mismo empaque que si lo supieran y de que sostengan lo que dicen sin que los más hábiles y sutiles polemistas puedan convencerlos. Se parecen en esto al ciego que para batirse sin desventaja con uno que ve, lo llevara al fondo de una cueva muy oscura. Ésos son los más interesados en que me abstenga de publicar los principios de mi filosofía, porque siendo tan sencillos y tan evidentes, su conocimiento equivaldría a hacer penetrar la luz en la cueva oscura en que se librase el combate.

Ni siquiera las inteligencias distinguidas abrigarán deseos de conocer los fundamentos de mi filosofía, porque si quieren saber hablar de todo y adquirir fama de doctos lo conseguirán fácilmente contentándose con las apariencias, con lo verosímil que se encuentra sin gran esfuerzo en todas las materias más importantes; la verdad en algunos casos se consigue poco a poco y con mucho trabajo, pero en otros hay que confesar sinceramente que la desconocemos por completo. Si, por el contrario, prefieren el conocimiento de la escasa verdad que poseemos, a la vanidad de parecer enterados de todo, nada tengo que añadir a lo que llevo dicho.

Si esas inteligencias distinguidas son capaces de avanzar más que yo, con mayor razón lo serán para encontrar en sus investigaciones lo que yo creo haber encontrado en las mías, sobre todo si se tiene en cuenta que lo que me queda por descubrir es más difícil y está más oculto que lo que hasta aquí he descubierto. Además, su placer será mucho mayor si deben las verdades al propio esfuerzo y no al mío; y el hábito de la indagación, que comienza por las cosas más sencillas y pasa por grados a las más difíciles, será mucho más útil que todas mis instrucciones.

Por lo que a mí respecta, estoy plenamente convencido de que si desde mi primera juventud me hubieran enseñado las verdades, cuyas demostraciones he buscado después, y no hubiera necesitado de un gran esfuerzo mental para aprenderlas, hubiera sido incapaz de hallar otras verdades por mi cuenta y no tendría el hábito y la facilidad de encontrarlas cuando aplico mi actividad mental a la adquisición de nuevos conocimientos.

En una palabra, si existe en el mundo alguna obra que no pueda ser terminada por nadie más que por el que la empezó, esa obra es la mía.

Cierto es que un hombre no puede practicar por sí solo todas las experimentaciones necesarias para la feliz realización de mi propósito; pero también es cierto que, aparte de las mías, las únicas manos utilizables para esta empresa son las de las gentes impulsadas por el afán de lucro, medio eficacísimo para que se ajustaran por completo a mis prescripciones. Los que por curiosidad o deseo de aprender se prestaran gustosos a ayudarme, más que resultados prácticos me ocasionarían molestias porque por lo general estos entusiastas prometen mucho y dan poco, conciben muchas ideas inadmisibles que por cortesía hay que escuchar, y ya que no obtengan ningún provecho material, aspiran a ser recompensados con afables cumplidos y conversaciones inútiles. En una palabra, que sería perder el tiempo lastimosamente.

Cuanto a las experimentaciones hechas por otros, y comunicadas por sus autores, he de decir que la mayor parte de ellas se componen de tantas circunstancias e ingredientes superfluos, que el entresacar la verdad es tarea difícil y muy expuesta a errores; además, están tan mal explicadas por lo general, y tan falseadas por el empeño de adaptarlas a determinados principios que aun en el caso de que algunas fuesen ciertas, el trabajo de distinguirlas de las falsas, sería mucho mayor que el provecho obtenido para la indagación científica.

Si en el mundo existiera un hombre capaz de encontrar verdades de gran trascendencia, y, por consiguiente, de gran utilidad general, es indudable que los demás tendrían la obligación de ayudarle en su magna empresa; pero yo no encuentro mejor procedimiento para auxiliarle eficazmente que el de contribuir a los gastos de experimentación e impedir que perdiera el tiempo, atendiendo a los importunos que siempre molestan. Yo no presumo de ofrecer cosas extraordinarias, ni soy tan vanidoso que crea que el público se preocupa de que mis propósitos lleguen a su completa realización, y por eso no he querido aceptar ningún favor del cual se pudiera pensar que no era merecido.

Todas estas consideraciones reunidas, fueron la causa de que, hace tres años, no quisiera divulgar el tratado que tenía entre manos y de que formara la resolución firmísíma de no publicar mientras viviera, ningún libro que pudiera hacer comprender los fundamentos de mi física. Pero después he tenido dos razones que me han movido a publicar algunos ensayos particulares y dar alguna cuenta al público de mis actos y de mis propósitos.

La primera de esas razones es la siguiente:

Algunos están enterados de la intención que abrigué de imprimir algunos de mis escritos, y podrían figurarse, cuando yo muera, que el motivo que tuve para no publicarlos, era harto desfavorable para mí. Yo no amo la gloria con apasionamiento; mejor diría que la odio, porque la juzgo contraria al reposo el cual estimo sobre todas las cosas. No por eso he tratado nunca de ocultar mis acciones, como si fueran crímenes, por que esto me hubiera proporcionado molestias, contrarias a mi deseo de una vida tranquila. Siéndome completamente indiferente el que me conocieran o no, me ha sido imposible evitar cierta reputación que he adquirido y que me obliga a procurar que no sea desfavorable a mi persona.

La segunda razón que me ha impulsado a escribir, es tan importante como la primera. Cada día que pasa me persuado con mayor evidencia del retraso que tiene que sufrir mi propósito de saber la verdad, a causa de la infinidad de experiencias que necesito practicar y que no puedo hacer sin la ayuda de los demás, sin que esto quiera significar que me jacto de inspirar al público interés decidido por mis trabajos. No quiero que algún día se me censure porque he tenido la culpa de que no se hayan hecho grandes cosas que hubieran prestado a los hombres una utilidad extraordinaria, si yo en lugar de guardar el secreto hubiera manifestado mi designio y solicitado el concurso de los demás para llevarlo a feliz término.

He pensado que debía elegir algunas materias que sin ser susceptibles de grandes controversias y sin que me obligaran a declarar más de lo conveniente sobre los principios que sirven de fundamento a mi metafísica, hicieran ver claramente lo que puedo o no puedo realizar en el campo de la ciencia.

No sé si he conseguido lo que me proponía: no quiero prevenir a los lectores hablando de mis escritos; pero tengo interés en que sean leídos por todos. Suplico a los que deseen hacer alguna objeción a mi doctrina que se tomen la molestia de enviarla por escrito a mi editor, el cual me la remitirá y yo contestaré a ella con sumo gusto. Prometo que las respuestas a las advertencias y objeciones que se me dirijan, no serán extensas. [30] Confesaré mis faltas con toda sinceridad si llego a convencerme de que he incurrido en algún error; y si los argumentos no me persuaden de mi error, expondré con sencillez lo que crea conveniente a la defensa de mis ideas, sin mezclar con esta defensa la explicación de otra materia, para no complicar la cuestión.

Si algunas de las materias de que me ocupo al comienzo de la *Dióptrica* y de los *Meteoros*, extrañan a primera vista porque las denomino suposiciones y no muestro deseo de probarlas, tenga el lector la suficiente paciencia para llegar hasta el fin y espero quedará satisfecho, porque las razones se enlazan de tal modo en esas cuestiones, que si las últimas son demostradas por las primeras, que son las causas, estas primeras lo son recíprocamente por las últimas, que son sus efectos. Y no se piense que cometo la falta que los lógicos llaman círculo vicioso. La experimentación nos muestra como ciertos, esos efectos, y las causas de que los deduzco, sirven más para explicarlos que para probarlos; son las causas las probadas por los efectos. Si les he dado el nombre de suposiciones ha sido con el fin de que se sepa que espero poderlas deducir de las verdades primeras que ya he expuesto. Y si no lo he hecho expresamente desde el principio, es porque quiero evitar que ciertos espíritus —que creen que en un día saben lo que a otro le ha costado veinte años de continuos trabajos, y que oyendo dos palabras piensan haberlo oído todo— aprovechen la ocasión de construir alguna filosofía extravagante, fundándose en principios que sin ser míos me los atribuyan, haciéndome responsable de los errores que contengan.

Nunca he tratado de excusarme, cuando mis opiniones han sido calificadas de nuevas, entre otras razones, porque tengo la completa seguridad de que examinándolas con algún detenimiento se llegará al convencimiento firme de su sencillez y de su conformidad con el sentido común, hasta el punto de que han de parecer menos extraordinarias y raras que otras que sobre el mismo asunto se sustenten.

Tampoco pretendo pasar por original. Las ideas que profeso no las defiendo porque otros las hayan defendido, ni porque hayan dejado de defenderlas; las profeso porque mi razón me dicta que son las verdaderas.

Si es imposible la ejecución rápida y feliz de la invención que en mi *Dióptrica* explico, no por eso se ha de afirmar que sea mala. Son muy grandes la habilidad y el hábito necesario para construir y ajustar las

---

[30] Compárese el *Prefacio al Lector* de las *Meditaciones Metafísicas*.

máquinas que describo sin que falte ningún detalle. Hay, pues, que achacar a las dificultades de construcción, y no a la falsedad de mi idea, la carencia de comprobación completa y evidente. Con un gran instrumento, posible es que un profano en cuestiones de música toque el laúd; y, sin embargo, no por eso diremos que ha aprendido el manejo de ese instrumento; podremos afirmar que el laúd es excelente, pero nada más.

Escribo en francés, que es la lengua que se habla en mi país, y no en latín, que es la lengua usada por mis preceptores, porque creo que los que se sirvan de su razón natural comprenderán mi idea mucho mejor que los que sólo dan crédito a los libros antiguos; y los que, además de buen sentido, tengan el hábito del estudio (éstos son los que deseo por jueces) no serán tan parciales por el latín que no quieran escuchar mis razonamientos porque los expongo en lengua vulgar.

No hablo aquí de los progresos a que puedo dar lugar en el porvenir de las ciencias, porque no soy partidario de hacer promesas cuando no tengo la absoluta seguridad de cumplirlas.

Sólo diré que he resuelto emplear el tiempo que me quede de vida en tratar de adquirir algún conocimiento de la naturaleza, de tal índole que puedan deducirse reglas para la medicina, más seguras que las aplicadas hasta ahora; y que mis aptitudes y convicciones me alejan con tanta obstinación de todo aquello que siendo útil para algunos, es perjudicial para otros, que tengo la arraigadísima creencia de que si empleara mis facultades en ese sentido, no obtendría el resultado positivo que es consecuencia de todo lo que se hace bien.

Sé perfectamente que no sirvo para llamar sobre mí la atención del público, ni para que me consideren como una celebridad. No aspiro a eso. Más agradecido quedaré a los que me dejen disponer de mis días con la libertad más absoluta, que a los que vinieran a ofrecerme los puestos más visibles y honrosos del mundo.

MEDITACIONES METAFÍSICAS

Versión española de Manuel Machado, revisada.

ANÁLISIS

Las *Meditaciones* fueron publicadas en París en 1641 con el siguiente título: *Meditaciones acerca de la filosofía primera, en la cual se demuestra la existencia de Dios y la inmortalidad del alma.* Una segunda edición apareció en 1642, en Amsterdam, bajo un título diferente, que, por cierto, se ha mantenido hasta hoy: *Meditaciones acerca de la folisofía primera en la cual se demuestra la existencia de Dios y la distinción entre el alma y el cuerpo.*

Las *Meditaciones* son seis. Ya en la primera edición aparecieron seguidas de objeciones redactadas por filósofos de la época; objeciones, en número de seis, a las cuales dio respuesta Descartes. (Antes de la primera edición el autor las había puesto en manos de eminentes pensadores.) En la segunda edición se encuentran unas séptimas objeciones, también contestadas por Descartes, amén de una carta de éste dirigida al R. P. Dinet. Las primeras objeciones fueron hechas por un teólogo de los Países Bajos de nombre Caterus; las segundas, recogidas por el R. P. Mersenne "de la boca de algunos teólogos". Las terceras tuvieron por autor a Tomás Hobbes: las cuartas, a Antonio Arnauld: las quintas, a Gassendi. También de un grupo de teólogos son las sextas, y las séptimas, del R. P. Bourdin.

Las *Meditaciones*, escritas originalmente en latín, fueron traducidas al francés muy pronto, por el duque de Luynes, y publicadas tras haber juzgado el texto el propio Descartes. A poco, M. Clerselier, uno de los más próximos amigos de Descartes, tradujo a la misma lengua las *Objeciones y las Respuestas*. Esta versión fue revisada y corregida por el autor, precisando de esta suerte algunos puntos de la doctrina. Desde entonces se ha preferido a la latina, la versión francesa, publicada en 1647, la única hecha en la vida de Descartes.

El texto que se presenta a continuación comprende:

a) *Carta a los señores decanos y doctores de la sagrada Facultad de Teología de París,* en donde se exhibe la importancia del tema ora para filósofos, ora para teólogos.

b) *Prefacio al lector* (que no aparece en la versión francesa del duque de Luynes), y en donde se presentan y contestan en síntesis las Objeciones primeras y las Objeciones segundas, preferentemente; y aconseja al público la actitud que ha de asumir en la lectura del texto.

c) *Síntesis de las seis meditaciones.* El autor en este resumen trata claramente de ofrecer al estudioso una visión de conjunto de su trabajo, con el propósito de ayudarle a la comprensión de la doctrina.

d) *Texto de las meditaciones, anotado.* De señalada importancia son aquí las referencias a otras obras de Descartes, ya para calar en el sentido de los filosofemas, ya para comprender el desarrollo del sistema.*

Sin lugar a dudas, las *Meditaciones metafísicas* ofrecen en su conjunto, respecto del *Discurso del Método,* una exposición conceptual más rigurosa, sobre todo en los temas de Dios, de la inmortalidad del alma, de la naturaleza del mundo y de la comunicación de las subtancias.

Démostrada la existencia de Dios. Éste adquiere el rango de principio explicativo de la realidad (anímica y corporal), de manera consecuente. Cierto: todo debe aclararse y distinguirse a la luz de lo absoluto. Por esta vía se deriva la existencia del alma ("El alma es lo primero que se conoce, partiendo de la existencia divina, de manera cierta") y de su inmortalidad (dada su independencia del cuerpo). Un paso siguiente lleva al conocimiento del mundo y de su existencia, pues Dios, como ser perfecto, no puede inducir a error. Éste más bien, se explica como efecto del libre arbitrio humano (voluntarismo del error). El problema de las relaciones entre alma y cuerpo, lo zanja Descartes al afirmar que el hombre no es "unidad de naturaleza" (de alma y cuerpo) sino "unidad de composición".

---

* Respecto a las Objeciones y Respuestas, el lector interesado en ellas podrá consultarlas en Descartes, *Ouvres et Letres* (Bibliotheque de la Pléiade). Un resumen de ellas puede leerse en la edición española de Garnier Hnos., París.

CARTA A LOS DECANOS Y DOCTORES DE LA SAGRADA FACULTAD DE TEOLOGÍA DE PARÍS

Muy señores míos:

La razón que me mueve a presentaros esta obra es tan justa, que cuando conozcáis mi disignio, la tomaréis bajo vuestra valiosísima protección. Para hacerla recomendable, voy a deciros brevemente cuál ha sido el propósito que he tenido presente al escribirla.

Siempre he creído que las cuestiones relativas a Dios y al alma, son de las que exigen una demostración más bien filosófica que teológica.

A nosotros, los fieles a la iglesia, nos basta creer por la fe que existe un Dios y que el alma no muere con el cuerpo, porque es inmortal; pero es imposible, que los infieles lleguen a persuadirse de la verdad de una religión y de las virtudes que contiene, si por la razón natural no se les convence.

Viendo todos los días, que en esta vida son mejor retribuidos los vicios que las virtudes, nadie preferiría lo justo a lo útil, si no fuera por el temor de Dios y por la esperanza de otra vida. Júzguese, pues, de la importancia de estas dos cuestiones.

Es de una certeza absoluta, la necesidad de creer que hay un Dios, porque así nos lo enseñan las Sagradas Escrituras, y no es menos evidente, la necesidad de creer que esas Sagradas Escrituras proceden de Dios; y, sin embargo, no podemos sostener esas dos proposiciones, en nuestras controversias con los infieles, sin que nos digan que incurrimos en la falta denominación por los lógicos, círculo vicioso.

Vosotros, teólogos esclarecidos, habéis asegurado, que la existencia de Dios, puede probarse por la razón y que las Sagradas Escrituras se infiere que el conocimiento de la existencia de Dios es más claro que el que poseemos de muchas cosas creadas, y es tan fácil que el que carece de él, es culpable. Esto se deduce de las palabras de la Sabiduría, capítulo XIII: "su ignorancia no es perdonable; porque si su inteligencia ha penetrado en el conocimiento de las cosas del mundo, ¿cómo es posible que no haya reconocido al Soberano, creador de todas?"[1] En el capítulo primero del *Libro de los Romanos*

---

[1] *Libro de la Sabiduría*, cap. 13, versículos 8 y 9.

se afirma que ese desconocimiento es "inexcusable"[2] y que "lo que de Dios es conocido se manifiesta en ellos",[3] lo cual parece indicarnos que todo lo que de Dios se puede saber, se conoce por razones sacadas de nosotros mismos y de la sencilla consideración de la naturaleza de nuestro espíritu.

Por todo ello, he pensado que no falto a mis deberes de filósofo, si muestro cómo y por qué camino, sin salir de nosotros mismos, podemos conocer a Dios, con más facilidad y certeza que a las demás cosas del mundo.

Por lo que respecta al alma, hay muchos que creen en la dificultad de conocer con certeza su naturaleza y algunos se han atrevido a decir que las razones humanas nos persuaden de que muere con el cuerpo, a pesar de que la fe afirme todo lo contrario.

El concilio de Letrán, celebrado bajo el papado de León X, en la sesión 8, condena a los que tales cosas sostienen y ordena a los filósofos cristianos que contesten a sus argumentos y empleen la fuerza de su ingenio en la defensa de la verdad. Eso es lo que yo hago en la obra que someto a vuestra consideración.

Muchos impíos no quieren creer en la existencia de Dios y en la distinción que hacemos del alma inmortal y del cuerpo perecedero, fundándose en que nadie ha demostrado aú esas dos cosas. Yo opino, por el contrario, que la mayor parte de las razones que han aportado los sabios a la filosofía, relativas a Dios y al alma, son, bien entendidas, otras tantas demostraciones de su existencia; y que es casi imposible inventar nuevas demostraciones.

Nada sería tan útil para la filosofía, como la labor del que se dedicara a elegir las mejores, disponiéndolas de un modo tan claro y exacto, que todo el mundo pudiera apreciar que se trataba de demostraciones en absoluto irrefutables.

Varias personas, acreedoras a mi reconocimiento más afectuoso —sabiendo que yo he cultivado cierto método para resolver toda clase de dificultades en las ciencias, método que no es nuevo, como no es nueva la verdad, y que me ha servido felizmente en diversas ocasiones— me instaron a que acometiera tamaña empresa; y yo pensé que estaba en el deber de hacer una tentativa, ya que se trataba de un asunto de tanta trascendencia.

He hecho todo lo que de mí ha dependido para encerrar en este tratado lo que he podido descubrir por medio de la aplicación del método que empleo en mis indagaciones científicas.

No he intentado reunir las diversas razones que podrían alegarse para probar la existencia de Dios, porque esto sólo hubiera sido necesario en el caso de que ninguna de esas razones fuere cierta. Me he ocupado exclusivamente de las primeras y principales, de tal manera

---

[2] *Libro de los Romanos*, cap. 1, versículo 20.
[3] *Libro de los Romanos*, cap 1, versículo 19.

que me atrevo a sostener que son demostraciones muy evidentes y muy ciertas. Y diré, además, que dudo mucho de que la inteligencia humana pueda inventar otras de tanta fuerza como ellas.

La importancia del asunto y la gloria de Dios, a la que todo se refiere, me obligan a hablar aquí de mí con más libertad de la que acostumbro.

No obstante, por mucha que sea la certeza y evidencia que yo encuentre en mis razones, no puedo convencerme de que todos sean capaces de entenderlas. Explicaré la causa. En la geometría hay verdades que nos han sido legadas por Arquímedes, Apolonio, Pappus y otros geómetras eminentes y que son aceptadas como muy ciertas y evidentes, porque no contienen nada que, considerado separadamente, sea difícil de conocer y las cosas que siguen guardan una exacta relación y enlace con las precedentes; y, sin embargo, porque son un poco extensas y exige una inteligencia viva, son comprendidas por muy pocas personas.

Aunque estimo las razones que utilizo en este trabajo, como más evidentes y más ciertas que las de los geómetras, temo que muchos no las comprendan suficientemente, porque son un poco extensas y se hallan en una relación de absoluta dependencia o porque reclaman para ser apreciadas en su justo valor, un espíritu completamente libre de prejuicios y que pueda prescindir fácilmente del comercio de los sentidos. A decir verdad, se encuentran más espíritus aptos para la geometría que para la metafísica.

Entre las especulaciones geométricas y las metafísicas, existe una diferencia muy digna de observarse. En las primeras, todos saben que nada se admite como no se demuestre de un modo que no deje lugar a dudas; y los que no se hayan muy versados en ellas, pecan más por aprobar demostraciones falsas, queriendo hacer creer que las entienden, que por refutar las verdaderas. No sucede lo mismo en el campo de la filosofía; todos creen que todo es problemático, pocos son los que se entregan a la investigación de la verdad, y muchos, aspirando a tener fama de inteligentes, combaten arrogantemente hasta las verdades que parecen más seguras.

Por mucha fuerza que tenga mis razones, basta que sean de carácter filosófico, para que no produzcan gran efecto en los espíritus, a no ser que vosotros las toméis bajo vuestra protección.

Todos os estiman como merecéis, y merecéis mucho; el nombre de la Sorbona, es de una autoridad tan grande que no sólo se refiere a cuestiones de fe, en las cuales después de los concilios son las vuestras las opiniones más respetadas, sino que se extiende a la humana filisofía, en la que tanto renombre habéis adquirido por vuestro saber, prudencia e integridad, en los juicios que formuláis.

Por todo ello, no vacilo en suplicaros, primeramente, que corri-. jáis mi obra (conociendo mi falta de seguridad y mi ignorancia no me atrevo a creer que no contenga errores); después, que añadáis las cosas que faltan, acabéis las imperfectas y déis una explicación más amplia de la que lo necesite o por lo menos me indiquéis cuáles son las más necesitadas de esta ampliación; y cuando las razones por las que pruebo la existencia de Dios y la diferencia que hay entre el alma y el cuerpo, lleguen al punto de claridad y evidencia a que pueden y necesitan llegar para ser consideradas como demostraciones exactísimas, si vosotros os dignáis autorizarlas con vuestra aprobación, rindiendo así un público testimonio de su verdad y certeza, no dudo de que, a pesar de todos los errores y falsas opiniones referentes a esas dos cuestiones importantísimas —la duda abandonará el espíritu de los hombres.

La verdad hará que los doctos y personas de talento, se adhieran al juicio de vuestra innegable autoridad; que los ateos, que por lo general son más arrogantes que cultos y reflexivos, prescidan de su manía contradictoria o temerosos de aparecer como ignorantes, al ver cómo aceptan por demostración los hombres de talento aquellas verdades, tal vez se sientan inclinados a defenderlas: y, finalmente, todos se rendirán a la vista de tantos testimonios y nadie se atreverá a dudar de la existencia de Dios y de la distinción real y verdadera entre el alma humana y el cuerpo.

Vosotros que véis los desórdenes que acarrea la duda podréis juzgar de los efectos que la fe, en dos cuestiones tan importantes, habría de producir en el mundo cristiano. Pero no debo recomendar más la causa de Dios y de la religión a los que han sido siempre sus más firmes columnas.

PREFACIO AL LECTOR [4]

En el *Discurso* que escribí y publiqué en 1637, tratando del método que debe servir de guía a la razón, y que hemos de emplear para la indagación de la verdad científica, algo dije acerca de las magnas cuestiones relativas a la existencia de Dios y al alma humana; pero sólo de pasada me ocupé de ellas y con la intención de conocer el juicio que sobre mis opiniones formaban los que las leyeron.

Siempre he creído que esas dos cuestiones tienen una importancia, en el campo de la ciencia como en el de la vida, que bien se puede calificar de extraordinaria y por eso, me ha parecido conveniente hablar de ellas más de una vez.

El camino que sigo para explicarlas, está tan poco trillado y tan alejado de la ruta ordinaria, que he pensado que no es útil darlo a conocer en francés y en un libro al alcance de todo el mundo porque los espíritus débiles creerían que les estaba permitido el marchar por la senda trazada por mí.

En el *Discurso del Método* [5] rogué a cuantos me leyeran, que me comunicaran las cosas que a su juicio fueran dignas de censura; y entre las objeciones que he recibido sólo hay dos que sean verdaderamente notables y las dos se refieren a las cuestiones de la existencia de Dios y la distinción entre el alma y el cuerpo. En pocas palabras, quiero contestar aquí a esas dos objeciones, antes de entrar en la explicación detallada de las cuestiones, objeto de este trabajo.

La primera de las observaciones que se me han dirigido, consiste en afirmar que del hecho de que el espíritu al volver sobre sí, se conozca como una cosa que piensa, no se deduce que su naturaleza o esencia esté constituida *solamente* por el pensar; de tal modo, que la palabra *solamente* excluye todo lo demás que puede pertenecer a la naturaleza del alma.

A esa objeción contesto, que la exclusión no se refiere al orden de la verdad o realidad de las cosas (en aquel momento no trataba de ese orden) sino al orden de mi pensamiento, porque entonces yo no conocía nada de lo perteneciente a mi esencia; sólo sabía que yo era

---

[4] Este prefacio está tomado de la versión latina, pues no figura en la versión del duque de Luynes.

[5] Sexta parte.

una cosa que piensa o lo que es lo mismo, que tiene en sí la facultad de pensar.

La segunda de las observaciones, afirma que aunque tengamos la idea de una cosa más perfecta que nosotros no por eso vamos a establecer como cierto que esa idea sea más perfecta que nosotros y que exista lo que la idea representa.

A esto contesto, que en la palabra *idea* hay algo que se presta al equívoco. Si consideramos la idea como una operación del entendimiento, no podemos decir que sea más perfecta que nosotros; y si la tomamos en un sentido objetivo, atendiendo a la cosa representada por la operación del entendimiento, esa cosa, sin suponer que exista fuera del entendimeinto puede, no obstante, ser más perfecta que nosotros, por razón de su esencia. En este tratado demostraré, con la debida amplitud, que si tenemos idea de una cosa más perfecta que nosotros, podemos afirmar con toda legitimidad que esa cosa existe verdaderamente.

He leído dos escritos muy extensos sobre esta materia, en los que se combaten no mis argumentos, sino mis conclusiones, con razonamientos sacados de lugares comunes, utilizados por los ateos para defender su descreimiento. No quiero contestar a esos escritos por dos razones. Es la primera, que esa clase de razonamientos, ninguna impresión hará en el espíritu de los que comprenden bien las razones en que se fundan mis ideas. Es la segunda, que los juicios de muchos son tan débiles y tan poco razonables, que se dejan convencer por las primeras opiniones que han recibido por falsas que sean y por muy alejadas que estén de lo verosímil, y rechazan una sólida y verdadera refutación de sus opiniones, por no dejar de creer en lo que siempre creyeron. Además, no quiero exponer aquí detalladamente los argumentos que esos ateos emplean para impugnar mis doctrinas.

Sólo diré que sus alegaciones al combatir la existencia de Dios dependen de la falsa suposición que atribuye a Dios afecciones humanas o de creer en nuestros espíritus tanta prudencia y tanto poder como el que se necesita para comprender lo que Dios debe y puede hacer. Ninguna dificultad presentan a nuestras creencias estos argumentos, si recordamos que debemos considerar las cosas como finitas y limitadas y a Dios como ser infinito e incomprensible.

Después de conocer los juicios que sobre mi libro se han formado —y que he expuesto y refutado brevemente en este pequeño prefacio— decidí tratar otra vez más de Dios y del alma humana, para establecer los fundamentos de la filosofía sin esperar ningún elogio del vulgo ni aspirar a que mi libro sea leído por muchos. Aconsejaré su lectura solamente a los que quieran meditar seriamente, puedan prescindir de la comunicación de los sentidos y estén libres de toda clase de prejuicios. El número de lectores será muy escaso.

Los que no se cuidan del orden y enlace de las razones y se divierten comentando humorísticamente lo que leen, no sacarán gran fruto de la lectura de este tratado; si en varios lugares del libro hallan algo a propósito para su crítica de seguro que nada contendrá ésta que sea digno de contestación.

No prometo dejar satisfechos a los que se tomen la molestia de conocer lo que pienso, ni soy tan vanidoso para presumir que puedo prever las dificultades que al entendimiento se presenten durante la lectura de mi obra.

En primer término, expondré en estas *Meditaciones* los mismos pensamientos que me han persuadido de que he llegado a un conocimiento cierto y evidente de la verdad, para ver si de ese modo logro persuadir a los demás.

Después de esta exposición contestaré a las objeciones que me han sido hechas por personas de talento y cultura que han leído mi obra antes de imprimirse. Tantas han sido las objeciones y de tan diverso carácter que mucho dudo de la novedad de las que puedan hacérseme en lo sucesivo, porque han sido tratados ya todos los aspectos que ofrecía la materia.

A todos los que lean estas *Meditaciones*, vivamente suplico que no formen juicio alguno sobre ellas, hasta después de haber leído todas las objeciones y las contestaciones que les he dado para ratificar mi doctrina.

SÍNTESIS DE LAS SEIS
MEDITACIONES SIGUIENTES

En la primera expongo las razones que tenemos para dudar de todas las cosas en general y especialmente de las materiales, mientras las ciencias se hallen en el mismo estado en que hoy se encuentran y sean los mismos sus fundamentos.

La utilidad de una duda inicial tan amplia es muy grande, porque nos despoja de toda clase de prejuicios y nos prepara un camino muy fácil para libertar a nuestro espíritu de la influencia que sobre él ejercen los sentidos. De ese modo, una vez conocidas las cosas como verdaderas, es imposible que vuelva a surgir la duda.

En la segunda, el espíritu que usando de su libertad, supone que no existen las cosas que le ofrecen la más pequeña duda, reconoce que es absolutamente imposible que él no exista; lo cual es de extraordinaria utilidad, porque por ese camino se llega a distinguir con facilidad lo que pertenece al espíritu, es decir, a la naturaleza intelectual, de lo que pertenece al cuerpo.

Algunos esperarán que al llegar a este punto exponga razones que prueben la inmortalidad del alma. A ésto, creo de mi deber advertirles que nada he escrito en este tratado que no puediera demostrar de la manera más exacta del mundo; y como sigo un orden semejante al empleado por los geómetras, antes de establecer una conclusión demuestro primeramente todo lo que la fundamenta. Para probar la inmortalidad del alma hay que conocer antes otras verdades sin las cuales no se puede llegar a esa demostración.

Si queremos tener un concepto preciso de la inmortalidad del alma, lo primero que necesitamos es formar de ésta una idea clara, completamente distinta de la concepción que del cuerpo hayamos formado. Esto ya lo hemos hecho en las dos primeras meditaciones. Además, necesitamos saber que todas las cosas que clara y distintamente concebimos, son verdaderas al modo que han sido concebidas. Esto no puede probarse antes de la cuarta *Meditación*. Hay que tener también, un concepto claro y distinto de la naturaleza corporal, concepto que en parte se forma en la segunda *Meditación* y en parte en la quinta y sexta. Y, finalmente, debe concluirse que cuando se concibe clara y distintamente la diversidad de dos substancias, como concebimos la del espíritu y cuerpo, es que son en realidad distintas. A esta conclusión llegamos en la sexta *Meditación* y la vemos confirmada por el hecho de que si imaginamos divisibles todos los cuerpos, sin excepción, el espíritu, el alma del hombre no podemos concebirla más que como indivisible; podemos imaginar la mitad de cualquier cuerpo, por pequeño que sea, y nos es imposible figurarnos la mitad del alma. ¿Qué prueba esta imposibilidad? Prueba que no sólo son diversas la naturaleza del espíritu y del cuerpo, sino que en cierto modo son opuestas.

De esta materia no trato en las *Meditaciones* anteriores, porque lo dicho en ellas, basta para demostrar que de la corrupción del cuerpo no se sigue la del alma y porque las premisas para concluir la inmortalidad del alma, dependen de la explicación de la física: primeramente, para saber que generalmente todas las substancias, todas las cosas que no pueden existir sin ser creadas por Dios, son por naturaleza incorruptibles y no es posible dejen de ser, si Dios no las reduce a la nada; y luego, para observar cómo el cuerpo, en general, es una substancia y por eso no perece y cómo el cuerpo humano, en particular, tiene cierta configuración y accidentes en sus miembros por los que se distingue de todos los demás cuerpos de la tierra. El alma carece de los accidentes del cuerpo, es una substancia pura. Podrá concebir unas cosas, y sentir y querer otras, pero en medio de estas variaciones el alma no cambia, es siempre la misma. El cuerpo humano, por el contrario, experimenta modificaciones, cambia, se transforma y, por consiguiente, puede perecer. El espíritu o el alma del hombre, no puede perecer, porque es inmortal por su propia naturaleza.

En la tercera *Meditación*, explico extensamente el argumento principal de que me sirvo para probar la existencia de Dios. No he querido servirme de comparaciones sacadas de las cosas corporales, a fin de alejar en lo posible, el espíritu de los lectores, del uso y comunicación de los sentidos. A esto se debe, sin duda, el que haya obscuridades como la siguiente: porqué la idea de un Ser soberanamente perfecto, idea que existe en nosotros, contiene tanta realidad objetiva, es decir, participa por representación de tantos grados de perfección que hacen creer que procede de una causa soberanamente perfecta.

Esas obscuridades serán disipadas en la contestación a las objeciones que se me han dirigido. En esa contestación, he aclarado la duda relativa a la causa soberanamente perfecta, valiéndome de esta comparación: un obrero concibe la idea de una máquina artificial y muy ingeniosa; el artificio objetivo de esa idea, debe tener alguna causa que es o la ciencia del obrero o la de otro de quien haya recibido la idea. Del mismo modo es imposible que la idea de Dios, impresa en nosotros, no tenga a Dios por causa.

En la cuarta, pruebo que todas las cosas que concebimos muy claramente y muy distintamente, son verdaderas; explico en qué consiste la naturaleza de la falsedad o error, cosa que debemos saber, tanto para confirmar las verdades precedentes como para mejor entender las que siguen. He de hacer notar que no trato del pecado, que es, al fin y al cabo, un error, el que se comete practicando el mal o alejándose del camino del bien. Me ocupo, únicamente del error relativo al discernimiento de lo verdadero y de lo falso y por eso no hablo de las cosas que pertenecen a la fe y a la moral. Sólo las que guardan alguna relación con las verdades especulativas y las que pueden ser conocidas por la luz natural de la razón, constituyen el objeto de mi estudio.

En la quinta *Meditación*, explico, en términos generales, la naturaleza de las cosas corporales; demuestro la existencia de Dios con un nuevo razonamiento en el que al pronto se encontrará alguna obscuridad que será disipada en las respuestas a las críticas que ha merecido mi obra; y haré ver cómo es cierto que hasta la exactitud de las demostraciones geométricas, depende del conocimiento de Dios.

En la sexta, distingo la acción del entendimiento de la imaginación y describo los caracteres de una y otra; demuestro que el alma del hombre es realmente distinta del cuerpo, aunque estén tan estrecha e íntimamente unidos que compongan una misma cosa; expongo, a fin de evitarlos, todos los errores que proceden de los sentidos; y, finalmente, aporto las razones con las que podemos concluir la existencia de las cosas materiales. No juzgo esas razones de utilidad muy grande, porque prueban lo que no hace falta probar. Que existe un mundo, que los hombres tienen cuerpo y otras cosas semejantes, por nadie han sido puestas en duda. En este sentido su importancia es bien poca; pero desde cierto punto de vista la tienen y realmente extraordinaria, porque esas razones que prueban la existencia de las cosas materiales no son tan firmes ni tan evidentes como las que conducen al conocimiento de Dios y del alma; lo cual nos dice con toda claridad que estas razones son las más ciertas y evidentes que puede comprender el espíritu humano. Eso es lo que me he propuesto probar en las seis *Meditaciones.*

En este extracto he omitido muchas cuestiones de que me ocupo en mi tratado. Claro es que ninguna tiene gran importancia, puesto que sólo hablo de ellas incidentalmente.

MADITACIONES ACERCA DE LA FILOSOFÍA PRIMERA EN LA CUAL SE PRUEBA LA EXISTENCIA DE DIOS Y LA DISTINCIÓN ENTRE EL ALMA Y EL CUERPO

MEDITACIÓN PRIMERA

DE LAS COSAS QUE PODEMOS PONER EN DUDA

Hace algún tiempo que vengo observando que desde mis primeros años he recibido por verdaderas muchas opiniones falsas que no pueden servir de fundamento sino a lo dudoso e incierto, porque sobre el error no puede levantarse el edificio de la verdad. Con los principios que me habían enseñado nada útil podía conocer, porque de principios falsos no se deducen consecuencias ciertas, y decidí deshacerme de todos los conocimientos adquiridos hasta entonces y comenzar de nuevo la labor, a fin de establecer en las ciencias algo firme y seguro. Difícil era la empresa e impropia de un joven desprovisto de experiencia; por eso esperé llegar a la edad madura, la más a propósito para llevar a la práctica ideas que tanta firmeza y constancia exigen; y creería faltar a un deber si no pusiera manos a la obra. Pienso que estoy en las mejores condiciones para ello. He libertado mi espíritu de toda clase de preocupaciones; las pasiones no han dejado en mí su huella profunda y funesta; me he procurado un seguro reposo en esta apacible soledad. Puedo, pues, dedicarme a destruir mis antiguas opiniones, para que la verdad ocupe el puesto que merece. Creo que no será necesaria una demostración de la falsedad de esas opiniones porque sería cosa de no acabar nunca. Debo rechazar, no sólo lo que aparece manifiestamente erróneo, sino también todo lo que me ofrezca la más pequeña duda. No tengo precisión de examinar una por una todas mis antiguas opiniones para ver si deben ser rechazadas; ya he dicho antes que así no acabaríamos nunca. La ruina de los cimientos causa el derrumbamiento del edificio. Examinemos, pues, los principios en que se apoyaban mis antiguas ideas.

Todo lo que hasta ahora he tenido por verdadero y cierto ha llegado a mí por los sentidos; algunas veces he experimentado que los sentidos engañan; y como del que nos engaña una vez no debemos fiarnos, yo no debo fiarme de los sentidos.

Pero si éstos nos inducen a error en algunas cosas en las poco sensibles y muy lejanas, por ejemplo —hay muchas que por los sentidos conocemos y de las cuales no es razonable dudar: que yo estoy aquí, sentado al lado del fuego, con un papel entre las manos, vestido de negro, es cosa indudable para mí ¿Cómo puedo negar que estas manos y este cuerpo son míos? Para negarlo tendría que ser un insensato o un perturbado, como esos que aseguran continuamente que son emperadores y van vestidos de andrajos, o creen que poseen trajes de oro y púrpura y van desnudos o se imaginan ser un cántaro o que su cuerpo es de cristal. Ésos son locos y yo sería tan extravagante como ellos si siguiera su ejemplo.

Sin embargo, no he de olvidar que soy hombre y, por consiguiente, que tengo la costumbre de dormir y de representarme en sueños las cosas reales y otras tan inverosímiles y descabelladas como las que se les ocurren a esos insensatos. Cuántas veces he soñado que estaba como ahora, vestido, sentado ante la mesa, junto al fuego, con un papel entre las manos, y sin embargo, dormía en mi lecho.

¿Estaré soñando ahora? Mis ojos ven claramente el papel en que escribo; muevo la cabeza a un lado y a otro con perfecta soltura, levanto el brazo y me doy clara cuenta de ello. Todo esto me parece mucho más distinto y preciso que un sueño. No, no estoy soñando.

Pero pienso con detenimiento en lo que en este momento me pasa y recuerdo que durmiendo me frotaba los ojos para convencerme de que no estaba soñando, y me hacía las mismas reflexiones que despierto me hago ahora. Eso me ha ocurrido muchas veces. De aquí deduzco que no hay indicios por los que podamos distinguir netamente la vigilia del sueño. No los hay, y porque no los hay me pregunto lleno de extrañeza, ¿será un sueño la vida?, y estoy, a punto de persuadirme de que en este instante me hallo durmiendo en mi lecho.

Supongamos que dormimos y que todas esas particularidades como la de levantar el brazo, mover la cabeza y otras semejantes no son más que ilusiones; pensemos que nuestro cuerpo tal vez no es como lo vemos; y a pesar de esa suposición y de ese pensamiento, tendremos que confesar que las cosas que durante el sueño nos representamos son a la manera de cuadros, de pinturas, que no pueden estar hechos sino a semejanza de alguna cosa real y verdadera y, por lo tanto, esas cosas generales —una cabeza, unos ojos, unas manos, un cuerpo completo— no son imaginarias, sino reales y existentes.

Los pintores, cuando tratan de representar, por medio de los colores, una sirena o un sátiro, por muy extravagantes y raras que sean las figuras, por mucho que sea su artificio, no pueden pintar formas y naturalezas completamente nuevas; todo lo más que hacen es una composición, una mezcla de miembros de los cuerpos de diferentes animales. Y aun en el caso de que su imaginación sea tan excepcional que invente algo tan nuevo que nunca se haya visto, y que represente una cosa fingida y falsa en absoluto, los colores que emplee para pintar son necesariamente verdaderos.

Por la misma razón, aunque esas cosas generales —un cuerpo, unos ojos, unas manos— sean imaginarias, hay que confesar por lo menos que han existido otras más simples y universales todavía, pero reales y verdaderas, de cuya mezcla —lo mismo que de la de colores, del ejemplo anterior— se han formado, verdaderas y reales o fingidas y fantásticas, las imágenes de las cosas que residen en nuestro pensamiento.

A ese género de cosas pertenecen la naturaleza corporal en general y su extesión; luego vienen, la figura de las cosas extensas, su cantidad o tamaño, su número, el lugar que ocupan, el tiempo que mide su duración y otras análogas.[6] No creemos afirmar nada inexacto al decir que la física, la astronomía, la medicina y las demás ciencias que dependen de la consideración de las cosas compuestas, son muy dudosas e inciertas; en cambio, la aritmética, la geometría y las otras ciencias análogas, que tratan de cosas muy simples y muy generales, sin preocuparse de si existen o no en la Naturaleza, contienen algo cierto e indudable. Esté despierto o esté dormido, dos y tres son cinco y el cuadro tiene cuatro lados; verdades tan claras como éstas no pueden calificarse de falsas o inciertas.

Hace mucho tiempo que tengo la idea de que hay un Dios omnipotente, que me ha creado tal como soy. ¿Sé yo acaso si ha querido que no haya tierra, ni cielo ni cuerpos, ni figura, ni tamaño, ni lugar y, sin embargo, ha hecho que yo tenga el sentimiento de esas cosas que no son y me parece que existen? Y aunque yo piense algunas veces que los otros se equivocan en lo que creen estar más seguros ¿quién sabe si Él ha querido que yo me equivoque al decir que dos y tres son cinco, que el cuadro tiene cuatro lados u otra cosa más fácil, en el supuesto de que la haya? Dios no habrá querido que yo sea tan desgraciado equivocándome siempre, porque es la Suma Bondad. Pero si a esta bondad repugnaba el haberme hecho de tal modo que siempre me engañara, tampoco debía permitir que me engañe algunas veces; y, sin embargo, estoy seguro de que me engaño.

Al llegar aquí, de seguro, hay quien prefiere negar la existencia de un Dios tan poderoso a creer que todas las demás cosas son inciertas. No discutamos con los que tal opinión sostienen y concedámosles, por ahora, que lo que se ha dicho de Dios es pura fábula. Si el engañarse, si el errar es una imperfección, ya puedo explicarme del modo que quiera el haber llegado al estado y al ser que tengo, que ya lo atribuya al destino o a la fatalidad, ya lo refiera al azar, ya proceda de la continua serie de las cosas y de la relación que guardan entre sí, lo cierto, lo indudable, es que cuanto más expuesto esté a equivocarme,

---

[6] Las figuras que estudia la geometría analítica.

cuando más probable sea que incurra siempre en error, tanto menos poderoso será el autor de mi existencia.

A estas razones nada tengo que oponer; me he obligado a confesar que debe ponerse en duda todo aquello que en otro tiempo consideraba verdadero, y no por irreflexión o ligereza sino después de pensarlo muy detenidamente y de adquirir un convencimiento basado en razones muy firmes y evidentes. Y he de cumplir esa obligación, si quiero encontrar en las ciencias algo cierto y seguro.[7]

No basta que haga este propósito; es preciso que en todos momentos lo tenga muy presente, porque mis antiguas ideas vuelven con frecunecia a ocupar mi pensamiento; el largo y familiar contacto en que han vivido con mi espíritu, les da derecho a ello, contra mi voluntad, y las convierte en dueñas y señoras de mi inteligencia. Nunca perderé la costumbre de asentir a ellas, aunque con las debidas restricciones; en cierto modo son dudosas y no obstante, muy probables. Así, que hay más fundamento para afirmarlas que para negarlas.

No creo hacer nada malo al adoptar deliberadamente un sentido contrario al mío, engañándome a mí mismo, y al fingir por algún tiempo que todas mis antiguas opiniones son falsas e imaginarias; quiero con esto equilibrar mis anteriores y mis actuales prejuicios con el fin de que mi inteligencia no se incline a ningún lado con preferencia a otro y mi juicio no se vea dominado por prácticas perjudiciales, que lo desvíen del recto camino que puede conducirle al conocimiento de la verdad.

Estoy seguro de que con ese procedimiento, no hay peligro ni error, y que esta desconfianza inicial no significa gran cosa, puesto que no es el presente el momento de obrar, sino el de meditar y conocer.

Supondré, pués, que Dios —la Suprema Bondad y la Fuente soberana de la verdad— es un genio astuto y maligno que ha empleado su poder en engañarme; creeré que el cielo, el aire, la tierra, los colores, las figuras, los sonidos y todas las cosas exteriores, son ilusiones de que se sirve para tender lazos a mi credulidad; consideraré, hasta que no tengo manos, ni ojos, ni carne, ni sangre, ni sentidos y que a pesar de ello creo falsamente poseer todas esas cosas; me adheriré obstinadamente a estas ideas; y si por este medio no consigo llegar al conocimiento de alguna verdad, puedo por lo menos suspender mis juicios, cuidando de no aceptar ninguna falsedad. Prepararé mi espíritu tan bien para rechazar las astucias del genio maligno, que por poderoso y astuto que sea no me impondrá nada falso.

Mi propósito es penoso y difícil; cierta pereza me invade e insensiblemente me lleva a mi vida ordinaria, y del mismo modo que un esclavo sueña con la libertad y aunque sabe que está soñando no quiere despertar y encontrarse con la triste realidad de su esclavitud,

---

[7] Compárese la parte primera de *Los principios de la Filosofía.*

yo caigo de nuevo en mis antiguas ideas, temiendo que las vigilias laboriosas que han de suceder a la tranquilidad de mi vida reposada, en lugar de proporcionarme alguna luz en el conocimiento de la verdad, sean insuficientes para aclarar las tenebrosas dificultades que acabo de remover.

MEDITACIÓN SEGUNDA

DE LA NATURALEZA DEL ESPÍRITU HUMANO, QUE ES MÁS FÁCIL DE CONOCER QUE EL CUERPO

La meditación en que me sumí ayer ha llenado mi espíritu de tantas dudas que difícilmente podré deshacerme de ellas. Y, sin embargo, no veo el modo de resolverlas. Como si hubiera caído en un pozo, no hallo terreno firme para poner la planta, y mis esfuerzos por llegar a la superficie son vanos. Haré todo lo que pueda y seguiré el camino en que entré ayer, alejándome de lo que me ofrezca la más pequeña duda, como si fuera completamente falso; continuaré por ese mismo camino hasta que encuentre algo cierto, o al menos hasta que me convenza de que nada cierto hay en el mundo.

Arquímedes, para transportar el globo terrestre de un lugar a otro, no pedía más que un punto firme e inmóvil; yo tendré derecho a concebir las mayores esperanzas si soy bastante feliz para encontrar una cosa, nada más que una, cierta e indudable.

Supongo que todos los objetos que veo son falsos; me persuado de que nada ha existido de lo que mi memoria, llena de falsedades, me representa; pienso que carezco de sentidos; creo que el cuerpo, la figura, la extensión, el movimiento y el lugar son ficciones de mi espíritu. ¿Qué hay, pues, digno de ser considerado como verdadero? Tal vez una sola cosa: que nada cierto hay en el mundo.

¿Hay alguna otra cosa, diferente de las que acabo de reputar inciertas, de la cual no pueda caber la menor duda? ¿No hay algún Dios o algún otro poder que haga nacer en mi espíritu estos pensamientos? No es eso necesario porque puedo producirlos yo mismo. Yo por lo menos, ¿no soy algo? Ya he negado que yo tengo cuerpo y sentidos; vacilo, no obstante; ¿qué se sigue de aquí? ¿Dependo del cuerpo y de los sentidos, de tal manera que sin ellos no puedo existir? Pero yo me he persuadido de que nada hay en el mundo: ni cielo, ni tierra, ni espíritus, ni cuerpos. ¿No me he persuadido también, de que yo mismo no existía? Sin duda, yo era, puesto que me he persuadido o he pensado algo. Pero hay un no sé qué muy poderoso y astuto que emplea toda su industria en engañarme siempre. No hay duda de que soy, si él me engaña; y me engañe todo lo que quiera, no

podrá hacer que yo no sea en tanto piense ser alguna cosa. De suerte, que después de pensar mucho y examinar cuidadosamente todas
las cosas, es preciso concluir que esta proposición: yo soy, yo existo,
es necesariamente verdadera, siempre que la pronuncio o la concibo
en mi espíritu.[8]
    Estoy cierto de que soy, pero no sé con claridad lo que soy. En
adelante, procuraré no tomar por lo que yo soy alguna otra cosa, y
así no desaprovecharé ese conocimiento más cierto y evidente que todos
los que antes adquirí.
    Consideraré de nuevo lo que yo creía ser antes de tener estos
pensamientos; de mis antiguas opiniones no quedará en pie más que
aquello digno de ser considerado rigurosamente cierto e indudable.
¿Qué es lo que antes yo creía ser? Pensaba que era un hombre. ¿Y
qué es un hombre? ¿Diré que es un animal racional? No, por cierto,
porque me vería precisado a investigar lo que es animal y lo que es
racional, y de una sola cuestión se formarían otras muchas más difíciles y
complicadas; no quiero perder el poco tiempo que me queda en resolver semejantes dificultades. Mejor será que me detenga a examinar
los pensamientos que antes nacían en mi espíritu, inspirados por mi
misma naturaleza, cuando me aplicaba a la consideración de mi ser.
En primer término, pensaba que yo tenía rostro, manos, brazos, en
suma la máquina compuesta de hueso y carne que yo llamaba cuerpo.
Pensaba, además, que me alimentaba, andaba, sentía, pensaba y re-
fería estos actos al alma; pero yo no me detenía a pensar lo que era el
alma, y si alguna vez fijaba ligeramente mi atención en ella, la imaginaba como una cosa sumamente rara y sutil, como un viento, una
llama, un aire muy desleído que se extendía hasta por las partes más
groseras de mi cuerpo.
    Ninguna duda tenía acerca de la naturaleza del cuerpo, y si hu-
biera querido explicarlo según las nociones que entonces formé, lo
hubiera descrito del siguiente modo: Entiendo por cuerpo todo lo que
puede ser terminado por alguna figura; que puede ser comprendido
en algún lugar y llenar un espacio de tal manera que cualquier otro
cuerpo quede excluido de ese espacio; que puede ser sentido por el
tacto, la vista, el oído, el gusto o el olfato; que puede ser movido en
diversos sentidos por la impresión que recibe cuando siente el contacto
de una cosa extraña; no puede moverse por su propio impulso, como
tampoco puede pensar o sentir, porque esto ya no pertenece a la
naturaleza del cuerpo; me extrañaba, por el contrario, que semejantes
facultades se encontraran en algunos.
    Pero, yo ¿qué soy ahora que supongo que hay cierto genio pode-
roso, maligno y astuto que emplea toda su industria y toda su fuerza
en engañarme? ¿Puedo asegurar que poseo la cosa más insignificante
de las que he nombrado como pertenecientes al cuerpo, según mis

---

[8] Compárese *Discurso del Método*, cuarta parte.

antiguas opiniones? Pienso con atención extraordinaria en todas esas cosas, y no encuentro nunguna que se halle en mí. No es necesario que me detenga a enumerarlas. Pasemos a los atributos del alma y veamos si alguno está en mí. Los primeros son moverme y nutrirme; pero no teniendo cuerpo no puedo moverme ni nutrirme.[9] Otro atributo es el de sentir; pero sin cuerpo no se puese sentir; además, en otro tiempo, creí sentir durante el sueño muchas cosas al despertar reconocía no haber sentido. Otro atributo es el de pensar; éste es el que me pertenece, el que no se separa de mí. Yo soy, yo existo; pero ¿cuánto tiempo? El tiempo que pienso; porque si yo cesara de pensar, en el mismo momento dejaría de existir. Nada quiero admitir, si no es necesariamente verdadero. Hablando con precisión, no soy más que una cosa que piensa, es decir, un espíritu, un entendimiento, una razón, términos que antes me eran desconocidos. Luego soy una cosa verdadera y verdaderamente existente; pero ¿qué cosa? Ya lo he dicho: una cosa que piensa. ¿Y qué más? Excitaré mi imaginación para ver si soy algo más. No soy ese conjunto de miembros llamado cuerpo humano, no soy un aire desleído y penetrante extendido por todos aquellos miembros; no soy un viento, un soplo, un vapor, ni nada de lo que yo pueda imaginarme porque he supuesto que todo es dudoso. Sin dejar de suponerlo he hallado que hay algo cierto: que yo soy algo.

Es posible que esas mismas cosas supuestas como no existentes por serme desconocidas, no sean diferentes de mí. Nada sé de ellas, y no puedo juzgar lo que no conozco; sólo sé que existo y que quiero saber lo que soy después de haber sabido que soy. Es cierto que el conocimiento de mi ser, considerado de este modo, no depende de las cosas cuya existencia ignoro, y consiguientemente tampoco de las que pueda fingir por la imaginación. Estos términos, *fingir* e *imaginar*, me advierten mi error; fingiría, si yo me imaginara ser algo, puesto que imaginar es contemplar la figura o la imagen de una cosa corporal. Sí con certeza que soy; pero es posible que todas esas imagenes, y en general lo que se refiere a la naturaleza del cuerpo, no sean más que sueños o quimeras. Comprendo, pues que al decir: Excitaré mi imaginación para ver lo que soy, he hablado con tan poco fundamento como el que dijera: Ahora estoy despierto y observo algo real y verdadero, aunque no lo veo con entera precisión; voy a dormirme otra vez para que mi sueño me lo represente con la mayor claridad y evidencia. Comprendo que lo conocido por la imaginación no pertenece al conocimiento que de mí mismo tengo; desaré mi espíritu de esa manera de concebir a fin de que conozca distintamente su naturaleza.

En suma, ¿qué soy? Una cosa que piensa. ¿Y qué es una cosa que piensa? Es una cosa que duda, entiende, concibe, afirma, niega, quiere, no quiere, imagina y siente.[10] No es poco, si todas esas cosas pertenecen

---

[9] ARISTÓTELES, *Psicología.*
[10] Adviértase el amplio sentido que atribuye Descartes al pensar.

a mi naturaleza, ¿por qué no han de pertenecer? ¿No soy yo el que ahora duda casi de todo, el que entiende y concibe ciertas cosas, el que asegura y afirma otras como verdaderas, el que niega todas las demás, el que quiere y desea más conocimientos, el que no quiere ser engañado, el que imagina muchas cosas, y siente otras como por el intermedio de los órganos del cuerpo? ¿No es esto tan cierto como que yo soy y existo, aun cuando ahora estuviera soñando o el que me ha dado el ser se sirviera de toda su industria para engañarme? Alguno de esos atributos ¿puede ser distinguido de mi pensamiento, o separado de mí? Es tan evidente que soy yo el que duda, el que entiende, el que desea, que nada hay que añadir para explicarlo. Tengo también el poder de imaginar; aunque no sean verdaderas las cosas que imagino, no es menos cierto que en mí reside el poder de imaginar y que forma parte parte de mi pensamiento. Finalmente, soy el mismo que siento; percibo ciertas cosas como por los órganos de los sentidos, puesto que veo la luz, oigo el ruido, siento el calor. Se me dirá que estas apariencias son falsas y que estoy soñando, Aunque así sea, siempre es cierto, por lo menos, que me parece ver la luz, oír el ruido y sentir el calor; esto no puede ser falso; es, propiamente, lo que en mí se llama sentir, lo cual equivale a pensar. Ya comienzo a comprender lo que soy con un poco más de claridad que antes.

No obstante, me parece —y no puedo impedirme el creerlo así— que las cosas corporales, cuyas imágenes se forman por el pensamiento, que caen bajo la acción de los sentidos, y que estos mismos examinan, no son conocidos mucho más distintamente que esa parte de mi ser que cae bajo la acción de mi poder imaginativo. Es bien extraño que conozca y comprenda las cosas cuya existencia me parecía dudosa y que no me pertenecen, mejor que aquellas otras de que estaba persuadido y que pertenecen a mi propia naturaleza.

Bien veo en qué consiste; mi espíritu es un vagabundo que se complace en andar extraviado y que no quiere sufrir que se le retenga en los justos límites de la verdad. Dejémosle una vez siquiera en libertad completa, permitámosle considerar los objetos que le parece existen en el exterior, y luego haremos que se detenga en la consideración de su ser y de las cosas que en él encuentra. De este modo se dejará conducir con mayor facilidad.

Veamos ahora las cosas que el vulgo considera más fáciles de conocer y más distintamente conocidas, es decir, los cuerpos que tocamos y contemplamos; pero no los cuerpos en general, porque son de ordinario un poco confusas las nociones generales, sino refirámonos a un cuerpo en particular. Tomemos por ejemplo este trozo de cera;[11] hace poco ha sido extraído de la colmena; aún no ha perdido la dulzura de la miel y todavía conserva el olor de las flores; su color,

---

[11] El ejemplo consabido para ilustrar el concepto de substancia.

su figura, su tamaño son aparentes; es duro, es frío, es manejable; si dáis en él un golpecito se producirá un sonido. Mientras hablo lo aproximo al fuego; exhala los restos de su dulzura, su olor se evapora, cambia el color, pierde la figura, el tamaño aumenta, se convierte en líquido, se calienta, no se le puede manejar, y si golpeamos en él ningún sonido se produce. Después de este cambio tan grnade ¿subsiste la misma cera? Hay que contestar afirmativamente, porque nadie es capaz de ponerlo en duda. ¿Qué conocíamos tan distintamente en ese trozo de cera? No puede ser nada de lo que he observado por el intermedio de los sentidos puesto que todas las cosas que caían bajo el gusto, el olfato, la vista, el tacto y el oído, se hayan completamente transformadas; sólo la cera subsiste.

Tal vez era lo que pienso ahora a saber, que esta cera no existía como yo creí, y lo mismo pasó con su dulzura de miel, con su olor florido, con su blancura, con su figura, con su sonido, Esta cera es un cuerpo que hace unos momentos me parecía sensible bajo unas formas y ahora se me presenta bajo otras completamente distintas.

¿Qué es lo que imagino cuando la concibo de ese modo? Consideremos atentamente el objeto prescindiendo de todo lo que no pertenece a la cera, y veamos lo que queda. No queda más que algo extenso, flexible y mudable? ¿Qué es eso de flexible y mudable? ¿Es que imagino que siendo redonda la cera, puede hacerse cuadrada, y después adoptar una forma triangular? No debe ser eso, puesto que la concibo capaz de recibir infinidad de cambios semejantes, y como esa infinidad no puede ser abarcada por mi imaginación, esta concepción que he formado de la cera no se realiza por la facultad de imaginar. Y la extensión ¿qué es? ¿No es desconocida también?, porque es mayor cuando la cera se funde, mayor cuando se quema, y mayor aún si el calor aumenta; no concebiría clara y verdaderamente lo que es la cera, si pensara que este trozo es capaz de recibir más variedad en armonía con una extensión que nunca imaginé. Preciso es convenir en que, por la imaginación, no llegaré a saber lo que es este trozo de cera, y en que sólo mi entendimiento puede comprenderlo.

¿Qué es ese trozo de cera que sólo el entendimiento o el espíritu pueden comprender? Es el mismo que toco, veo, imagino, es el mismo que creí era en un principio. Observemos que mi percepción no es una visión ni un contacto ni una imaginación, ni lo ha sido nunca aunque lo pareciera; es una inspección del espíritu, imperfecta y confusa antes, clara y distinta ahora, porque la atención se ha fijado detenidamente en el objeto y en los elementos de que se compone.

¡Cuán grande es la debilidad de mi espíritu y la inclinación que le lleva al error insensiblemente! Digo esto porque ahora que me limito a pensar sin hablar, las palabras se me aparecen como un obstáculo y casi me he dejado engañar por los términos del lenguaje ordinario. Decimos que vemos la misma cera y no que juzgamos que es la misma, fundándonos en que son los mismos su color y su figura; de esto estuve a punto de concluir que conocemos la cera por la visión de los ojos y no por la inspección del espíritu. Si miro por una ventana y pasan por la calle algunos hombres, así como no vacilé para decir que veía la cera, tampoco vacilo para decir ahora que veo hombres. Y ¿qué veo desde esta ventana, sino sombreros y capas que pueden cubrir máquinas artificiales movidas por un resorte? Pero juzgo que son hombres, y comprendo, por el poder de juzgar que residen en mi espíritu, lo que creía conocer por mis ojos.

Un hombre que trata de elevar su conocimiento sobre el nivel vulgar debe avergonzarse de fundar sus dudas en las formas de hablar que el vulgo ha inventado; yo prefiero pasar adelante y considerar si concebía con más evidencia y perfección lo que era la cera cuando la vi en un principio y creí conocerla por medio de los sentido exteriores, o al menos por el sentido común o por la facultad imaginativa —que la concibo ahora, después de examinar cuidadosamente lo que es y de qué manera puede ser conocida. Sería ridículo ponerlo en duda. ¿Qué había de distinto en la primera percepción? ¿Qué había que no pudiese caer del mismo modo bajo los sentidos del más insignificante de los animales? Pero cuando distingo la cera de sus formas exteriores, y, como si le hubiera quitado sus vestiduras, la considero desnuda, comprendo que, aun encontrándose en mi juicio algún error, ese modo de concebir las cosas es imposible, sin un espíritu humano. ¿Y qué diré de este espíritu, es decir, de mí mismo?, porque hasta ahora lo único que admito en mí es el espíritu. ¡Cosa extraña! Yo, que concibo este trozo de cera con tanta claridad y distinción, ¿no me conozco a mí mismo, no sólo con más verdad y certeza, sino con mucha mayor claridad y distinción? Si juzgo que la cera es o existe porque la veo, más evidente es que yo soy o existo, porque yo soy el que la veo. Podemos suponer que lo visto por mí no es la cera, y hasta que carezco de ojos; pero lo que de ninguna manera puedo suponer es que no soy alguna cosa, cuando veo, cuando no distingo, cuando pienso. Por la misma razón, si juzgo que la cera existe porque la toco, también juzgaré que yo existo puesto que la toco; si juzgo que la cera existe porque mi imaginación u otra causa cualquiera me persuade de ello, concluiré también que existo. Lo que digo de la cera puede aplicarse a todas las cosas que se hallan fuera de mí. Además, si la noción o percepción de la cera me parece más clara y distinta porque la han hecho más manifiesta, no sólo la vista o el tacto, sino también otras muchas causas —es natural que yo me conozca ahora con más evidencia, distinción y claridad que antes, puesto que todas las razones que sirven para conocer y concebir la naturaleza de la cera o de cualquier otro cuerpo, prueban mucho mejor la naturaleza de mi espíritu. Y tantas otras cosas se encuentran en el espíritu mismo que puedei

THANK YOU FOR CHOOSING MCDONALDS
835 N REED AVE
REEDLEY
CA
93654-2434
! ! ! THANK YOU ! ! !
TEL# 559 638 6688 Store# 4633

2   Mar.21'13 (Thu) 18:00

SIDE 1 KVS Order 88

ITEM	TOTAL
MCDOUBLE	2.00
SML MOCHA FRAPPE	2.29

Subtotal	4.29
Tax	0.37
Eat-In Total	4.66
Cash Tendered	10.00
Change	5.34

MCDONALDS 4633

NEW FISH McBites

©2013 McDonald's

i'm lovin' it®

WHOLESOME
and then some

©2013 McDonald's

contribuir al esclarecimiento de su naturaleza, que las relativas al cuerpo casi no merecen la pena de tenerse en cuenta. Héme aquí en el punto a que quería llegar. Si puedo afirmar con pleno convencimiento que los cuerpos no son conocidos propiamente por los sentidos o por la facultad de imaginar, sino por el entendimiento; si puedo asegurar que no los conocemos en cuanto los vemos o tocamos sino cuanto el pensamiento los comprende o entiende bien —veo claramente que nada es tan fácil de conocer como mi espíritu.[12] Más, para no deshacerme de una opinión considerada, por mucho tiempo, como cierta, será conveniente que me detenga un poco en este punto, a fin de que mi meditación imprima indeleblemente en mi memoria ese nuevo conocimiento.

MEDITACIÓN TERCERA

DE DIOS; QUE EXISTE

Ahora cerraré los ojos, me taparé los oídos, condenaré todos mis sentidos a la inacción, borraré de mi pensameinto las imágenes de las cosas corporales, y, si no es posible, las reputaré vanas y falsas; y considerando atentamente mi interior, trataré de hacerme más conocido y familiar a mí mismo.

Soy una cosa que piensa, es decir, una cosa que duda, afirma, niega, conoce poco, ignora mucho, ama, odia, quiere, no quiere, imagina y siente. Aunque las cosas que siento e imagino nada sean consideradas en sí, fuera de mí, tengo la seguridad de que esos modos de pensar que yo llamo sentimientos e imágenes, residen y se encuentran en mí, en tanto son modos del pensamiento. Y en lo que acabo de decir, creo haber referido todo lo que sé verdaderamente, o al menos lo que hasta ahora he observado que sé.

Al tratar de extender mis conocimientos usaré una extremada circunspección y examinaré cuidadosamente si puedo descubrir en mí algunas otras cosas que hasta este momento no he observado.

Estoy seguro de que soy una cosa que piensa; pero, ¿sé acaso lo requerido para estar cierto de algo? En este primer conocimiento me he asegurado de la verdad por una clara y distinta percepción de lo conocido. Esta percepción no sería suficiente para darme la seguridad de que lo que afirmo es verdadero, si pudiera ocurrir que una cosa concebida con toda claridad y distinción fuese falsa. Me parece

---

[12] Formulación clásica del racionalismo: la fuente del saber es la razón, no los sentidos.

que puedo ya establecer la regla general de que todas las cosas que concebimos muy clara y distintamente, son verdaderas.

En otro tiempo recibí y admití como muy ciertas y manifiestas muchas cosas, reconocidas después como dudosas e inciertas. ¿Cuáles eras esas cosas? La tierra, el cielo, los astros y todas las percibidas por el intermedio de los sentidos. ¿Qué era en ellas lo concebido por mí clara y distintamente? Bien sencillo; que las ideas o pensamientos de estas cosas se presentaban a mi espíritu. No niego ahora que esas ideas se encuentren en mí; pero entonces, había en ellas algo que yo tenía por seguro y que la costumbre de creerlo me hacía imaginar que lo veía muy claramente, aunque en realidad no lo percibiera; ese algo era la creencia de que fuera de mí existían cosas, de las cuales procedían ideas semejantes a las realidades exteriores, En eso me equivocaba, y en el caso de que juzgara según la verdad, no era ningún conocimiento la causa de la verdad de mi juicio. Pero cuando consideraba alguna cosa muy sencilla y muy fácil, relativa a la aritmética y a la geometría (por ejemplo que dos y tres son cinco y otras semejantes) ¿no las concebía con la suficiente claridad para asegurarme de que eran verdaderas?

Si he juzgado que podía dudar de estas cosas, ha sido por una razón surgida de la idea que ha venido a mi espíritu, de que algún Dios me ha podido dar una naturaleza tal que haga que me equivoque hasta en las cosas más manifiestas. Siempre que la idea del soberano poder de un Dios se presenta a mi pensamiento, me veo obligado a confesar que, si quiere, le es fácil hacer que yo me equivoque hasta en las cosas que creo conocer con una evidencia muy grande. En cambio, cuando considero las cosas que pienso concebir muy claramente, me persuado de tal modo de su verdad, que llego hasta creer que ese Dios no podrá hacer que yo no sea nada mientras pienso ser algo; que algún día sea verdadero que nunca he sido, siendo cierto que ahora soy; que dos y tres sean más o menos de cinco; y que no sean o sean de otra manera cosas semejantes a éstas y que yo concibo con toda claridad.

Si ninguna razón tengo para creer que haya un Dios que me engañe, y si todavía no he examinado las que prueban que existe un Dios, la razón de dudar que depende solamente de la opinión expuesta, es bien ligera y, por decirlo así, metafísica. Pero a fin de quitarle el fundamento que pudiera tener, procuraré saber si hay un Dios tan pronto como de ello se me presente ocasión; y si veo que hay uno, intentaré saber si puede engañarme. Sin el conocimiento de estas dos verdades, es imposible considerar como cierta ninguna cosa. A fin de tener ocasión de examinar estas cuestiones, sin interrumpir el orden que me he propuesto en mis meditaciones —pasar por grados de las primeras nociones que encuentre en mi espíritu, a las que pueda hallar después—

es preciso dividir mis pensamientos en ciertos géneros y considerar en cuáles de éstos hay propiamente verdad o error.

Algunos de mis pensamientos son como las imágenes de las cosas, y a éstos conviene el nombre de idea; por ejemplo, cuando me represento un hombre, una quimera, el cielo, un ángel o Dios mismo. Otros tienen diferentes formas; cuando yo quiero, temo, afirmo o niego, concibo algo que es como el sujeto del acto de mi espíritu, pero por este acto agrego alguna cosa a la idea que tengo de aquel *algo*. En este género de pensamientos unos se llaman voliciones o afecciones y los otros juicios.

Por lo que a las ideas respecta, si las consideramos en sí, no refiriéndolas a ninguna cosa, no pueden, en rigor, ser falsas; si imagino una quimera, es cierto que la imagino. Tampoco encontramos falsedad en las afecciones o voliciones; aunque no existan las cosas que deseo, o aunque sean muy malas nunca dejará de ser cierto que las deseo.

Examinemos los juicios. En ellos hemos de tener mucho cuidado para no equivocarnos. El principal error y el más ordinario que encontramos en los juicios, consiste en creer que las ideas que están en mí, son semejantes o conformes a las cosas que estan fuera de mí; si considerara las ideas como modos o formas de mi pensamiento sin pretender referirlas a cosas exteriores, apenas tendría ocasión de equivocarme.

De estas ideas, unas me parece que han nacido conmigo, otras son extrañas y proceden del exterior, y, finalmente, otras han sido hechas e inventadas por mí.[13] La facultad de concebir lo que es una cosa, un pensamiento o una verdad, procede de mi propia naturaleza. Si oigo un ruido, siento calor o veo el sol, juzgo que estas sensaciones se originan en algunas cosas que existen fuera de mí. Las sirenas, los hipogrifos y otras quimeras semejantes, son ficciones e invenciones de mi espíritu. También puedo persuadirme que todas estas ideas son del género de las que denomino extrañas y vienen del exterior, de que han nacido conmigo, o de que han sido hechas por mí; porque aún no he descubierto claramente su verdadero origen. Por eso he de fijar ahora mi atención en las que creo proceden de algunos objetos que están fuera de mí; y expondré las razones que me obligan a creer que son semejantes a esos objetos.

La primera de estas razones consiste en que la naturaleza es la que me ha enseñado esa semejanza; y la segunda en que la experiencia me muestra que tales ideas no dependen de mi voluntad, porque se presentan en ocasiones, bien a pesar mío: ahora siento calor, quiera yo o no lo quiera; por esto me persuado de que esa sensación o esa idea del calor me es producida por una cosa diferente de mí, es decir, por el calor del fuego, junto al cual estoy sentado. No puede ser más

---

[13] Ideas innatas, ideas adventicias, ideas ficticias.

razonable el juicio por el cual afirmo que esa cosa extraña, envía e imprime en mí su imagen, mejor que otra cosa cualquiera.

Ahora es necesario que yo vea si estas razones son bastante poderosas y convincentes. Cuando digo que la naturaleza me ha enseñado la semejanza entre las ideas y los objetos, entiendo por naturaleza cierta inclinación que me lleva a creerlo, y no una luz natural que me haga conocer que es verdadero.

La diferencia que hay entre esas dos maneras de hablar es muy grande; yo no podría poner en duda nada de lo que la luz natural me ha hecho como ver verdadero, por ejemplo: *dudo, luego soy;* además, no existe en mí ninguna otra facultad o poder para distinguir lo verdadero de lo falso, que me pueda enseñar lo que me enseña la luz natural, y en la cual pueda confiar lo que en ésta confío.

Las inclinaciones también me parecen naturales, pero he observado con frecuencia —cuando ha sido preciso decidirse entre la virtud y el vicio— que tanto pueden inclinar al mal como al bien; por eso he procurado no seguirlas en lo relativo a la verdad y al error. En cuanto a la razón segunda, es decir, que las ideas de que nos ocupamos vienen del exterior, puesto que no dependen de mi voluntad, no la encuentro convincente. De igual manera que las inclinaciones a que me refiero se encuentran en mí —a pesar de que no siempre concuerdan con mi voluntad— puede ser que haya en mi espíritu alguna facultad o poder para producir esas ideas sin la ayuda de las cosas exteriores; siempre me ha parecido que cuando duerme se forman en mí sin el auxilio de los objetos que representan. Aunque sean causadas por éstos, no es consecuencia necesaria de ello que sea semejantes. Yo he observado, por el contrario, en muchos casos que hay una gran diferencia entre el objeto y su idea; por ejemplo: encuentro en mí dos ideas del sol completamente distintas; una de ellas —por la cual el sol me parece extremadamente pequeño— se origina en los sentidos y pertenece al género de las que vienen del exterior; la otra —por la cual el sol me parece mucho mayor que la Tierra— está tomada de las razones de la astronomía, es decir, de ciertas nociones nacidas conmigo, o está formada por mí. Estas dos ideas que concibo del mismo sol no pueden ser semejantes a éste; la razón me hace creer que la que procede inmediatamente de la apariencia del astro es la más desemejante. Hasta ahora, no por juicio cierto y premeditado sino por temeraria impulsión, he creído que fuera de mí y diferentes de mi ser, había cosas que por los órganos de los sentidos o por otro medio, me enviaban sus ideas o imágenes, e imprimían en mí sus semejanzas.

Pero se presenta otro camino para indagar si entre las cosas de que tengo idea, hay algunas que existen fuera de mí. Si consideramos las ideas como modos de pensar, reconozco que no hay entre ellas diferencias o desigualdad y que todas me parece que proceden de mí; si las considero como imagenes que presentan a las cosas, es evidente que hay entre ellas grandes diferencias. Las que representan substancias son, sin duda, más amplias y contienen en sí más realidad objetiva, es decir, participan por representación de más grados de ser o perfección que las que solamente me representan modos o accidentes. La idea por la que concibo un Dios soberano, eterno, infinito, inmutable, omniciente, omnipotente y creador universal de las cosas que estan fuera de él, esa idea, repito, tiene más realidad objetiva que las que me representan substancias finitas.

La luz natural de nuestro espíritu nos enseña que debe haber tanta realidad por lo menos en la causa eficiente y total como en su efecto; porque ¿de dónde sino de la causa puede sacar su realidad el efecto? Y ¿cómo esta causa podría comunicar realidad al efecto, si no la tenía? De aquí se sigue que la nada es incapaz de producir alguna cosa, y que lo más perfecto, lo que contiene más realidad no es una consecuencia de lo menos perfecto; esta verdad es clara y evidente en los efectos, que tienen esa realidad llamada actual o formal por lo filósofos, lo mismo que en las ideas en que sólo se considera la realidad denominada objetiva.

La piedra que aún no ha sido, no puede comenzar a ser si no es producida por una cosa que posea en sí formal o eminentemente todo lo que entra en la composición de la piedra. El calor no puede producirse en un sujeto cualquiera, si no existe una cosa de un orden, grado o género tan perfecto por lo menos como el calor. Pero la idea del calor o de la piedra no pueden estar en mí si no han sido puestas por una causa que contenga por lo menos tanta realidad como la que concibo en el calor o en la piedra; porque si bien esa causa no trasmite a mi idea nada de su realidad formal o actual, no por eso debemos suponer que la causa sea menos real. Toda idea es obra del espíritu, y no necesita más realidad formal que la recibida del pensamiento o espíritu del cual es un modo. A fin de que la idea contenga verdadera realidad objetiva, debe tomarla de alguna causa en la que se encuentra por lo menos tanta realidad formal como realidad objetiva contenga la idea. Si suponemos que en una idea se encuentra algo que no se halla en la causa, suponemos que ese algo procede de la nada; pero, por imperfecta que sea esta manera de ser, por la cual una cosa está objetivamente o representada por su idea en el entendimiento, no se puede afirmar que ninguna importancia tiene esa manera de ser y que la idea se origine en la nada.

No debo tampoco imaginar que —siendo objetiva la realidad que considero en mis ideas— no es necesario que la misma realidad esté formal o actualmente en las causas de las ideas, sino que basta con que esté objetivamente en ellas; porque del mismo modo que esa manera de ser objetivamente pertenece a las ideas por su propia naturaleza, la manera de ser formalmente pertenece a las causas de

esas ideas (al menos a la primeras y principales) por su propia naturaleza también. Y aunque puede ocurrir que una idea dé origen a
otra, esto no puede realizarse hasta el infinito; es preciso al fin llegar
a una primera idea cuya causa sea como un patrón u original en que
toda realidad o perfección esté contenida formalmente y en efecto.

La luz natural me hace conocer con evidencia que las ideas existen
en mí como cuadros o imágenes que pueden fácilmente ser menos
perfectas que las cosas representadas, pero nunca pueden contener
algo más grande o perfecto.

Cuanto más detenidamente examino estas cosas con tanta más claridad y distinción conozco que son verdaderas. Pero ¿qué concluyo de
todo esto? Si la realidad o perfección objetiva de alguna de mis ideas es
tan grande que conozco claramente que esa realidad o perfección no
existe en mí ni formal ni eminentemente, y, por consiguiente, que
no puedo yo ser la causa de la idea, es natural suponer que no estoy solo
en el mundo, sino que hay otra cosa que existe y que es la causa de mi
idea. En cambio si yo no tuviese tal idea, ningún argumento me conven-
cería de la existencia en el mundo de otra cosa distinta de mí; ningún
argumento he hallado que pudiera darme esta certeza.

Entre las ideas que están en mi espíritu, además de la que me
representa a mí mismo, encuentro otra que me representa un Dios;
otras, cosas corporales e inanimadas; otras, ángeles; otras, animales,
y otras finalmente, me representan hombres semejantes a mí. Por lo
que se refiere a las ideas que representan hombres, animales o ángeles, concibo fácilmente que pueden ser formadas por la mezcla y
composición de otras ideas que tengo de las cosas corporales y de
Dios, aunque fuera de mí, en el mundo, no existen hombres, animales y
ángeles. En cuanto a las ideas de las cosas corporales, nada reconozco en
ellas que sea tan grande y tan excelente que no puede originarse
en mí; si las considero de la misma manera que examiné ayer la idea
de la cera, encuentro que hay muy pocas cosas que conciba clara y
distintamente, a saber: el tamaño o la extensión en longitud, anchura
y profundidad; la figura que resulta del término de la extensión; la
situación que guardan entre sí los cuerpos diversamente figurados; y
el movimiento o el cambio de esta situación; a éstas podemos agre-
gar la substancia, la duración y el número. En cuanto a las demás
cosas como la luz, los colores, los sonidos, el olor, el sabor, el calor, el
frío y las otras cualidades[14] que se perciben por el tacto, se encuentran en mi pensamiento con tanta obcuridad y confusión, que ignoro
si son verdaderas o falsas, si las ideas que de esas cualidades concibo
son ideas de cosas reales o si representan seres quiméricos que no
pueden existir. Aunque —como ya he dicho— sólo en los juicios se
encuentra la verdadera y formal falsedad, en las ideas encontramos

---

[14] Aquí se alude a la diferencia entre cualidades primarias y secundarias.

cierta falsedad material cuando representan lo que es como si fuera alguna cosa. Por ejemplo: las ideas que tengo del frío y del calor son tan poco claras y tan poco distintas, que no me enseñan si el frío es solamente una privación del calor o el calor una privación del frío; y si son frío y calor cualidades reales o imaginarias. Si es cierto que el frío no es más que una privación del calor, la idea que me lo representa como algo real y positivo será falsa. No es necesario atribuir a estas ideas más autor que yo; si son falsas, si representan cosas que no son, la luz natural me enseña que proceden de la nada y que están en mí porque falta algo a mi naturaleza, porque es imperfecta; si son verdaderas, me dan a conocer tan poca realidad que no sabría distinguir la cosa representada, del no ser; por eso tampoco tengo dudas de que, aun siendo verdaderas, soy yo su autor.

Por lo que respecta a las ideas claras y distintas que concibo de las cosas corporales, hay algunas que creo he podido inferir de la idea que de mí mismo tengo, las de substancias, duración, número y otras cosas semejantes cuando pienso que la piedra es una substancia o cosa que por sí es capaz de existir, y que yo mismo también soy una substancia, aunque concibo que soy una cosa no extensa y que piensa, y la piedra, por el contrario, es extensa y no piensa, encuentro una notable diferencia entre estas dos concepciones, pero convienen en que representan una substancia. Cuando pienso que ahora existo, me acuerdo de haber existido en otro tiempo anterior, y concibo varios pensamientos cuyo número conozco —adquiero entonces las ideas de duración y número, que puedo transferir a cuantas cosas quiera. Las demás cualidades de que se componen las ideas de las cosas corporales, no están formalmente en mí, puesto que no soy más que una cosa que piensa; pero como son modos de la substancia, y yo soy una substancia, creo que pueden estar contenidas en mí.

Sólo nos queda por examinar la idea de Dios, en la cual consideramos si hay algo que no es posible proceda de mí. Por Dios entiendo una substancia infinita, eterna, inmutable, independiente, omnisciente, omnipotente, por la que yo y todas las demás cosas (si es verdad que existen) han sido creadas y producidas. Estas cualidades son tan grandes y tan eminentes que cuanto más las examino menos me persuado de que esa idea tenga su origen en mí. Es, pues, necesario concluir de todo lo que he dicho, que Dios existe; porque, si bien la idea de la substancia está en mí, puesto que soy una substancia, no tendría la idea de la substancia infinita, siendo yo finito, si no hubiera sido puesta en mi espíritu por una substancia verdaderamente infinita.

Conozco lo infinito por una verdadera idea, y no por la negación de lo finito, del mismo modo que comprendo el reposo y las tinieblas por la negación del movimiento y de la luz; veo claramente que en la substancia infinita se encuentra más realidad que en la finita, y que tengo primero la noción de lo infinito que la de lo finito, primero la de Dios que la de mí mismo. ¿Cómo podría conocer que dudo y deseo, es decir, que me falta alguna cosa y no soy perfecto, si no tuviere alguna idea de un ser más perfecto que el mío por cuya comparación conociera yo los defectos de mi naturaleza? No se puede afirmar que esta idea es materialmente falsa y, por consiguiente, sacada de la nada, ni que esté en mí por lo defectuoso de mi naturaleza, como ocurre con la ideas de calor, frío y otras semejantes. La idea de Dios es muy clara y muy distinta, contiene más realidad objetiva que ninguna otra, es la más verdadera y la que menos podemos tachar de sospechosa.

Esta idea de un Ser soberanamente perfecto infinito es verdadera porque, aun en el caso de que pudiéramos imaginar que tal ser no existe, no podemos hacer que su idea no nos represente nada real. Es tan clara y distinta, que todo lo que mi espíritu concibe distinta y claramente de real y verdadero y encierra alguna perfección, está contenido en la idea de Dios. Esto no deja de ser verdadero aunque yo no comprenda lo infinito y muchas cosas que se hallan en Dios y a las cuales no puede llegar el pensamiento humano; porque es propio de la naturaleza de lo infinito que no pueda comprenderlo un ser limitado y finito como yo. Basta con que entienda bien estas razones y con que sepa de cierto que todas las cosas que concibo claramente y encierran alguna perfección están en Dios formal o eminentemente, para que la idea que de él tengo sea la más verdadera, la más clara y la más distinta de todas las de mi espítitu.

Puede también suceder que yo sea algo más de lo que me figuro y que las perfecciones atribuidas a la naturaleza de Dios están en mí como en potencia, aunque aún no se produzcan y exterioricen por medio de los actos. Con efecto, yo experimento ya, que mi conocimiento aumenta y se perfecciona poco a poco; y nada veo que pueda impedir que yo llegue a lo infinito, porque una vez perfeccionado mi conocimiento, con su auxilio me será posible adquirir las demás perfecciones de la naturaleza divina. Considerando atentamente estos razonamientos, veo que son imposibles.

Aunque fuera cierto que mis conocimientos aumentan y se perfeccionan poco a poco y que hubiera en mi naturaleza muchas cosas en potencia que no lo son actualmente, nada significaría todo esto, puesto que en la Divinidad nada se encuentra en potencia, sino actualmente y en efecto. ¿No es argumento infalible de la imperfección de mi conocimiento esa perfección adquirida gradualmente? Aunque mi conocimiento aumentara más y más, nunca llegaría a ser infinito porque no concibo un grado de perfección en que ya no necesitara aumento alguno. Pero concibo a Dios actualmente infinito en un grado tan alto que nada se puede añadir a su soberana perfección. Y, finalmente, comprendo muy bien que el ser objetivo de una idea no es producido por un ser que sólo existe en potencia —y hablando propiamente, no es nada— sino por un ser formal o actual.[15]

---

[15] Así termina el primer argumento de la existencia de Dios.

Todo lo que acabo de decir pueden conocerlo fácilmente los que quieran pensar en ello seriamente, con el solo auxilio de la luz natural; pero cuando se debilita un poco mi atención, el espíritu, obscurecido y como cegado por la imágenes de las cosas sensibles, no se acuerda con facilidad de la razón por la cual la idea de un ser más perfecto que el mío ha sido puesta en mí por un ser más perfecto que yo.

Por esta razón quiero pasar adelante para ver si yo —que tengo idea de Dios— podría existir en el caso de que no le hubiera. Y me pregunto: ¿de quién habré recibido mi existencia?[16] Tal vez de mí mismo, o de mis padres, o de otras causas menos perfectas que Dios (porque nada podemos imaginar más perfecto ni siquiera igual). Si yo fuera independiente de otro ser y el autor de mí mismo, no dudaría de nada, no concebiría deseos, y no me faltaría ninguna perfección porque me hubiera dado todas aquellas de que tengo idea, y así sería Dios. Y no es que las cosas que me faltan son más difíciles de adquirir que las que poseo; al contrario, más difícil me sería sacar una cosa o substancia que piensa de la nada, que adquirir conocimientos de muchas cosas que ignoro, porque esos conocimientos son accidentes de la substancia. Si yo fuera el autor de mi ser no me hubiera negado las cosas que se pueden tener más fácilmente, como son una infinidad de conocimientos que no poseo; no hubiera dejado de atribuirme las perfecciones contenidas en la idea de Dios, porque ninguna había que me pareciera más difícil de hacer o adquirir, y si alguna fuera más difícil, y así lo creyera yo, es que mi poder había terminado.

Aunque suponga que he sido siempre como soy ahora, no puedo evitar la fuerza del razonamiento ni dejar de creer que Dios es necesariamente el autor de mi existencia. El tiempo de mi vida puede dividirse en una infinidad de partes independientes entre sí; de que haya existido, un poco antes, no se sigue que deba existir ahora, a no ser que alguna causa, en este momento, me produzca y cree de nuevo, es decir, me conserve. Es una cosa bien clara y evidente para los que consideren con la debida atención la naturaleza del tiempo, que una substancia, para ser conservada en todos los momentos de su duración, necesita el mismo poder y la misma acción, necesarios para producirla y crearla de nuevo, si hubiera dejado de existir. Es preciso, pues, que me interrogue y consulte para ver si tengo algún poder o virtud por cuyo medio pueda hacer que yo, que soy ahora, sea un momento después. Si soy, por lo menos, una cosa que piensa, y si tal poder residiera en mí, debía pensarlo y saberlo: ningún poder análogo al supuesto siento en mí; por lo tanto, conozco evidentemente que dependo de algún ser distinto de mí.

---

[16] Aquí se inicia la segunda versión del argumento de la existencia de Dios.

¿Es posible que este ser del cual dependo no sea de Dios? ¿Es posible que yo sea producido por mis padres o por otras causas menos perfectas que él? Nada de eso puede ser, porque —como antes he dicho— es evidente que en la causa debe haber, por lo menos tanta realidad como en el efecto; y si yo soy cosa que piensa y tengo alguna idea de Dios, es preciso que la causa de mi ser sea también una cosa que piense y tenga la idea de todas las perfecciones que atribuyo a Dios. Veamos ahora si esta causa debe su origen y existencia a sí propia o a otra cosa. Sí la causa la lleva en sí, esa causa es Dios; teniendo la virtud de ser y existir por sí, también tendrá el poder de poseer actualmente todas las perfecciones de que tenga idea, o lo que es lo mismo, las perfecciones atribuidas a Dios. Si debe su existencia a otra cosa, preguntaremos la causa de éstas, y de causa en causa llegaremos a la última que es Dios. Es bien manifiesto que aquí no puede haber progreso hasta lo infinito, porque no se trata tanto de la causa que en otro tiempo me ha producido como de la que ahora me conserva.

Tampoco se puede imaginar que varias causas han concurrido a mi producción, recibiendo de cada una de ellas, una de las ideas de las perfecciones que atribuyo a Dios, de suerte que estas perfecciones se encuentran en el universo, pero no reunidas en una sola que sea Dios. La unidad, la simplicidad o inseparabilidad de las cosas que se encuentran en Dios, es una de las perfecciones que concibo en él; la idea de esta unidad de las perfecciones divinas no ha podido ser puesta en mí por alguna causa que no me haya dado idea de las demás perfecciones, porque esta causa no ha podido hacer que las comprenda unidas e inesperables, sin que las conozca de alguna manera.

Por lo que respecta a mis padres, aunque les debo mi nacimiento, esto no quiere decir que sean ellos los que me conservan ni los que me han hecho y producido en cuanto soy una cosa que piensa; ninguna relación existe entre la acción corporal por la que me engendraron y la producción de una substancia pensante. Reconozco que mis padres, al dar lugar a mi nacimiento, originaron algunas disposiciones en esta materia en la que yo —es decir, mi espíritu— estoy encerrado. Hasta ahora supongo que yo es mi espíritu.

Es preciso concluir que la existencia de Dios ha quedado demostrada con toda evidencia, por el hecho de que existio y de que en mi espíritu reside la idea de un Ser soberanamente perfecto.

Lo único que me queda por examinar es la manera que he usado para adquirir esa idea; no la he recibido por los sentidos, y nunca se me ha ofrecido sin esperarla como sucede ordinariamente con las ideas de las cosas sensibles, cuando éstas se presentan o parecen presentarse a los órganos exteriores de los sentidos. No es tampoco una pura poducción o ficción de mi espíritu, porque no puedo aumentarla ni disminuirla. Como la idea de mí mismo, la de Dios, ha nacido y se ha producido conmigo, desde que fui creado.

No debemos extrañarnos de que Dios al crearnos, haya puesto en nosotros esa idea para que sea como el signo del obrero impreso en su obra; y no es necesario que este signo sea diferente de la obra misma. Si Dios me ha creado, es muy natural que, en cierto modo, me haya producido a su imagen y semejanza, y que yo conciba esta semejanza, en la cual se encuentra la contenida idea de Dios, por la misma facultad que yo me concibo; es decir, que cuando reflexiono en mí mismo no sólo conozco que soy una cosa imperfecta, incompleta y dependiente de otra, que tiendo y aspiro a ser algo mejor y más grande, sino que conozco también que el ser de quien dependo posee todas esas grandes cosas a que yo aspiro, no indefinidamente y en potencia, sino en efecto, actualmente e infinitamente porque es Dios. Toda la fuerza del argumento que me ha servido para pobrar la existencia de Dios consiste en la imposibilidad de que mi naturaleza, siendo lo que es, concibiera la idea de un Dios sin que ese Dios existiera verdaderamente. Ese Dios de que tengo idea, posee todas las perfecciones que nuestro espíritu puede imaginar, aunque no le sea posible comprender al ser soberano; no tiene ningún defecto ni nada que denote alguna imperfección; luego no puede engañarnos ni mentir, como nos enseña la luz natural de nuestro espíritu, el engaño y la mentira dependen necesariamente de algún defecto.[17]

Antes de examinar esto más cuidadosamente y recoger las verdades que a mi consideración pudieran ofrecerse, me parece oportuno detenerme algún tiempo en la contemplación de ese Dios absolutamente perfecto, en considerar sus maravillosos atributos, en admirar y adorar la incomparable belleza de esta inmensa luz, hasta donde alcancen ias fuerzas de mi espíritu deslumbrado por tanta grandeza. La fe nos enseña que la soberana felicidad de la otra vida, consiste en esa contemplación de la majestad divina. Una meditación semejante, aunque incomparablemente menos perfecta, nos hace gozar del mayor placer que en esta vida terrena somos capaces de sentir.

MEDITACIÓN CUARTA

DE LO VERDADERO Y DE LO FALSO

Con las meditaciones de estos últimos días he llegado a habituarme a separar mi espíritu de los sentidos. He comprendido que hay muy pocas cosas corporales que conozcamos con absoluta certeza, muchas más espirituales y aún más de las relativas a Dios. Por eso me

---

[17] La fórmula del ontologismo metafísico dice: de la esencia precisa deriva la existencia.

será ahora muy fácil apartar mi pensamiento de la consideración de las cosas sensibles e imaginables, para llevarlo a la de las puramente inteligibles.

La idea que tengo del espíritu humano en cuanto es cosa que piensa, carece de extensión y no participa de ninguna cualidad de las que pertenecen al cuerpo, es incomparablemente más distinta que la idea de cualquier cosa corporal. Cuando considero que soy un algo incompleto y dependiente, la idea de mi ser completo y dependiente se presenta a mi espíritu con toda claridad y distinción; y de que esta idea se encuentre en mí y de que yo que la poseo existo, concluya tan evidentemente la existencia de Dios, y la dependencia de la mía con respecto a la suya en todos los momentos de mi vida, que no pienso que el espíritu humano pueda conocer nada con más evidencia y certeza. De aquí deduzco que he descubierto un camino que nos conducirá de la contemplación del verdadero Dios —en el que se encierran todos los tesoros de la ciencia y de la sabiduría— al conocimiento de las demás cosas del universo.

Reconozco que es imposible me engañe, porque en el engaño hay algo de imperfección, y aunque parece que el engañar es una prueba de sutileza o poder, el querer engañar atestigua debilidad o malicia; y esto es imposible encontrarlo en Dios.

Conozco, por propia experiencia, que hay en mí cierta facultad de juzgar o discernir lo verdadero de los falso, que he recibido de Dios como todo lo que poseo; y como es imposible que Él quiera engañarme, es indudable que no me ha concebido tal facultad para que me equivoque aunque la use como debo usarla.

Ninguna duda quedaría respecto a este punto si en apariencia no se puediera sacar la consecuencia de que nunca me equivoco, porque si todo lo que está en mí viene de Dios y no me ha dado ninguna facultad para equivocarme, parece que siempre debo acertar en mi conocimiento.

Cierto es que cuando me considero como efecto de Dios y le contemplo en toda su grandeza, no descubro en mí ninguna causa de error o falsedad; pero cuando me considero atentamente y veo mis imperfecciones, reconozco que estoy sujeto a infinidad de errores, y al pretender investigar la causa de ellos, observo que no sólo se presenta a mi pensamiento una real y positiva idea de Dios, o de un Ser soberanamente perfecto, sino también cierta idea negativa de la nada, es decir, de lo infinitamente alejado de toda clase de perfección.

Yo soy como el punto medio entre Dios y la nada, colocado de tal suerte entre el soberano ser y el no-ser, que nada hay en mí capaz de conducirme al error, en cuanto es aquel Ser soberano la causa que me ha producido: pero sí me considero como partícipe en alguna manera de la nada o no-ser, es decir, en cuanto no soy el Soberano y me faltan muchas cosas, me encuentro expuesto a infinidad de errores. No debo extrañarme si me equivoco.

El error, como tal, no es algo real dependiente de Dios sino solamente un defecto; por lo tanto, para equivocarme no necesito que Dios me haya dado una facultad destinada particularmente a ese efecto. Me equivoco porque el poder que Dios me ha otorgado para distinguir lo verdadero de lo falso no es infinito. [18]

Sin embargo, esto no me satisface aún, porque el error no es una pura negación, no es el simple defecto o falta de alguna perfección propia de mi ser, sino una privación de algún conocimiento que me parece que yo debía tener.

Considerando la naturaleza de Dios no me parece posible que haya puesto en mí alguna facultad que no sea perfecta en su género. Si cuanto más experto es el obrero tanto más perfectas salen las obras de sus manos, ¿qué cosa producida por este Soberano creador del Universo no será perfecta y enteramente acabada en todas sus partes? No hay duda de que Dios no ha podido crearme de tal modo que nunca me equivocara; es cierto, también, que siempre quiere lo mejor; ¿es, pues, mejor que yo pueda equivocarme?

Considerando esto con atención, pienso que no debo extrañarme si no soy capaz de comprender por qué Dios hace lo que hace; no hay razon para dudar de su existencia, aunque no comprendamos por qué Dios ha hecho muchas cosas que vemos por experiencia y cuya razón —repito— no podemos explicarnos. Mi naturaleza es en extremo débil y limitada; la de Dios, por el contrario, es inmensa, incomprensible e infinita; esto nos da la razón de que en el poder divino haya muchas cosas cuyas causas no están al alcance de mi espíritu. Bastan estas consideraciones para persuadirme de que ese género de causas que se acostumbra a sacar del fin, no tienen ninguna aplicación en las cosas físicas o naturales, porque sería una temeridad investigar y querer descubrir los impenetrables designios de Dios.

Cuando tratamos de saber si las obras de Dios son perfectas, no debemos examinar una criatura por separado, sino todas las criaturas juntas; porque la misma cosa que podría parecernos muy imperfecta estando sola en el mundo, no deja de ser perfecta formando parte del Universo. Desde que me propuse dudar de todas las cosas no he conocido con certeza más que mi existencia y la de Dios; pero, teniendo presente el infinito poder del Ser perfecto no me atrevo a negar que haya producido muchas otras cosas o pueda producirlas. De modo que existo y estoy colocado en el mundo formando parte de la universalidad en todos los seres.

Examinádome de cerca y considerando mis errores, veo que dependen del concurso de dos causas, a saber, de la facultad de conocer que reside en mí y de la facultad de elegir o libre arbitrio, o lo que es lo mismo, del entendimiento y de la voluntad. El entendimiento, por

---

[18] El error como deficiencia del ser. Aquí resuena también el agustinismo.

sí solo, no asegura ni niega ninguna cosa; concibe las ideas de las cosas que puede afirmar o negar. Considerándole así, nunca encontramos error en él, si tomamos la palabra error en su propia significación. Y aunque hay en el mundo infinidad de cosas de las cuales ninguna idea tiene mi entendimiento, no podemos decir que está privado de estas ideas como de alguna cosa que le fuera debida, sino que no las tiene, porque no hay razón que pueda probar que Dios ha debido darme una facultad de conocer más amplia que la que me ha dado; por muy diestro y sabio artífice, que me represente a Dios no debo pensar que haya debido poner en cada una de sus obras todas las perfecciones que puede poner en algunas.

No tengo derecho a quejarme de que Dios no me haya dado un libre arbitrio o una voluntad lo suficientemente amplia y perfecta, porque la siento en mí tan extensa que no tiene límites. De toda las demás cosas que poseo no hay ninguna tan perfecta y tan grande que no pueda serlo más. Por ejemplo, si considero mi facultad de concebir, veo que es poco extensa y muy limitada, y en seguida me represento la idea de otra facultad mucho más amplia y hasta infinita; y como puedo representarme su idea, reconozco sin dificultad que pertenece a la naturaleza de Dios. Si examino la memoria, la imaginación o cualquier otra de mis facultades, encuentro que en mí son pequeñas y limitadas y en Dios inmensas e infinitas. En cambio, experimento que la voluntad o libertad del franco arbitrio es en mí tan grande que no concibo la idea de otra más amplia y extensa; de suerte que es ella la que me hace conocer que soy a imagen y semejanza de Dios. Porque, aun cuando sea en Dios incomparablemente más grande que en mí —ya por razón del conocimiento y poder que a ella van unidos y la hacen más firme y eficaz, ya por razón del objeto, en cuanto se extiende a infinidad de cosas— no me parece más grande si la considero formal y precisamente en sí. Consiste esta facultad en que podemos hacer una cosa o no hacerla, afirmar o negar, perseguir o huir; o mejor dicho, consiste en que, para afirmar o negar, perseguir o huir las cosas que el entendimiento nos propone, obramos de tal modo que ninguna fuerza exterior nos obliga a la acción. Para que yo sea libre no es necesario que sea indiferente en la elección de una cosa; antes bien, cuanto más me inclino a una cosa —bien porque conozca evidentemente que lo verdadero y lo bueno se encuentran en ella, bien porque Dios disponga así el interior de mi pensamiento— tanto más libremente la elijo y la abrazo; la gracia divina y el conocimiento natural lejos de disminuir mi libertad, la aumentan y fortifican; de modo que esa indiferencia que siento cuando me inclino a un lado prefiriéndolo al otro, por el peso de alguna razón, es el grado más bajo de la libertad y parece más bien un defecto en el conocimiento que una perfección en la voluntad; porque si yo conociera claramente lo verdadero y lo bueno no tendría que deliberar para saber qué elección y juicio eran los acertados, y así serían enteramente libre sin ser indiferente.

De todo lo anterior concluyo que el poder de querer, que he recibido de Dios —no es, considerado en sí, la causa de mis errores, porque es muy amplio y muy perfecto en su género; tampoco lo es el poder de entender o concebir, porque no concibiendo ninguna cosa más que por medio del poder que Dios me ha dado expresamente para concebir, es indudable que lo concebido por mí, está bien concebido, y no es posible que en esto me equivoque.

¿Dónde nacen, pues, mis errores? De que siendo la voluntad mucho más amplia y extensa que el entendimiento, no la contengo los mismos límites, sino que la extiendo a las cosas que no entiendo, se extravía fácilmente y elige lo falso por lo verdadero y el mal por el bien; todo esto hace que yo me equivoque y peque.[19]

Por ejemplo: examinando estos días pasados si alguna cosa existía verdaderamente en el mundo y, conociendo que del hecho de examinar esta cuestión se seguía con toda evidencia que yo, que era el que examinaba, existía, no podía por menos de pensar que una cosa que tan claramente concebía yo, era verdadera; no me encontraba obligado por una fuerza exterior a pensar así, sino que a la gran claridad de mi entendimiento ha seguido una gran inclinación de mi voluntad; y he creído con tanta mayor libertad cuanto menor ha sido la indiferencia. Ahora, en cambio, no sólo conozco que existo en tanto soy algo que piensa, sino que a mi espíritu se presenta cierta idea de la naturaleza corporal; y dudo de que yo sea diferente de esa naturaleza, y también dudo de que yo sea lo mismo que ella; supongo aquí que no conozco ninguna razón que pueda convertir mi duda en certeza, es decir, soy completamente indiferente, igual me da asegurar como negar o como abstenerme de emitir juicio.

Esta indiferencia no sólo se extiende a las cosas que el entendimiento desconoce en absoluto, sino también a las que no descubre con perfecta claridad en el momento de la deliberación de la voluntad; porque, por probables que sean las conjeturas que me inclinan a juzgar en determinado sentido, como sé que son conjeturas y no razones ciertas e indudables, esto puede bastar para darme ocasión de juzgar lo contrario, como he experimentado yo, días pasados, cuando he rechazado por falso lo que consideraba verdadero, al observar que cabía alguna duda de esta verdad, Si me abstengo de dar mi juicio sobre una cosa cuando no la concibo con suficiente claridad y distinción, es evidente que hago bien y no me equivoco; pero si me determino a negarla o afirmarla, no me sirvo como debo de mi libre arbitrio, y aunque juzgue verdaderamente —esto no ocurre más que por casualidad— no por eso habré dejado de usar mal mi libre arbitrio, porque la luz natural nos enseña que el conocimiento del entendimiento debe preceder a la determinación de la voluntad.

---

19 Esta tesis es la del voluntarismo del error.

En este mal uso del libre arbitrio se encuentra la privación que constituye la forma del error. La privación se encuentra en la operación en cuanto procede de mí; pero no se encuentra en la facultad que he recibido de Dios, ni en la operación en cuanto depende de él. Ningún motivo tengo para quejarme de que Dios no me haya dado una inteligencia más amplia o una luz natural más perfecta que las que me ha dado, puesto que es propio de la naturaleza de un entendimiento finito no entender muchas cosas, y de la naturaleza de un entendimiento creado ser finito. Debo darle gracias porque no debiéndome cosa alguna me ha dado las perfecciones que tengo; en lugar de abrigar sentimiento tan injusto como el de imaginar que me ha quitado o retenido sin razón, las perfecciones que no tengo.

Tampoco puedo lamentarme de que me haya dado una voluntad más amplia que el entendimiento, porque siendo indivisible la voluntad, si se quita de ella alguna cosa se la destruye; cuanto más extensa sea más debo agradecer a Dios que me la haya otorgado.

No debo quejarme de que Dios concurra conmigo a formar los actos de esta voluntad, es decir, los juicios en que me equivoco; porque estos actos son enteramente verdaderos y absolutamente buenos en cuanto dependen de Dios, y en cierto modo hay más perfección en mi naturaleza pudiendo formarlos que si no pudiera. La privación —en la cual consiste la razón formal del error o pecado— no necesita del concurso de Dios, porque no es una cosa o un ser, y si la referimos a Dios como a su causa no la debemos llamar privación, sino negación —según la significación que a estas palabras se da en las escuelas. No es imperfección de Dios el que me haya otorgado la libertad de dar o no dar mi juicio sobre ciertas cosas de las que no ha puesto en mi entendimiento un claro y distinto conocimiento; pero es en mí una imperfección el no usar bien de esta libertad y dar mi juicio sobre cosas que no concibo más que con obscuridad y confusión.

Veo, no obstante, que era muy fácil a Dios hacer que no me equivocara nunca, aunque fuera libre y de conocimientos limitados, dando a mí entendimiento una clara y distinta inteligencia de las cosas acerca de las cuales tengo ahora que deliberar, o grabando profundamente en mi memoria la resolución de no formar juicio sobre ninguna cosa sin concebirla clara y distintamente. Y observo que en tanto me considero solo, como si nadie más que yo existiera en el mundo, sería mucho más perfecto que soy si Dios me hubiera creado de tal modo que nunca pudiera equivocarme; pero el universo es más perfecto, estando unas de sus partes exentas de defectos y otras no, que siendo todas obsolutamente iguales.

No tengo derecho a quejarme de que Dios no me haya elevado a la categoría de las cosas más nobles y perfectas; debo, por el contrario, estar contento, porque si bien no me ha dado la perfección de no equivocarme nunca por el primer medio expuesto —que depende de un claro y evidente conocimiento de todas las cosas acerca de las cuales me veo obligado a deliberar— me ha concedido al menos el otro medio, el de retener firmemente la resolución de no dar mi juicio sobre cosas cuya verdad no conozca claramente; aunque experimento en mí la debilidad de no poder grabar en mi espíritu un pensamiento para tenerlo presente en todo momento, puedo, sin embargo, por una meditación atenta y reiterada, imprimirlo tan fuertemente en la memoria, que siempre me acuerde de él cuando lo necesite, adquiriendo así el hábito de no equivocarme. Como esta es la mayor y principal perfección del hombre, estimo que no he sacado poco provecho de mi meditación si he conseguido descubrir la causa del error y de la falsedad.

No puede haber más causas de error que la que acabo de explicar; porque si retengo mi voluntad en los límites de mi conocimiento, de modo que no forme juicio sino sobre cosas clara y distintamente representadas por el entendimiento, es imposible que me equivoque. Toda concepción clara y distinta es, sin duda, alguna cosa, que no puede originarse en la nada, y que tiene necesariamente a Dios por autor; y como Dios es soberanamente perfecto y no es posible que sea causa de error, debo concluir que tal concepción o juicio es verdadero. [20]

No sólo he aprendido hoy lo que he de evitar para no equivocarme, sino también lo que he de hacer para llegar al conocimiento de la verdad. A él llegaré si considero atentamente todas las cosas que concibo bien, separándolas de las que concibo confusa y obscuramente. En adelante pondré especial cuidado en hacerlo así.

MEDITACIÓN QUINTA

DE LA ESENCIA DE LAS COSAS MATERIALES Y, OTRA VEZ, DE LA EXISTENCIA DE DIOS

Aún me quedan muchas cosas por examinar relativas a los atributos de Dios y a mi propia naturaleza, es decir, a mi espíritu; pero tal vez vuelva a esta investigación, si se me presenta ocasión propicia.

Después de observar lo que es preciso hacer o evitar para llegar al conocimiento de la verdad, debo procurar desembarazarme de las dudas en que estos días pasados me he sumido y ver si podemos conocer con certeza algo de lo relativo a las cosas materiales.[21] Pero antes de examinar si tales cosas existen fuera de mí, consideraré sus

---

[20] He aquí la crítica que se hace a Descartes. Gracias a la idea de verdad como lo que es claro y distinto, se llega a la idea de Dios; pero ahora se añade que Dios es la causa de todo conocimiento claro y distinto. ¿No cae Descartes en un círculo vicioso?

[21] Tarea de la cosmología.

ideas en tanto existen en mi pensamiento, y separaré las distintas de las confusas.

En primer lugar, imagino distintamente esa cantidad que los folósofos llaman ordinariamente cantidad continua, o bien la extensión de longitud, anchura y profundidad que exista en esa cantidad o mejor en la cosa a que se atribuye.

Puedo ennumerar en ella diversas partes y dar a cada una de estas partes toda clase de tamaños, figuras, situaciones y movimientos, y puedo asignar a cada movimiento distintas duraciones. Y no conozco estas cosas con claridad, sólo cuando las considero en general; porque a poco que en ellas fije mi atención, descubro infinidad de particularidades relativas a los números, figuras, movimientos y otras cosas semejantes, cuya verdad aparece con tanta evidencia y concuerda tan bien con mi naturaleza, que cuando las descubro creo que no aprendo nada de nuevo y me acuerdo de lo que sabía antes, de cosas que estaban ya en mi espíritu, aunque mi pensamiento no las tomara como objeto de investigación. Encuentro en mí infinidad de ideas de ciertas cosas que no pueden ser estimadas como para nada, que no son fingidas por mí, aun cuando tenga libertad de pensarlas o no pensarlas, y que tienen naturalezas verdaderas e inmutables. Por ejemplo: cuando imagino un triángulo, aunque tal vez fuera de mi pensamiento no exista esta figura ni haya existido, no deja, sin embargo, de exisitir cierta naturaleza, forma o esencia determinada, que no he inventado y que no depende en modo alguno de mi espíritu. Se pueden demostrar diversas propiedades de este triángulo, a saber, que sus tres ángulos son iguales a dos rectas, que el mayor está sostenido por el lado más grande, y otras semejantes, que ahora —quiera o no quiera— reconozco en él muy clara y evidentemente, aunque no pensara en ellas la primera vez que me imaginé un triángulo; por lo tanto no puede decirse que yo las haya inventado. Tampoco tiene fundamento la objeción de que la idea del triángulo ha venido a mi espíritu por el intermedio de los sentidos, por haber visto alguna vez cuerpos de figura triangular; porque puedo formar en mi espíritu infinidad de figuras que nunca he visto y cuyas propiedades demuestro lo mismo que las del triángulo. Estas propiedades deben ser verdaderas porque las concibo claramente, y, por consiguiente, ya no son nada, sino que son alguna cosa. Siendo la verdad lo mismo que el ser, es evidente que todo lo verdadero es alguna cosa; ya he demostrado ampliamente que las cosas conocidas clara y distintamente son verdaderas.[22] Y aunque no lo hubiera demostrado es tal la naturaleza de mi espíritu que las estimaría verdaderas en tanto las concibiera de un modo claro y distinto. Me acuerdo de que, cuando me adhería fuertemente a los objetos de los sentidos, contaba en el número de la más constantes verdades las

---

[22] Ser = verdad. Fórmula del ontologismo.

que concebía clara y distintamente relativas a las figuras, números y otras cosas pertenecientes a la aritmética y a la geometría.

Si puedo sacar de mi pensamiento la idea de alguna cosa, todo lo que conozco clara y distintamente que pertenece a esta cosa, me pertenece en efecto. Si esto es así ¿no puedo sacar de aquí un argumento y una prueba demostrativa de la existencia de Dios? No encuentro su idea menos en mí que la de alguna figura o número; no conozco menos clara y distintamente que una actual y eterna existencia pertenece a su naturaleza, que lo desmostrado de alguna figura o número pertenece a la naturaleza de la figura o del número. Y aunque lo que he concluido en las precedentes *Meditaciones* no fuera verdadero, la existencia de Dios debía estimarla tan cierta por lo menos, como he estimado hasta aquí todas las verdades matemáticas relativas a los números y figuras, aunque a primera vista no aparezca esto de un modo manifiesto por haber en ello cierta apariencia de sofisma. Acostumbrado en todas las demás cosas a distinguir la esencia de la existencia, me persuado fácilmente de que la existencia puede ser separada de la esencia de Dios, y así es posible concebir un Dios que no es actualmente. Pero cuando pienso más detenidamente, veo que no puede separarse la esencia de la existencia de Dios, del mismo modo que de la esencia de un triángulo rectángulo no puede separarse el valor de sus tres ángulos igual a dos rectas, ni de la idea de una montaña la idea de un valle; de suerte que concebir un Dios, un ser soberamente perfecto, sin existencia, con falta de alguna perfección, es lo mismo que concebir una montaña sin valle.

Pero, aunque no pueda concebir un Dios sin existencia, como no puedo concebir una montaña sin valle, es posible que no existan ni Dios ni la montaña; porque del hecho de que no pueda concebir el primero sin existencia, ni la segunda sin valle, no se deduce que Dios y la montaña existan; mi pensamiento no impone ninguna necesidad a las cosas; del mismo modo que puedo imaginarme un caballo alado, aunque ningún caballo tenga alas, puedo también atribuir la existencia a Dios, aunque no exista ningún Dios. Aquí sí que hay un sofisma oculto bajo la apariencia de esta objeción: de que yo no puedo concebir una montaña sin valle no se sigue que haya en el mundo algún valle o montaña, sino que ambas ideas son inseparables; en cambio de la imposibilidad de concebir a Dios como no existente, se sigue que la existencia es inseparable de él, y por lo tanto, que existe verdaderamente. No es que mi pensamiento pueda hacer que esto sea así, ni que imponga ninguna necesidad a las cosas; es que la necesidad de la cosa misma, de la existencia de Dios, me determina a tener este pensamiento: no soy libre de concebir un Dios sin existencia, un ser soberanamente perfecto sin una soberana perfección, del mismo modo que soy para concebir un caballo como me plazca, con alas o sin ellas.

No se debe afirmar aquí que es necesario a la verdad que yo confiese que Dios existe, porque he supuesto que posee todas las perfecciones, y la existencia es una de éstas. No se debe decir que mi primera suposición no era necesaria, como tampoco es necesario pensar que todas las figuras de cuatro lados se pueden inscribir en el círculo; suponiendo que yo tenga este pensamiento, me veo obligado a confesar que el rombo puede ser inscrito en el círculo, puesto que es una figura de cuatro lados, es decir, que me veré obligado a afirmar una cosa falsa. No se debe alegar eso; aunque no sea necesario que yo tenga un pensamiento de Dios, siempre que piense en un Ser primero y soberano y saque su idea del tesoro de mi espíritu, es necesario que le atribuya toda clase de perfecciones aunque no las enumere y medite sobre cada una de ellas. Esta necesidad es suficiente para hacer que concluya (tan pronto como renonozca que la existencia es una perfección) que el Ser primero y soberano existe. Del mismo modo, no es necesario que imagine yo ningún triángulo, pero siempre que quiero considerar una figura rectilínea compuesta de tres ángulos, es absolutamente necesario que atribuya a esa figura todo lo que sirve para concluir que los tres ángulos no son mayores que dos rectas. Pero cuando examino las figuras capaces de ser inscritas en un círculo no es necesario que piense que todas las figuras de cuatro lados estén en ese caso; no puedo imaginarme esto en tanto quiera no recibir en mi espíritu más que aquello que pueda concebir clara y distintamente. Por consiguiente, hay una gran diferencia entre suposiciones tan falsas como la anterior, y las verdaderas ideas nacidas conmigo, de las cuales la primera y principal es Dios.

Reconozco de muy diversos modos, que esta idea no es algo fingido e inventado, dependiente únicamente de mi pensamiento, sino la imagen de una naturaleza verdadera e inmutable: porque no puedo concebir más que un ser Dios, a cuya escencia pertenezca necesariamente la existencia; porque es imposible concebir dos o más dioses como Él; porque veo claramente la necesidad de que haya existido eternamente hasta ahora y de que exista eternamente en lo futuro; y, en fin, porque concibo en Dios muchas otras cosas que es imposible disminuir o alterar.

Sean cuales sean los argumentos y pruebas de que me sirva, siempre vendré a esta conclución: que sólo las cosas que conozco clara y distintamente tienen fuerza para persuadirme por completo. Y aunque entre estas cosas haya más conocidas por todos y otras sólo por los que las examinan con detenimiento y exactitud, después de descubierto son todas igualmente ciertas y evidentes. Por ejemplo: en un triangulo rectángulo es más difícil conocer, a primera vista, que el cuadrado de la base es igual a los cuadrados de los otros lados, que el conocer que la base es opuesta al ángulo mayor; y, sin embargo, una vez conocidas las dos verdades, tan clara y distinta es la primera como la segunda. Y por lo que a Dios se refiere, si un espíritu no estuviera prevenido por algunos prejuicios y mi pensamiento no se ditrajera continuamente por la presencia de la imágenes de las cosas sensibles, nada conocería con tanta prontitud y facilidad como a Dios. ¿Hay algo más claro y manifiesto que el pensamiento de que existe un Dios, un Ser soberano y perfecto, de existencia necesaria o eterna, inseparable, por lo tanto, de la escencia? Y si para concebir esta verdad hubiera necesitado una gran aplicación del espíritu, después de concebida la tengo por tan segura que me parece la más cierta de todas; es más, la certeza de las demás depende de ella, de tal modo que sin el conocimiento de Dios es imposible saber nada perfectamente.

Es tal mi naturaleza que en cuanto comprendo alguna cosa muy clara y distintamente, me apresuro a creerla verdadera. Sin embargo, soy de tal modo, que no puedo tener el espírirtu ocupado continuamente con una misma cosa; y no es por eso de extrañar que a veces juzgue verdadera una cosa, habiendo cesado de considerar las razones que me obligan a juzgarla así; por lo tanto —si yo ignorara que existe un Dios— es posible que otras razones me hagan variar de opinión. Por ejemplo: cuando considero la naturaleza del triángulo rectángulo conozco evidentemente —soy un poco versado en la geometría— que sus tres ángulos son iguales a dos rectas, y me es imposible dejar de creerlo mientras aplico mi pensamiento a la demostración; pero en cuanto termino de demostrar la igualdad de esos ángulos a dos rectas, aunque me acuerde de ella, puede suceder fácilmente que dude de esa demostración, si ignoro que existe un Dios; porque puedo persuadirme de que la Naturaleza me ha hecho de tal manera que me equivoque hasta en las cosas que creo comprender con más evidencia y certeza, persuasión fundada en haber afirmado muchas cosas como verdaderas, que luego, llevado por otras razones, he juzgado falsas.

Pero después de reconocer que existe un Dios, que todas las cosas dependen de él, y que no puede engañarme; después de afirmar como consecuencia de lo anterior, que lo concebido clara y distintamente es imposible que sea falso —aunque no piense en las razones que me han hecho calificar de verdadero mi conocimiento, aunque sólo me acuerde de haberlo comprendido clara y distintamente, puedo afirmar, sin temor a que nada me haga dudar, que ese conocimiento es absolutamente cierto; he aquí una ciencia verdadera y segura.

Esta misma ciencia se extiende a todas las cosas que en otro tiempo demostré, como las verdades de la geometría y otras semejantes, porque ¿qué se podrá objetar para obligarme a ponerlas en duda? ¿Que mi naturaleza está sujeta al error? A eso contesto que no me equivoco en los juicios cuyas razones conozco claramente. ¿Que en otro tiempo he estimado muchas cosas como verdaderas y ciertas y después he reconocido que eran falsas? Es que no había conocido clara y distintamente ninguna de esas cosas, y —no sabiendo esta regla que me asegura de la verdad— concebí razones menos fuertes de lo que imaginé en un principio. ¿Qué más se me podrá objetar? ¿Que tal vez duermo (como yo mismo me he objetado) o que mis pensamientos actuales no tienen más realidad que los sueños? Pues bien, aun cuando duerma, todo lo que se presenta a mi espíritu con evidencia, es absolutamente verdadero.

Y así, reconozco con toda claridad que la certeza y la verdad de la ciencia, depende del conocimiento del verdadero Dios; de suerte que antes de conocerle, yo no podía saber perfectamente ninguna cosa. Ahora que conozco a Dios tengo el medio de adquirir una ciencia perfecta relativa a infinidad de cosas tanto a las que están en Él, como a las que pertenecen a la naturaleza corporal en tanto puede servir de objeto a las demostraciones de los geómetras, los cuales no lo consideran desde el punto de vista de su existencia. [23]

MEDITACIÓN SEXTA

DE LA EXISTENCIA DE LAS COSAS MATERIALES Y DE LA DISTINCIÓN REAL ENTRE EL ALMA Y EL CUERPO DEL HOMBRE

Lo único que me queda por examinar es la existencia de las cosas materiales. Por lo menos sé que puede haberlas, en tanto se consideren como objeto de las demostraciones geométricas, porque de esta manera las concibo muy clara y distintamente.

Es indudable que Dios tiene el poder de producir todas las cosas que soy capaz de concebir con distinción; nunca he creído que le fuera imposible hacer alguna cosa, aunque yo encontrara contradicción en ella al tratar de concebirla. Además la facultad de imaginar que existe en mí y de la que me sirvo —como me dicta la experiencia— cuando me aplico a la consideración de las cosas materiales, es capaz de persuadirme de su existencia, porque la imaginación no es más que una aplicación de la facultad que conoce al cuerpo que le es íntimamente presente y que, por lo tanto, existe.

Para aclarar estas ideas, observo, en primer término, la diferencia existente entre la imaginación y la pura intelección o concepción. Por ejemplo: cuando imagino un triángulo no sólo concibo que es una figura compuesta de tres líneas, sino que contemplo estas tres líneas como presentes, por la fuerza y aplicación interior de mi espíritu; a esto llamo propiamente imaginar. Si quiero pensar en un kiliógono concibo bien que es una figura compuesta de mil lados, tan fácilmente como que un triángulo es una figura compuesta de tres; pero me es imposible imaginar los mil lados del kiliógono como imagino los tres del triángulo, porque no puedo considerarlos como presentes con los ojos de mi espíritu. Y aunque, siguiendo la costumbre que

---

[23] Se trata, así, de un teísmo epistemológico. La existencia de Dios trae consigo la prueba de la existencia de los objetos del mundo externo; lo cual destruye asimismo la hipótesis de la existencia del genio maligno, último reducto de la duda.

tengo de servirme de la imaginación cuando pienso en las cosas corporales, al concebir un kiliógono me represento confusamente una figura, es evidente que esa figura no es un kiliógono, puesto que no difiere de la que me presentaría si yo pensara en un miriágono o en cualquier otra figura de muchos lados, y no sirve en modo alguno para descubrir las propiedades que diferencian el kiliógono de todos los demás polígonos. Si se trata de considerar un pentágono, puedo concebir su figura también como la de un kiliógono, sin el auxilio de la imaginación; pero la puedo también imaginar aplicando la atención de un espíritu a cada uno de sus cinco lados y el aire o espacio que encierran. Conozco, pues claramente, que necesito para imaginar una particular contención de espíritu que no necesito para concebir o entender. Esta particular contención muestra evidentemente la diferencia que existe entre la imaginación y la intelección o concepción pura.

Observo, además, que esta virtud de imaginar, en cuanto difiere del poder de concebir, no es necesaria a mi naturaleza o a mi esencia, es decir, a la escencia de mi espíritu, porque aun cuando no la tuviera sería el mismo que ahora soy; de donde podemos concluir, que depende de alguna cosa que difiere de un espíritu. Y yo concibo fácilmente que si existe algún cuerpo conjunto y ruido a mi espíritu de tal modo que éste se aplique a considerarle siempre que quiera, por ese medio puede imaginar las cosas corporales; de suerte que esta manera de pensar difiere solamente de la pura intelección en que el espíritu concibiendo vuelve en cierto modo sobre sí y considero alguna de las ideas que tienen; e imaginando se vuelve al cuerpo y considero en él alguna cosa conforme con la idea que ha formado o recibido por los sentidos. Concibo que la imaginación consiste en lo que acabo de decir, si es verdad que hay cuerpos; y porque no puedo encontrat ninguna otra vía para explicar en qué consiste, conjeturo probablemente que los hay, sólo probablemente. Aunque examino cuidadosamente todas las cosas no encuentro que, de esa idea distinta de la naturaleza corporal que llevo en mi imaginación, pueda sacar algún argumento para concluir con necesidad la existencia de un cuerpo.

Estoy acostumbrado a imaginar muchas otras cosas, además de esta naturaleza corporar que constituye el objeto de la geometría, a saber, los colores, los sonidos, los sabores, la dulzura y otras cosas semejantes; y en tanto percibo estas cosas mucho mejor por los sentidos —por cuyo intermedio y por el de la memoria parecen llegar a mi imaginación— creo que para examinarlas bien es conveniente que conozca al mismo tiempo lo que es sentir, y que vea si de estas ideas que recibo en mi espíritu por esa manera de pensar que yo llamo sentir, puedo sacar alguna prueba cierta de la existencia de las cosas corporales.

En primer término, traeré a mi memoria las cosas que recibidas por los sentidos, tenía en otro tiempo por verdaderas, y el fundamento en que se apoyaba mi creencia; después, examinaré las razones que me han obligado a ponerlas en duda; y, finalmente, consideraré lo que debo creer ahora.

Primeramente, he sentido que yo tenía cabeza, manos, pies y los demás miembros de que se compone este cuerpo que consideraba como una parte de mí mismo o tal vez como el todo; he sentido también que mi cuerpo estaba colocado entre muchos otros de los cuales recibía comodidades e incomodidades; y observaba estas comodidades por ciertas sensación de placer o voluptuosidad, y las incomodidades por una sensación de dolor. Además de este placer y dolor sentía en mí el hambre, la sed y otros apetitos semejantes, así como ciertas inclinaciones corporales a la alegría, a la trizteza, a la cólera y a otras pasiones. Y en el exterior, aparte la extensión, las figuras, los movimientos de los cuerpos, observaba en ellos dureza, calor y todas las propiedades que se perciben por el tacto; notaba luz, colores, olores, sabores y sonidos, cuya variedad me proporcionaba medio de distinguir el cielo, la tierra, el mar y, en general, unos cuerpos de otros.

Considerando las ideas de estas cualidades que se presentaban a mi pensamiento y que yo sentía propia e inmediatamente, no sin razón creía sentir cosas por completo diferentes de mi pensamiento, a saber, los cuerpos de donde esas ideas procedían; porque yo experimentaba que se presentaban sin mi consentimiento, de suerte que aunque quisiera yo no podía sentir ningún objeto si éste no se encontraba presente al órgano de uno de mis sentidos; y no podía dejar de sentirlo si se hallaba presente. Y como las ideas que yo recibía por los sentidos eran mucho más vivas, expresivas y, en cierto modo, más distintas que algunas de las que imaginaba meditando o encontraba impresas en mi memoria, me parecía que es imposible que procedieran de mi espíritu; era necesario, pues, que fueran causadas en mí por otras cosas. No teniendo de éstas más conocimiento que el que me daban las mismas ideas, supuse que las cosas eran semejantes a las ideas que causaban. Como me acordaba de que me había servido más bien de los sentidos que de la razón, y reconocía que las ideas que yo mismo formaba no eran tan expresas como las que recibía por los sentidos, y en ocasiones estaban compuestas por partes de estas últimas, me persuadía fácilmente de que no existía en mi espíritu ninguna idea que no hubiera pasado antes por mis sentidos. Yo creía —y no sin razón— que este cuerpo, al que llamaba mío, me pertenecía más propia y estrechamente que otro cualquiera, porque de él no podía separarme como de los demás, sentía en él y por él todos mis apetitos y afecciones, y era yo conmovido en sus partes y no en las de otros cuerpos separados de él, por las sensaciones de placer y dolor. Pero cuando trataba de saber por qué a una sensación de dolor sigue la trizteza en el espíritu, y por qué de la sensación de placer nace la alegría, o la causa de que una emoción del estómago, que yo llamo hambre, produzca deseo de comer, y la sequedad de la garganta, de beber, no podía dar ninguna razón como no fuera la de que así nos lo enseñaba la naturaleza; porque ninguna afinidad ni relación que yo pueda comprender, existe entre esa emoción del estómago y el deseo de comer, entre la sensación de la cosa que causa el dolor y el pensamiento de trizteza a que da origen la sensación.

Y de la misma manera, me parecía que había aprendido de la naturaleza todas las demás cosas que yo juzgaba relativas a los objetos de mis sentidos; porque observaba que los juicios que sobre estos objetos tenía costumbre de hacer, se formaban en mí antes de que hubiera tenido tiempo de pensar y considerar algunas razones que podían obligarme a hacerlos.

Pero después ha ido disipándose poco a poco la confianza que otorgaba a mis sentidos, porque he observado que torres redondas desde lejos, eran cuadradas desde cerca, y colosos elevados en lo alto de estas torres, me parecían estatuitas, miradas desde abajo; en una infinidad de casos he encontrado erróneos los juicios fundados en los sentidos externos, y aun los fundados en los sentidos internos. ¿Hay cosa más íntima e interior que el dolor? Pues yo he oído a personas a las que habían cortado los brazos o las piernas, que les parecía sentir dolor en la parte que les faltaba; lo cual me inducía a pensar que no podía estar seguro de tener mal en ningún miembro, aunque sintiera algún dolor.

A estas razones de duda, he añadido después otras dos muy generales; la primera, que todo lo que he creído sentir estando despierto, puedo creer que lo siento igual modo estando dormido; y como no pienso que las cosas que me parece sentir cuando duermo proceden de objetos exteriores, no veo por qué he de pensar lo contrario tratándose de las cosas que me parece sentir cuando estoy despierto. La segunda consiste en que no conociendo, o mejor dicho, fingiendo no conocer al autor de mi ser, no veía nada que impidiera que yo hubiera sido hecho por la naturaleza, de tal modo que me equivocara hasta en las cosas que me parecieran más verdaderas.

Las razones que antes me habían persuadido de la verdad de las cosas sensibles, ya no tenían para mí ninguna significación; porque, llevándome la naturaleza a cosas de que me desviaba la razón, no creía que debía confiarme en las enseñanzas de esa naturaleza. Y aunque las ideas que recibo por los sentidos, no dependen de mi voluntad, no concluía por esto que procedían de cosas diferentes de mí, porque tal vez existía en mi ser alguna causa que yo desconocía, que era la causa de ellas y las producía.

Pero ahora que comienzo a conocerme mejor y a descubrir al autor de mi origen, pienso que no debo admitir temerariamente todas las cosas que los sentidos parecen enseñarnos, ni debo tampoco ponerlas en duda.

Como todas las cosas que concibo clara y distintamente pueden ser producidas por Dios de la misma manera que las concibo, basta que yo pueda concebir con claridad y distinción una cosa sin otra para estar cierto de que son diferentes, porque es posible separarlas, si no al hombre, a la omnipotencia de Dios; no importa cuál sea el poder que las separe, para estar obligado a juzgarlas como diferentes. Partiendo de que conozco con certeza que existo, y, sin embargo, no observo que ninguna otra cosa pertenezca necesariamente a mi naturaleza o esencia, concluyo que ésta consiste en que soy una cosa que piensa, o una substancia cuya esencia o naturaleza es el pensar. Y aun cuando tengo un cuerpo al cual estoy estrechamente unido, como por una parte poseo una clara y distinta idea de mí mismo, en tanto soy solamente una cosa que piensa y carece de extensión, y por otra tengo una idea distinta del cuerpo en tanto es solamente una cosa extensa y que no piensa —es evidente que yo, mi alma, por la cual soy lo que soy, es completa y verdaderamente distinta de mi cuerpo, y puede ser o existir sin él.[24]

Además, encuentro en mí diversas facultades de pensar que tienen, cada una, su manera particular: por ejemplo, hay en mi ser las facultades de imaginar y sentir, sin las cuales puedo concebirme por entero clara y distintamente, pero no recíprocamente ellas sin mí, sin una substancia inteligente a que pertenezcan o vayan adheridas; porque en la noción que tenemos de estas facultades, o para servirme de los términos de las escuelas, en su concepto formal, encierran algunas clases de intelección: de donde concluyo que son distintas de mí como los modos, de las cosas. Conozco también otras facultades como la de cambiar de lugar, adoptar diversas situaciones, y algunas semejantes, que no pueden concebirse, como las anteriores sin alguna substancia a que pertenezcan y vayan como adheridas; es evidente que estas facultades —si es cierto que existen— deben pertenecer a alguna substancia corporal o extensa, y no a una substancia inteligente, puesto que en su concepto claro y distinto está contenido alguna especie de extensión, pero no de inteligencia. Además no puedo dudar de que hay en mí cierta facultad pasiva de sentir, de recibir y reconozcer las ideas de las cosas sensibles; pero me sería inútil si no hubiera también en mí, o en alguna otra cosa, una facultad activa, capaz de formar y producir estas ideas. Tal facultad no existe en mí, en tanto no soy más que una cosa que piensa, porque ella no presupone mi pensamiento y aquellas ideas me son representadas sin que yo contribuya a ello y a veces contra mi voluntad; es preciso, pues, que exista en alguna

---

[24] He aquí formulado el dualismo cartesiano. La separación entre alma y cuerpo es radical.

substancia diferente de mí, en la cual toda la realidad, que reside objetivamente en las ideas que son producidas por esta facultad, esté contenida formal o eminentemente; esa substancia es un cuerpo, una naturaleza corporal, en la que se contiene formalmente y en efecto lo que existe objetivamente y por representación en las ideas, o es Dios mismo, o alguna otra criatura, más noble que el cuerpo en la que aquello mismo está contenido eminentemente. Si Dios no me engaña, es evidente que no me envía esas ideas inmediatamente por sí mismo, ni por el intermedio de alguna criatura en la cual su realidad no sea conocida formalmente, sino sólo eminentemente. No habiéndome dado ninguna facultad para hacerme conocer que esto sea así, y habiendo puesto en mí una gran inclinación a creer que estas ideas proceden de las cosas corporales, no veo cómo se le podría excusar de su engaño si esas ideas procedieran de otra causa; es preciso, pues, concluir que hay cosas corporales existentes. Sin embargo, no son enteramente tal como las percibimos por los sentidos, porque hay cosas que hacen esta percepción obscura y confusa; pero todas las cosas que yo concibo clara y distintamente, es decir, todas las cosas comprendidas, hablando en general, en el objeto de la geometría especulativa, existen verdaderamente.

Por lo que respecta a otras cosas que son solamente particulares, por ejemplo, que el sol es de tal tamaño o de tal figura; o son concebidas menos clara y distintamente, como la luz, el sonido, el dolor y otras semejantes, es cierto que aun siendo dudosas y obscuras, tenemos los medios de conocerlas con evidencia; porque Dios no me engaña, y, por consiguiente, no permite que pueda haber alguna falsedad en mis opiniones, careciendo yo de una facultad para corregirla. Es indudable que en todo lo que enseña la naturaleza, hay algo de verdad; porque por la naturaleza, considerada en general, no entiendo otra cosa sino Dios mismo, o mejor, el orden y la disposición que Dios ha establecido en las cosas creadas; y por mi naturaleza, en particular, entiendo la complexión o conjunto de las cosas que Dios me ha dado.

Esta naturaleza no puede enseñarme ciertas cosas más expresa y sensiblemente que lo hace; me enseña que tengo un cuerpo en mala disposición, cuando siento dolor; que necesito comer o beber, cuando experimento las sensaciones del hambre o de la sed, etc. Por lo tanto, no debo dudar de que en todo esto hay alguna verdad. La naturaleza me enseña también por esas sensaciones de dolor, hambre, sed, etc., que no sólo habito mi cuerpo sino que estoy unido a él tan estrechamente y de tal modo confundido y mezclado con mi cuerpo que componemos un todo. Si así no fuera, cuando mi cuerpo está herido, no sentiría yo dolor, puesto que soy una cosa que piensa, y percibiría la herida únicamente por el entendimiento, como el piloto percibe por la vista el desperfecto de su barco; cuando mi cuerpo necesita comer o beber, me limitaría a conocerlo simplemente, hasta sin ser advertido por las confusas sensaciones del hambre y de la sed, porque estas sensaciones no son, en efecto, más que ciertas maneras confusas de pensar, que dependen y provienen de la unión y como mezcla del espíritu y el cuerpo.

Además de eso, la naturaleza me enseña que otros muchos cuerpos existen alrededor de mí y que debo huir de unos y perseguir a otros. De las diferentes clases que percibo de colores, olores, sabores, sonidos, calor, dureza, etc., concluyo que hay en los cuerpos de donde proceden estas diversas percepciones de los sentidos, algunas variedades que están en armonía con aquellas diferentes clases de colores, olores, etc.; y como de esas diversas percepciones, unas me son agradables y desagradables las otras, no hay duda de que mi cuerpo, o yo completo, en tanto estoy compuesto de cuerpo y alma, puedo recibir diversas comodidades o incomodidades de los cuerpos que me rodean.

Pero hay otras cosas que parece me ha enseñado la naturaleza, y lejos de ser así, se han introducido en mi espíritu por cierta costumbre que tengo de juzgar inconsideradamente las cosas, y por eso suele ocurrir que contengan alguna falsedad; por ejemplo: cuando en el espacio no hay objeto alguno que se mueva e impresione mis sentidos, formo la opinión de que está vacío; creo que en un cuerpo caliente, hay algo semejante a la idea del calor que existe en mí; que en un cuerpo blanco o negro, hay la misma blancura o negrura que siento; que en un cuerpo amargo o dulce, hay el mismo gusto o el mismo sabor; que los astros, las torres y demás cuerpos lejanos son del tamaño y figura que representan vistos a distancia, etc.

Con objeto de que no exista algo que yo no conciba distintamente, debo definir con precisión lo que entiendo propiamente cuando digo que la naturaleza me enseña alguna cosa. Tomo aquí la naturaleza en una significación más restringida que cuando la llamo conjunto o complexión de todas las cosas que Dios me ha dado: esta complexión o conjunto comprende muchas cosas que no pertenecen más que al espíritu, de las cuales no hablo al referirme aquí a la naturaleza; por ejemplo: la noción que tengo de lo que ha sido hecho no puede no haber sido hecho, y otras muchas que conozco por la luz natural, sin la ayuda del cuerpo. La naturaleza considerada como complexión o conjunto de las cosas que Dios me ha dado, comprende también otras cosas que no se refieren más que al cuerpo, y que no comprendemos aquí al hablar de la naturaleza, por ejemplo: la cualidad del cuerpo de ser pesado. Cuando digo que la naturaleza me enseña, me refiero solamente a las cosas que Dios me ha dado como compuesto de espíritu y cuerpo.

Esta naturaleza me enseña a huir de lo que me causa sensación de dolor, y me lleva a las cosas que me producen sensación de placer;

pero de esas diversas precepciones de los sentidos, nada debemos concluir relativamente a las cosas que están fuera de nosotros, sin que el espíritu las haya examinado cuidadosamente, porque el conocer la verdad de estas cosas corresponde sólo al espíritu, y no al compuesto de espíritu y cuerpo. Así, aunque una estrella no produzca en mis ojos más impresión que la llama de una vela, no hay en mí ninguna facultad real o natural que me induzca a creer que aquélla no es más grande que esta llama, y, sin embargo he creído que sí en mis primeros años, sin ningún fundamento razonable. Aproximando la mano a la llama siento calor, y si la aproximo demasiado siendo dolor, y no obstante no existe razón alguna que pueda persuadirme de que hay en el fuego de la llama algo semejante a ese calor y a ese dolor; solamente yo tengo razón para creer que hay una cosa en la llama, que excita en mí las sensaciones de calor y dolor. Si en un espacio no encuentro nada que se mueva y excite mis sentidos, no debo afirmar que ese espacio no contiene ningún cuerpo, en este y en otro muchos ejemplos parecidos acostumbro a pervertir y confundir el orden natural, porque no habiendo sido puestas en mí tales sensaciones y percepciones más que para significar a mi espíritu las cosas convenientes o perjudiciales al compuesto de que forma parte, me sirvo de ellas como si fueran reglas muy ciertas para conocer inmediatamente la esencia y naturaleza de los cuerpos exteriores; y sólo me dan nociones sumamente confusas y obscuras.

Ya he examinado en otro lugar cómo, a pesar de la soberana bondad de Dios, existe falsedad en los juicios que formamos del modo indicado. Una dificultad se presenta todavía, relativa a las cosas que según la naturaleza debo seguir o evitar, y a las sensaciones interiores que esas cosas suscitan; porque me parece que he observado algún error en esas enseñanzas naturales, y hasta he sido directamente engaño por la naturaleza. Por ejemplo: el gusto agradable de una vianda, en la cual haya veneno, puede invitarme a tomar el veneno, y de este modo engañarme. Claro es que la naturaleza tiene excusa en este caso, porque ella me lleva a desear la vianda en que se encuentra un sabor agradable, y no a desear el veneno, que le es desconocido; de aquí no debo concluir sino que mi naturaleza no conoce entera y universalmente las cosas. No hay que extrañarse de ello puesto que, siendo el hombre una naturaleza finita, su conocimiento es de una perfección limitada.

Pero nos equivocamos con bastante frecuencia en las cosas a que no nos inclina directamente la naturaleza, como ocurre a los enfermos cuando desean comer o beber cosas que les pueden perjudicar. Se dirá, tal vez, que la causa de su equivocación es que su naturaleza está corrompida; pero esto no es razón porque un hombre enfermo es también una criatura de Dios, tanto como un hombre en plena salud, y repugna a la divina bondad que tenga una naturaleza que esté obscurecida irremisiblemente por el error. Así como un reloj, compuesto de ruedas, y contrapesos, no observa menos exactamente todas las leyes de la naturaleza cuando está mal hecho y no marca bien las horas, que cuando satisface por entero el deseo del obrero: del mismo modo, si yo considero el cuerpo del hombre como una maquina compuesta de huesos, nervios, músculos, venas, sangre y piel, que no dejara de moverse como lo hace cuando no se mueve por la dirección de la voluntad o por el auxilio del espíritu sino por la sola disposición de los órganos, reconozco que tan natural como es que el hombre beba cuando tiene la garganta seca, aunque no sea inclinado a la bebida, lo es que el hidrópico, para no sufrir esa sequedad de la garganta, esté dispuesto a mover sus nervios y las demás partes de su cuerpo en la forma requerida para beber, aumentando así su mal y perjudicando su salud gravemente. Y aunque, fijándome en el uso a que el obrero ha destinado su reloj, pueda decir que se aparta de su naturaleza, cuando no marca bien las horas; y aunque de la misma manera considerando la máquina del cuerpo humano como formada por Dios para tener en sí los movimientos propios del hombre, pueda pensar que no sigue el orden de su naturaleza cuando su garganta está seca y el beber daña a la salud —reconozco, sin embargo, que este modo de explicar la naturaleza es muy diferente del otro porque éste no es más que cierta denominación exterior, que depende enteramente de mi pensamiento, que compara un hombre enfermo y un reloj mal hecho con la idea que tengo de un hombre sano y un reloj bien hecho, la cual nada significa que se encuentre efectivamente en la cosa de que se dice; en cambio, por el otro modo de explicar la naturaleza, entiendo algo que se encuentra verdaderamente en las cosas, y por lo tanto tiene alguna realidad. Aunque sea una denominación exterior el afirmar respecto a un cuerpo hidrópico, que su naturaleza está corrompida cuando sin necesidad de beber tiene la garganta seca, con respecto al compuesto, es decir, al alma o espíritu unido al cuerpo, no es una pura denominación sino un verdadero error de naturaleza, puesto que el hidrópico tiene sed cuando el beber le es perjudicial. Hemos de examinar, por lo tanto, cómo la bondad de Dios no impide que la naturaleza del hombre se equivoque de una manera tan nociva para él.

Para comenzar este examen he de observar, ante todo, que existe una gran diferencia entre el espíritu y el cuerpo, porque aquél es indivisible y éste divisible. Con efecto, cuando me considero en tanto no soy más que una cosa que piensa, no puedo distinguir en mí partes; antes bien, conozco que soy una cosa absolutamente una y entera; y aunque todo el espíritu parece unido al cuerpo, cuando un pie, un brazo, cualquier otro miembro es separado del cuerpo conozco perfectamente que mi espíritu no pierde nada; las facultades de querer, sentir, concebir, etc., no deben llamarse partes, porque es el espíritu *todo entero* el que quiere, siente, concibe, etc. En las cosas corporales o extensas ocurre todo lo contrario; la más pequeña, puede ser dividida por mi espíritu en multitud de partes con la mayor facilidad. Esto debiera enseñarme que el espíritu o el alma del hombre es enteramente diferente del cuerpo.

Observo también que el espíritu no recibe inmediatamente la impresión de todas las partes del cuerpo, sino sólo del cerebro o tal vez de una de sus más pequeñas partes, de aquella en que se ejercita la facultad llamada sentido común, la cual siempre que está dispuesta de la misma manera hace sentir lo mismo en el espíritu, aunque las demás partes del cuerpo puedan estar diversamente dispuestas, como lo atestiguan infinidad de experiencias que no es necesario referir aquí.

Observo, además, que es tal la naturaleza del cuerpo, que ninguna de sus partes puede ser movida por otra un poco lejana, sino lo puede ser también por cada una de las partes que están entre las dos, aunque la más lejana permanezca inactiva. Por ejemplo en la cuerda A B C D, si se tira y mueve la última parte D, la primera A se moverá como si se tirara de una de las partes medias B o C, aun permaneciendo inmóvil la última. De la misma manera, cuando siento dolor en el pie, la física me enseña que esta sensación se comunica por medio de los nervios dispersos en el pie que, extendiéndose desde éste hasta el cerebro, cuando son puestos en tensión por la parte del pie, el movimiento sube al cerebro por toda la longitud del nervio y allí excita el movimiento instituido por la naturaleza para hacer sentir el dolor en el espíritu como si estuviera en el pie; pero para que los nervios se extiendan desde el pie hasta el cerebro, han de pasar por la pierna, muslo, costado, espalda y cuello; y puede ocurrir que las extremidades de los nervios que están en el pie no sean impresionadas, sino algunas de sus partes que pasan por el costado o por el cuello; y esto, no obstante, excita los mismos movimientos en el cerebro, que podrían ser excitados por una herida recibida en el pie, por lo cual será necesario que el espíritu sienta en el pie el mismo dolor que si hubiera recibido una herida. De modo semejante es preciso juzgar de la demás percepciones de nuestros sentidos.[25]

Finalmente, si cada uno de los movimientos que se producen en la parte del cerebro en que el espíritu recibe inmediatamente la impresión, no le hace experimentar más que una sola sensación, no se puede desear ni imaginar nada mejor, sino que ese movimiento haga sentir al espíritu, entre todas las sensaciones que es capaz de causar, la más propia y más ordinariamente útil a la conservación del cuerpo humano, cuando la salud es perfecta; la experiencia nos

---

[25] Doctrina del mecanicismo, cuyo desarrollo se halla en *Los Principios de la Filosofía.*

muestra que todas las sensaciones que la naturaleza nos ha dado son como acabo de decir; por lo tanto, nada se encuentra en ellas que no atestigüe el poder y la bondad de Dios.

Por ejemplo, cuando los nervios del pie son movidos fuertemente y más, que de ordinario, su movimiento pasando por la médula llega al cerebro y produce en el espíritu una impresión que le hace sentir alguna cosa, dolor, como en el pie, y así el espíritu queda advertido e inclinado a realizar lo que pueda para rechazar la causa como peligrosa y perjudicial al pie. Cierto es que Dios podía haber establecido la naturaleza del hombre de tal suerte que ese mismo movimiento en el cerebro hiciera sentir otra cosa en el espíritu, por ejemplo: que se hiciera sentir por sí mismo, estando en el cerebro, estando en el pie, o en algún otro sitio entre el pie y el cerebro. Cuando necesitamos beber, de esta necesidad nace cierta sequedad en la garganta, que mueve los nervios, y por medio de éstos, las partes interiores del cerebro; este movimientos produce en el espíritu la sensación de la sed, porque en esta ocasión nada nos es más útil que el saber que necesitamos beber para la conservación de nuestra salud.

A pesar de la soberana bondad de Dios, es indudable que la naturaleza del hombre en cuanto está compuesta de espíritu y cuerpo, es, en ocasiones engañosa. Si hay alguna causa que excita, no en el pie sino en una parte del nervio que va desde aquél hasta el cerebro mismo, el movimiento que se produce ordinariamente cuando el pie se halla en mala disposición, se sentirá dolor si fuera en el pie, y el sentido habrá sufrido una equivocación natural; porque no pudiendo causar un mismo movimiento en el cerebro más que una misma sensación en el espíritu, y siendo, por lo general, excitada esta sensación por una causa que hiere el pie, es más razonable que vaya al espíritu el dolor del pie que el de otra cualquier parte del cuerpo. Si a veces sucede que la sequedad de la garganta no procede de la necesidad de beber para la salud del cuerpo sino de otra causa contraria, como ocurre a los hidrópicos, es, sin embargo, mucho mejor que engañe en este caso, y no cuando el cuerpo está con plena salud y en excelente disposición.

Esta consideración me sirve no sólo para reconocer los errores a que está sometida mi naturaleza, sino para evitarlos y corregirlos con mayor facilidad: porque sabiendo que mis sentidos me significan más frecuentemente lo verdadero que lo falso en las cosas relativas a las comodidades e incomodidades del cuerpo; pudiéndome servir de varios de ellos para examinar una misma cosa; y siendo posible usar la memoria, para unir y enlazar los conocimientos presentes a los pasados, el entendimiento, que ha descubierto ya las causas de mis errores, no debo temer en adelante que se encuentre falsedad en las cosas más ordinariamente representadas por mis sentidos.

Debo rechazar las dudas de estos días pasados, como hiperbólicas y ridículas, particularmente esa inseguridad tan general relativa al sueño que no podía distinguir de la vigilia; porque encuentro una diferencia muy grande: nuestra memoria no puede enlazar unos sueños con otros ni con el resto de la vida, y en cambio puede enlazar las cosas que nos ocurren estando despiertos. Con efecto, si estando despierto, se me apareciera alguno de repente y desapareciera en seguida, como las imágenes en el sueño, de modo que yo no pudiera enterarme de dónde venía ese hombre ni adónde iba, con razón le creería un espectro o un fantasma formado en mi cerebro, semejante a los que en él se forman cuando duermo, y no un hombre como los que vemos todos los días. Pero cuando percibo cosas que conozco distintamente, el lugar de donde proceden, el lugar en que están, el tiempo en que se me presentan y, sin ninguna interrupción, puedo enlazar la sensación que me han producido con los demás acontecimientos de mi vida, estoy completamente seguro de que no duermo y de que conozco distintamente los objetos. No debo, en modo alguno, dudar de la verdad de esas cosas, si después de percibidas por todos los sentidos, con el auxilio de la memoria y del entendimiento, no existe ninguna contradicción entre los datos aportados por estos medios de nuestro conocimiento. Si Dios no nos engaña, no soy engañado; pero como la necesidad de los asuntos prácticos obliga a determinarse antes de haberlos examinado cuidadosamente, es preciso confesar que la vida del hombre está sujeta a muchos errores en las cosas particulares. Es necesario reconocer la flaqueza y debilidad de nuestra naturaleza.

REGLAS PARA LA DIRECCIÓN DEL ESPÍRITU

Versión española de Manuel Machado, revisada.

ANÁLISIS

Este tratado constituye, de fijo, lo más valioso que pudo rescatarse de los manuscritos encontrados en Estocolmo, 1680, ya muerto Descartes. Se conoce bien la historia de ellos. El embajador del rey de Francia ante la reina Cristina de Suecia, reunió estos papeles e hizo un inventario de ellos. En tal inventario, las *Reglas* figuran bajo el siguiente marbete: "Nueve cuadernos, empalmados, que contienen parte de un tratado acerca de reglas útiles y claras para la dirección del espíritu y la rebusca de la verdad." Poco después el embajador envió los dichos manuscritos inventariados a su yerno Clerselier, gran amigo de Descartes y traductor de las *Objeciones y Respuestas* que aparecen como apéndice de las *Meditaciones metafísicas*.

Las *Reglas* fueron compuestas en latín bajo el título de *Regulae ad directionem ingenii*.* Como ya quedó dicho, se dieron a la estampa en 1701, cincuenta años después de la muerte de Descartes, y setenta y un años tras de haberse redactado. La primera edición de ellas, en Amsterdam, formó parte de una obra intitulada *Opuscula posthuma physica et mathematica*.

Ya con anterioridad, empero, algunos conocieron el texto de las *Reglas,* por ejemplo, Antonio Arnault y Pedro Nicole, quienes las utilizan en su célebre *Lógica de Port-Royal,* y A. Baillet, quien las mencionan varias veces en su *Vie de M. Descartes.* Y es que desde la muerte de Descartes circularon varias copias del reiterado opúsculo filosófico, de las cuales llegó Leibniz a poseer una, encontrada más tarde en sus papeles en la Universidad de Hanover, y que ha servido, según juicio de André Bridoux, a manera de control de la edición de Amsterdam; toda vez que se perdió el manuscrito original enviado a Clerselier.

El tratado de las *Reglas* es una obra inconclusa. Fue el resultado de todas sus experiencias metodológicas desde 1619, fecha de la inspiración filosófica acerca de la unidad y enriquecimiento del saber humano, hasta fines de 1628 o principios de 1629.

Conforme al plan del autor, debía el tratado comprender treinta y seis reglas, divididas en tres partes de doce reglas cada una. Las reglas

---

* El término latino *ingenium* se traduce por *espíritu.* Significa la capacidad pensante del hombre que abarca tanto el entendimiento como la imaginación, la memoria como la percepción.

son, según expresión del propio Descartes, o proposiciones simples o cuestiones. La primera parte ofrece las proposiciones simples; así llamadas porque preparan de manera innata y normal el uso de la razón. La segunda y tercera partes suministran las cuestiones. De éstas (las de la segunda parte) unas se comprenden perfectamente en su mero enunciado, aunque se ignore su solución; otras (las de la tercera parte) no son comprendidas a primera vista de manera cabal. Las explicaciones de ellas, empero, han de dar los elementos para colmar tal deficiencia.

El proyecto no fue realizado. Sólo la primera parte quedó concluida. De la segunda únicamente hay redactadas nueve reglas (XIII-XXI), amén de que carecen de explicación las tres últimas. De la tercera parte nada existe. ¿Por qué? ¿Otros trabajos le ocuparon el tiempo? ¿Cambió de proyecto? No es posible responder.

Por lo que toca a su contenido, cabe señalar que las reglas de la primera parte son universales, aplicables, por tanto, a todo género de conocimientos. Las reglas de la segunda parte conciernen a cuestiones matemáticas, de las cuales su enunciado se comprende de suyo; no, por cierto, su solución. Las reglas de la tercera parte tocarían cuestiones de física, ello es, cuestiones comprendidas de manera incompleta en su formulación temática.

Las *Reglas* y el *Discurso del Método* se complementan en su contenido. El *Discurso* es la historia, dramática y apasionada, de la doctrina cartesiana. Las *Reglas,* en cambio, el rendimiento sistemático del proceder metódico en su etapa de gestación. La circunstancia, empero, de que el *Discurso* haya sido redactado (1637) posteriormente a las *Reglas,* permitió a Descartes afinar algunos pensamientos, dándoles acaso mayor concisión y aplicabilidad; lo cual permite confirmar la evolución de su pensamiento.

REGLA PRIMERA

DIRIGIR EL ESPÍRITU DE MANERA QUE FORME JUICIOS SÓLIDOS Y VERDADEROS
DE TODO LO QUE SE LE PRESENTA: TAL DEBE SER EL FIN DE LOS ESTUDIOS

Cuando percibimos entre dos cosas alguna semejanza, tenemos la
costumbre de referir a las dos lo que de verdadero hemos encontrado
en una de ellas, aun cuando difieran y no sea, por lo tanto, aplicable
a ambas lo descubierto en una.

Así, comparamos las ciencias, que no consisten más que en el trabajo del espíritu, con las artes, que requieren cierta práctica y cierta
disposición del cuerpo; y viendo que un hombre no puede aprender
todas las artes a la vez el que cultiva una sola es más fácilmente un gran
artista o un excelente artesano, porque el tañer la lira y el labrar la
tierra son cosas harto difíciles para un solo hombre; y más racional y
conveniente que el ejercicio de varias artes a la vez es el dedicarse a una
de ellas con preferencia a todas las demás —creemos que lo mismo
sucede con las ciencias, las distinguimos por la diversidad del objeto
que estudian, y afirmamos que cada una ha de estudiarse aparte, haciendo omisión de las otras.

Es preciso combatir ese error tan generalizado. Las ciencias todas,
no son más que la inteligencia humana, que es siempre una y siempre la misma, por grande que sea la variedad de su objeto, como la luz
del sol es una, por múltiples y distintas que sean las cosas que ilumina. Ninguna limitación debe imponerse al espíritu. Si el ejercicio de
un arte impide que aprendamos otro, no ocurre lo mismo en el campo de las ciencias; el conocimiento de una verdad, lejos de ser un
obstáculo nos ayuda a descubrir otra.

Paréceme muy extraño que la mayor parte de los hombres, estudien con el más escrupuloso cuidado, las propiedades de las plantas,
los movimientos de los astros, la transmutación de los metales y otras
materias semejantes, y muy pocos se ocupen de la inteligencia o de
esta ciencia universal de que hablamos. Y, sin embargo, aquellos estudios tienen menos valor por lo que en sí contienen, que por ser de
alguna utilidad para el otro.

Por estas razones, colocamos esta regla al frente de todas las otras;
nada nos aparta tanto del camino recto de la verdad, como el dirigir

nuestros estudios, no al fin general que acabamos de exponer, sino a fines particulares.

No me refiero a fines malos y condenables como la vanidad inmoderada o el lucro vergonzoso, porque es evidente que la impostura y las astucias e intrigas de los espíritus vulgares, conducen a esos fines por un camino mucho más corto que el conocimiento cierto de la verdad.

Me refiero a fines loables y rectos, pero que sin darnos cuenta nos desvían del verdadero camino; por ejemplo, el deseo de adquirir las ciencias útiles, bien por las ventajas que nos proporcionan, bien por el placer que encontramos en la contemplación de la verdad, placer que en este mundo es casi la única felicidad no turbada por el dolor. Frutos legítimos son estos que podemos prometernos del cultivo de las ciencias; pero si en el curso de nuestros estudios pensamos demasiado en esos fines, corremos el riesgo de omitir muchas cosas necesarias, aunque a primera vista nos parezcan de poca utilidad o de poco interés. Es, pues, indispensable que lleguemos a convencernos de que todas las ciencias están tan íntimamente relacionadas, que más fácil es aprenderlas todas a la vez que aprender una sola, separándola por completo de las demás.

El que quiera indagar concienzudamente la verdad, no debe dedicarse al estudio de tal o cual ciencia, porque todas mantienen, como ya hemos dicho, íntimas conexiones entre sí y dependen unas de otras; debe procurar, ante todo, aumentar las luces naturales de su razón, no para resolver dificultades de escuela, sino para que en todas las circunstancias de la vida, la inteligencia muestre a la voluntad el camino que ha de seguir.

El que tal hiciere, verá cómo en poco tiempo ha conseguido progresos maravillosos y superiores a los obtenidos por los que se dedican a estudios especiales; y si no ha logrado los fines particulares que éstos pretendían, ha llegado a un objeto mucho más elevado, inaccesible a los que especializan su inteligencia.

REGLA II

DEBEMOS OCUPARNOS SOLAMENTE DE AQUELLOS OBJETOS QUE PUEDEN SER CONOCIDOS POR NUESTRO ESPÍRITU DE UN MODO CIERTO E INDUBITABLE

Toda ciencia es un conocimiento cierto y evidente; el hombre que duda mucho no es más sabio que el que nunca ha pensado; y hasta le considero como menos sabio, si ha formado falsas ideas sobre ciertas cosas. Vale más no estudiar que ocuparse de objetos tan difíciles y tan confusos que nos obliguen —no pudiendo distinguir lo verdadero de lo falso— a admitir lo dudoso como cierto, porque en este estudio más peligro hay de disminuir nuestra ciencia que esperanza de aumentarla.

Por esta regla rechazamos los conocimientos probables y establecemos el principio de que sólo debemos aceptar los conocimientos ciertos y que no dejen lugar a la más pequeña duda. Los sabios están persuadidos de que estos conocimientos son muy raros. Por una extravagancia o capricho muy generalizado entre los espíritus vulgares, han olvidado conocimientos muy fáciles, tan fáciles que están al alcance de todo el mundo. Esos conocimientos son muchos más de los que creen los sabios, y bastan para demostrar sólidamente multitud de proposiciones sobre las cuales esos sabios no han podido fundar más que opiniones probables. Pero como es indigno de un profesional de la sabiduría el confesar que se ignora algo, adornaron con falsas razones la probabilidad de esas opiniones, terminaron por persuadirse de ellas y las dieron por verdaderas.

Si observamos fielmente esta regla, encontraremos en el estudio muy pocas cosas que puedan convencernos con las más completa evidencia, porque apenas si hay algo en las ciencias que no haya suscitado discusiones entre los hombres de estudio. Cuando dos de éstos tienen distintas opiniones sobre una cosa, de seguro que uno de ellos se equivoca, o mejor dicho, se equivocan los dos, porque si las razones del uno fueran ciertas y evidentes, podría exponerlas al otro de tal manera que terminaría por convencerle. De esta consideración deduzco que no podemos adquirir el conocimiento completo de todas las cosas sobre las cuales no se han formando más que opiniones probables, porque, sin incurrir en presunción, no debemos esperar que realicemos nosotros lo que los demás no han realizado. Si nuestro cálculo es exacto, de todas las ciencias conocidas, sólo al estudio de la aritmética y de la geometría, nos lleva la observación de esta regla.

A pesar de lo que vengo diciendo no condeno la forma en que hasta ahora se ha filosofado, ni el empleo de silogismos probables, armas propias de las discusiones en las escuelas, porque con ellas se ejercita la inteligencia de los jóvenes y por la emulación se les incita al estudio. Es mucho mejor enseñarles esas opiniones —aunque sean inciertas, y prueba de que lo son es lo muy controvertidas que por los sabios han sido— que abandonarlas a sus propias fuerzas, porque sin guía caerían en el abismo del error. Marchando sobre las huellas que sus profesores les han marcado —aunque a veces se aparten de la verdad— siguen una ruta más segura, en cuanto ha sido explorada por hombres hábiles. Yo mismo, me siento satisfecho de haber sido educado de este modo; pero ahora, que estoy desligado de la cadena que me unía al maestro y me he sustraído a la tutela que me imponían sus enseñanzas,[1] si quiero establecer reglas con cuyo auxilio me eleve a

---

[1] Este lugar exhibe a las claras que las *Reglas* fueron redactadas antes que el *Discurso* y las *Meditaciones*. De otra suerte no se habría expresado de tal manera de sí mismo.

la cumbre de los conocimientos humanos, he de colocar en primer término la que nos prohíbe perder el tiempo como hacen muchos, que desprecian los estudios sencillos y no se ocupan más que de cosas difíciles. Sobre éstas, forman ingeniosamente las conjeturas más sutiles y los más probables razonamientos, y después de muchos esfuerzos, observan demasiado tarde que han aumentado la suma de sus dudas, sin adquirir ninguna ciencia.

Hemos dicho que de todas las ciencias conocidas, la aritmética y la geometría eran las únicas exentas de falsedad e incertidumbre. Para hacer ver con la debida amplitud la exactitud de nuestras palabras conviene tener en cuenta ante todo que los dos únicos caminos para llegar al conocimiento de las cosas, son la experiencia y la deducción.

La experiencia nos engaña frecuentemente; la deducción, o en otros términos, la operación por la cual se infiere una cosa de otra, puede faltar en el caso de que no se perciba, pero la inteligencia menos a propósito para el razonamiento, no puede hacerla mal. Las reglas, que más parecen trabas, por las cuales los dialécticos creen dirigir la razón humana, me parecen de muy discutible utilidad, aunque no niego que sean muy convenientes para otros usos. Los errores en que suelen caer los hombres, nunca nacen de una mala inducción, sino del establecimiento como principios de ciertas experimentaciones mal comprendidas, y de juicios temerarios y sin ningún fundamento.

Todo esto nos muestra claramente que la aritmética y la geometría son mucho más ciertas que las demás ciencias. Su objeto es tan claro y tan sencillo que no es necesario hacer ninguna suposición que la experiencia pueda poner en duda, porque lo mismo la aritmética que la geometría consisten en una serie de consecuencias a deducir por la vía del razonamiento.

Por consiguiente, son las más fáciles y evidentes de todas las ciencias y su objeto es tan sencillo que a menos de adolecer de una extremada inadvertencia, nadie puede extraviarse en su estudio, ni encontrar dificultades insuperables.[2]

Sin embargo, no debemos extrañarnos de que muchos espíritus cultos se dediquen con preferencia a la filosofía, a otros estudios, porque en las materias confusas y obscuras hay más ancho campo para fantasear y divagar; y es mucho más fácil hacer conjeturas en una cuestión cualquiera que llegar a la verdad, por muy llano que sea el camino.

De las consideraciones precedentes, no deduzco que únicamente debemos aprender la aritmética y la geometría; trato solamente de hacer ver que los que buscan el camino recto de la verdad, no deben ocuparse de lo que no ofrezca una certeza igual a la de las demostraciones de la aritmética y de la geometría.

---

[2] Para entender la evolución del pensamiento cartesiano, véase el texto final de la segunda parte del *Discurso*.

REGLAS PARA LA DIRECCIÓN DEL ESPÍRITU.—III   113

REGLA III

ACERCA DE LOS OBJETOS POR CONSIDERAR HAY QUE BUSCAR NO LAS OPINIONES DE LOS DEMÁS O LAS PROPIAS CONJETURAS, SINO LO QUE SE PUEDE VER POR INTUICIÓN CON CLARIDAD Y EVIDENCIA, O DEDUCIR CON CERTEZA: PORQUE LA CIENCIA DE ESE Y NO DE OTRO MODO SE ADQUIERE

Debemos leer las obras de los antiguos, porque es una ventaja grande el aprovechar los trabajos de tantos hombres, para conocer lo que de bueno inventaron, y para saber lo que resta por descubrir en todas las ciencias.

No obstante, ha de temerse que una lectura demasiado atenta introduzca en nuestro espíritu, sin que nos demos cuenta por grande que sea nuestra desconfianza, algunos errores de estas obras.

Acostumbran los escritores, cuando por credulidad o irreflexión han adoptado alguna opinión controvertida, a exponer los argumentos más sutiles para hacérnosla compartir; en cambio cuando encuentran algo cierto y evidente lo exponen en una forma ambigua, ya por temor a que la sencillez de las pruebas disminuya el mérito de su descubrimiento, ya porque nos envidian el conocimiento distinto de la verdad.

Aun en el caso de que todos fueran claros y sinceros y no nos presentaran con apariencia de ciertas las cosas dudosas, como apenas existe una sola opinión que no haya dado lugar a controversias y divisiones, no sabríamos nunca a quién creer y de nada serviría el contar los sufragios para aceptar la opinión que mayor número de ellos reuniera, porque tratándose de una cuestión difícil es muy posible que la minoría hubiera encontrado la verdadera solución.

Pero voy más allá. Aun cuando todos estuvieran de acuerdo, su doctrina no nos bastaría; nunca seremos matemáticos, aunque sepamos de memoria las demostraciones inventadas por los demás, si nuestro espíritu no es capaz de resolver por sí mismo toda clase de problemas; nunca seremos filósofos, aunque hayamos leído todos los razonamientos de Platón y Aristóteles, si no podemos formar un juicio sólido sobre cualquier proposición; porque eso sería aprender historia, pero no ciencias.[3]

Hemos de procurar también, no mezclar ninguna conjetura con nuestros juicios sobre la verdad de las cosas. Esta advertencia tiene extraordinaria importancia. En efecto: la razón de que en la filosofía corriente no encontremos nada suficientemente cierto para no dar lugar a discusión, es que los sabios, no satisfechos con el conocimiento de las cosas claras y ciertas, han afirmado antes de tiempo cosas obscuras y

---

[3] A principios del siglo XVII, la historia era vista en ciertos círculos filosóficos como algo anecdótico y literario.

desconocidas a las que no podrían llegar sino después de una serie de probables conjeturas; y añadiendo gradualmente un sistema entero, han terminado por no establecer ninguna idea que no parezca depender de alguna proposición obscura e incierta.

Para no caer en el mismo error, vamos a enumerar aquí todos los actos de nuestra inteligencia por los cuales podemos llegar al conocimiento de las cosas, sin temor al error. No admitimos más que dos: la intuición y la inducción.[4]

Entiendo por intuición, no la creencia en el variable testimonio de los sentidos o en los juicios engañosos de la imaginación —mala reguladora— sino la concepción de un espíritu sano y atento, tan distinta y tan fácil que ninguna duda quede sobre lo conocido; o lo que es lo mismo, la concepción firme que nace en un espíritu sano y atento, por las luces naturales de la razón. Como esta concepción es más sencilla, es también más segura que la deducción, aunque, como ya hemos dicho, ésta no puede ser mal hecha por el hombre. Así todos vemos por intuición, que existimos, que pensamos, que un triángulo está formado por tres líneas, que un globo no tiene más que una superficie, y otras verdades semejantes, más numerosas de lo que comunmente se cree por el desdén que sentimos a aplicar el espíritu a cosas sencillas.

Temo extrañar a algunos por el empleo nuevo de la palabra intuición y de otras cuya significación ordinaria me veré obligado a alterar; y, por eso declaro aquí, a modo de advertencia general, que no me inquieta el sentido que en estos últimos tiempos han dado las escuelas a esas expresiones, porque sería muy difícil servirse de los mismos términos para expresar ideas enteramente diferentes. Considero la significación de cada palabra en latín, y en defecto de la expresión propia, empleo metafóricamente los vocablos que me parecen más convenientes para dar a conocer mi pensamiento.

La intuición debe llevar consigo la certeza no sólo en las enunciaciones, sino en toda clase de razonamientos. Así, dado este resultado: dos y dos suman lo mismo que tres y uno, es preciso ver intuitivamente no sólo que dos y dos son cuatro, y que tres y uno también son cuatro, sino que hemos de comprender del mismo modo que la tercera proposición es consecuencia necesaria de las dos primeras.

Es posible que alguno se pregunte por qué además de la intuición he mencionado otro modo de conocer la deducción.

Antes de contestar a la pregunta, definamos la deducción. Consiste en una operación por la cual comprendemos todas las cosas que son consecuencia necesaria de otras conocidas por nosotros con toda certeza.

He colocado la deducción junto a la intuición porque hay muchas cosas que pueden ser conocidas con toda seguridad —aun no

---

[4] El texto latino dice aquí *inductio* en vez de *deductio*. Se trata de un error de imprenta, de fijo.

siendo evidentes por sí mismas— deduciéndolas de principios ciertos por un movimiento continuo y no interrumpido del pensamiento y con una clara intuición de cada cosa. De ese modo sabemos que el último anillo de una larga cadena está unido al primero —aunque no podemos abrazar con una sola ojeada todos los anillos intermedios que los unen— recorriéndolos sucesivamente y recordando que, desde el primero hasta el último todos se enlazan con el precedente y con el siguiente.

Distinguimos, pues, la intuición de la deducción cierta [5] en que en ésta se concibe un movimiento o cierta sucesión y en aquélla no; y en que la deducción no necesita, como la intuición, una evidencia presente, sino que, en cierto modo, la pide prestada a la memoria. De donde resulta que las proposiciones que son consecuencia inmediata de un primer principio pueden ser conocidas tanto por la intuición como por la deducción, según la manera de considerarlas; en tanto que los principios lo son solamente por la intuición, y las consecuencias lejanas no pueden serlo más que por la deducción.

Esas son las dos vías más seguras para llegar a la ciencia. Ninguna más debemos admitir; antes bien hemos de rechazarlas por sospechosas y sujetas a error.

Esto no nos impide creer que las cosas reveladas por Dios son las más ciertas de todas las que conocemos, puesto que la fe que en ellas tenemos, como en todas las cosas obscuras, es un acto no del espíritu sino de la inteligencia y de la voluntad. Si esa fe tiene un fundamento en nuestra inteligencia es principalmente por una de las vías indicadas por donde podemos y debemos encontrarlo, como algún día demostraremos extensamente.

REGLA IV

EL MÉTODO ES NECESARIO PARA LA INVESTIGACIÓN DE LA VERDAD

Los mortales tienen en ocasiones una curiosidad tan ciega que dirigen su espíritu por vías desconocidas, sin ninguna esperanza y únicamente por ver si la casualidad les depara lo que buscan, a semejanza del que devorado por el insensato deseo de descubrir un tesoro, recorriese sin cesar todos los caminos por si algún viajero lo hubiera enterrado en uno de ellos. Así estudian casi todos los químicos, la mayor parte de los geómetras y muchos filósofos.

No niego que en medio de sus errores tengan a veces la fortuna de encontrar alguna verdad; pero no por esto son más hábiles; en

---

[5] *Deducción cierta* es, en el lenguaje de Descartes, una tautología, pues la inferencia deductiva es para él cierta por principio.

todo caso serán más afortunados. Mejor que buscar la verdad sin método es no pensar nunca en ella, porque los estudios desordenados y las meditaciones obscuras turban las luces naturales de la razón y ciegan la inteligencia. El que se acostumbra a ir entre tinieblas pierde la vista de tal manera que luego no puede soportar la claridad del día. La experiencia confirma esta verdad: frecuentemente vemos que los que nada han estudiado juzgan de las cosas que a su inteligencia se presentan con más claridad y solidez que los que han frecuentado las escuelas.

Por método entiendo aquellas reglas ciertas y fáciles cuya rigurosa observación impide que se suponga verdadero lo falso, y hace que —sin consumirse en esfuerzos inútiles y aumentando gradualmente su ciencia— el espíritu llegue al verdadero conocimiento de todas las cosas accesibles a la inteligencia humana.

No suponer verdadero lo que es falso y llegar al conocimiento de todas las cosas. No hay que perder de vista estos fines del método.

Con efecto, si ignoramos alguna cosa de todo lo que podemos saber, es que no hemos descubierto ningún camino que nos conduzca a tal conocimiento o hemos incurrido en el error contrario. Pero si el método indica claramente el uso que hay que hacer de la intuición para no caer en el error opuesto a la verdad, y cómo ha de operarse la deducción para que alcancemos el conocimiento cierto de todas las cosas, nada más podemos exigirle para considerarle completo, puesto que, como ya he dicho, no hay ciencia posible más que con la intuición y la deducción.

El método no enseña, sin embargo, cómo hay que hacer estas operaciones, porque son las primeras y más sencillas de todas; de suerte que si nuestra inteligencia no supiera hacerlas antes, no comprendería ninguna de las reglas del método, por muy fáciles que fueran.

En cuanto a las otras operaciones del espíritu estudiadas por la dialéctica para ayudar a las dos primeras, son inútiles aquí, o por mejor decir, deben ser consideradas como obstáculos, porque nada se puede añadir a la pura luz de la razón que no la obscurezca de algún modo.

Puesto que la utilidad de este método es tan grande que el entregarse sin él al cultivo de las ciencias es más nocivo que provechoso, me inclino a creer que, hace mucho tiempo, los espíritus superiores lo entrevieron sin otra guía que las luces naturales de la razón. El espíritu humano encierra un no sé qué de divino en el cual fueron depositadas las primeras semillas de los pensamientos útiles que aun olvidadas y ahogadas por estudios contrarios no dejan de producir frutos espontáneos. Una prueba de ello tenemos en las ciencias más fáciles: la aritmética y la geometría. Los antiguos geómetras se servían de cierto análisis que extendían a la solución de todos los problemas. Y nosotros ¿no nos servimos de una especie de aritmética, denominada álgebra, que consiste en operar sobre un número lo que los antiguos operaban sobre figuras? Esas dos especies de análisis no son más que los frutos espontáneos de los principios innatos de este método; y no me extraña que aplicadas a los objetos tan sencillos de estas dos ciencias, hayan alcanzado un desenvolvimiento que no han obtenido al aplicarlos a las demás por los grandes obstáculos con que han tropezado, aunque debemos esperar que esas especies de análisis alcanzarán con un cultivo cuidadoso el mayor grado de perfección.

Ése es el fin principal de mi tratado, porque yo no haría gran caso de esas reglas si no fueran útiles más que para resolver los vanos problemas con que geómetras y calculistas han entretenido sus ocios. Entonces creería que me había ocupado de bagatelas un poco más sutiles que las demás pero como ellas, sin ninguna realidad práctica. Aunque en este tratado hable con frecuencia de figuras y números —ninguna ciencia hay a la que se puedan pedir ejemplos tan evidentes y tan ciertos— el que siga con atención mi pensamiento observará fácilmente que no es mi objetivo hablar de las matemáticas ordinarias sino exponer otra ciencia de la que aquéllas son la envoltura más bien que las partes.

Esta ciencia debe contener los primeros rudimentos de la razón humana y servir además para extraer de un objeto cualquiera de las verdades que encierre. Hablando con sinceridad he de confesar que ella es preferible a todos los conocimientos que los hombres nos han transmitido, porque es la fuente de donde brotan aquéllos. Si he hablado de envoltura no es que yo quiera encerrar en ella y sellar esta ciencia para apartarla de las miradas del vulgo; al contrario, quiero vestirla y adornarla de tal suerte que esté al alcance de todos.

Cuando me dediqué al estudio de las matemáticas leí la mayor parte de las obras de sus cultivadores; me detuve especialmente en la aritmética y en la geometría porque eran las más sencillas y antecedentes indispensables para el conocimiento de las demás; pero no encontré ningún autor que llegara a satisfacerme por completo. Sometiendo al cálculo sus proposiciones sobre los números, tenía que reconocer que la mayor parte eran exactas; en cuanto a las figuras, ponían bajo mis ojos un gran número de verdades, y las conclusiones y los resultados también eran exactos. Pero no me mostraban suficientemente por qué las cosas eran así y cómo se había llegado a descubrirlas. No me extrañaba, pues, que muchos hombres inteligentes e instruidos, después de haber comenzado el estudio de las matemáticas, las olvidaran por pueriles y vanas, o se detuvieran en su estudio por creerlas muy difíciles y embrolladas.

Nada más vacío que el ocuparse de nombres estériles y de figuras imaginarias, y el dedicarse al estudio de semejantes bagatelas. Nada más inútil que esas demostraciones superficiales descubiertas por casualidad más que por la ayuda de la ciencia, y que se dirigen a la imaginación y al sentido de la vista más que a la inteligencia, hasta el punto de perder en cierto modo el hábito de razonar. Nada más difícil que el distinguir, por este método, las nuevas dificultades que se presenten, de la confusión de números que las envuelven.

Pero cuando pretendía inquirir la razón de que los primeros inventores de la filosofía no quisieran admitir al cultivo de la sabiduría al que no poseía las matemáticas [6] como si esta ciencia les pareciera la más fácil y la más necesaria para formar y preparar el espíritu a comprender otras más altas, sospeché que los antiguos conocían ciertas matemáticas muy diferentes de las matemáticas vulgares de nuestro tiempo. No es que yo crea que ellos hayan conocido perfectamente esta ciencia; sus exagerados regocijos y los sacrificios que ofrecían a sus dioses cuando conseguían algún pequeño descubrimiento, prueban claramente lo poco adelantados que en este punto se hallaban. Sus invenciones, tan alabadas por algunos historiadores, no modifican mi opinión, porque aun siendo muy sencillas, no es extraño que fueran celebradas como prodigios por una multitud ignorante y fácil de maravillar.

Sin embargo, estoy convencido de que los primeros gérmenes de verdad depositados por la naturaleza en el espíritu del hombre y que nosotros ahogamos leyendo y escuchando diariamente tantos errores, tenían tal fuerza en la sencilla antigüedad, que los hombres, con la ayuda de las mismas luces naturales que les hacían ver que debe preferirse la virtud al placer y lo honesto a lo útil, aun ignorando la razón de esta preferencia, formaron ideas verdaderas sobre la filosofía y las matemáticas, aunque todavía no pudiesen comprender perfectamente estas ciencias.

Algunas huellas de estas matemáticas verdaderas se encuentran en Pappio [7] y Diofanto,[8] los cuales, sin pertenecer a las primeras edades, vivieron bastantes siglos antes que nosotros. Me inclina a creer que estos escritores han suprimido los pasajes de sus obras que trataban de esas matemáticas. Así como muchos artesanos ocultan el secreto de sus inventos, Pappio y Diofanto, temiendo tal vez que la facilidad y la sencillez de su método le hicieran perder su valor, prefirieron, para excitar la admiración de todos, presentarnos como productos de su ingenio algunas verdades estériles muy sutilmente deducidas, en lugar de mostrar el método de que se servían. De resucitar éste han tratado en el presente siglo algunos hombres de gran talento.

Método y no otra cosa parece lo que se designa con el extraño nombre de álgebra, con tal que se prescinda de la multiplicidad de números y figuras inexplicables que lo obscurecen; por este medio se

---

6 Esta alusión se refiere a Platón. Recuerde la amonestación de la Academia: "No entre aquí quien ignore la geometría."

7 Cfr. Gino Loria, *Historia de las matemáticas*. Vol. I, Roma, 1929.

8 A Diofanto se le considera por algunos historiadores de la matemática, como el padre de la aritmética moderna.

le puede dar esa claridad y facilidad suprema que creemos deben hallarse en las verdaderas matemáticas.

Habiéndome llevado estos pensamientos, del estudio especial de la aritmética y de la geometría a la investigación general de las matemáticas, me preguntaba cuál era la significación ordinaria de esta palabra y por qué eran consideradas como partes de las matemáticas, no sólo la aritmética y la geometría sino también la astronomía, la música, la óptica, la mecánica y otras varias ciencias. En efecto, no basta saber la etimología de la palabra, porque significando ciencia, las que acabo de enumerar tienen el mismo derecho que la geometría y la aritmética al nombre de matemáticas.

Todos, aun los que han estudiado muy poco en las escuelas, distinguen fácilmente, entre los objetos que se presentan a su consideración, los que se refieren a las matemáticas de los que pertenecen a otras ciencias. Reflexionando sobre esto más atentamente descubro que debemos referir a las matemáticas todas las cosas en que se examina el orden o la medida, importando poco se trate de números, figuras, astros, sonidos o de cualquier otro objeto si se investiga esa medida u orden. Debe, pues, existir una ciencia general que explique todo lo que podemos conocer relativo al orden y a la medida sin aplicación a ninguna materia especial. La denominación de esta ciencia no consiste en un nombre extranjero, sino en el antiguo y usual de matemáticas universales, porque contiene todos los elementos que han hecho llamar a las otras ciencias, partes de las matemáticas. La prueba de que esa ciencia general tiene más utilidad y es más fácil que las que de ella dependen, está en que se extiende a todos los objetos de las últimas y a muchos otros y aunque contiene algunas dificultades, éstas se encuentran lo mismo en las demás ciencias, las cuales contienen también otras dificultades procedentes de su objeto particular, de las que carece la ciencia general.

Y conociendo todo el mundo el nombre de esta ciencia y concibiendo su objeto aun sin necesidad de estudiarla ¿por qué la mayor parte de los hombres de estudio investigan trabajosamente el conocimiento de las otras ciencias que de aquella dependen y ninguno estudia la ciencia general fuente de las demás?

Pero yo, que tengo conciencia de mi escaso valer, me propongo observar constantemente en la adquisición de los conocimientos un orden que comenzando siempre las cosas más fáciles y sencillas no me permita pasar a otras sino cuando nada ignore de las primeras. Por eso he cultivado, en lo que de mí ha dependido, las matemáticas universales; de suerte que creo poder dedicarme al estudio de ciencias más altas sin que mis esfuerzos sean prematuros. Antes procuraré unir y poner en orden todo lo que en mis estudios precedentes he encontrado digno de observación, tanto para poder encontrarlo en este libro cuando de ello haya necesidad como para descargar mi memoria y llevar a los demás estudios un espíritu más libre.

REGLA V

EL MÉTODO CONSISTE EN EL ORDEN Y DISPOSICIÓN DE LAS COSAS A LAS QUE DEBEMOS DIRIGIR EL ESPÍRITU PARA DESCUBRIR ALGUNA VERDAD. LO SEGUIREMOS FIELMENTE SI REDUCIMOS LAS PROPOSICIONES OBSCURAS Y CONFUSAS A LAS MÁS SENCILLAS, Y SI, PARTIENDO DE LA INTUICIÓN DE LAS COSAS MÁS FÁCILES, TRATAMOS DE ELEVARNOS GRADUALMENTE AL CONOCIMIENTO DE TODAS LAS DEMÁS

En los anteriores preceptos está encerrada la perfección de la habilidad humana para la adquisición de la verdad. La observación de esta regla es tan necesaria al que quiera poseer la ciencia como el hilo de Teseo al que quería penetrar en el laberinto. Sin embargo, muchos no reflexionan en lo aconsejado por la regla o la ignoran o presumen que no la necesitan; y examinan con tan poco orden las cuestiones más difíciles que su modo de proceder me recuerda al del hombre que desde el suelo quería saltar a la cúpula de un edificio, olvidando o no viendo la escalera que podía emplear. Así hacen todos los astrólogos que sin conocer la naturaleza de los astros y sin haber observado perfectamente sus movimientos, aspiran a indicar sus efectos; así hacen la mayor parte de los que estudian la mecánica sin saber la física y fabrican al azar nuevos motores, así, esos filósofos que, olvidando la experiencia, creen que la verdad saldrá de su cerebro como Minerva del de Júpiter.[9]

Todos pecan igualmente contra esta regla, pero como con frecuencia el orden que prescribe es tan obscuro y tan confuso, que nada más fácil que no comprender su alcance y extraviarse sin saber cuál es el camino que hay que seguir, deberá observarse cuidadosamente lo que en la regla siguiente va a ser expuesto.

REGLA VI

PARA DISTINGUIR LAS COSAS MÁS SIMPLES DE LAS COMPLICADAS, Y PONER ORDEN EN SU INVESTIGACIÓN, ES PRECISO, EN CADA SERIE DE COSAS EN QUE HEMOS DEDUCIDO DIRECTAMENTE ALGUNAS VERDADES DE OTRAS, VER CUÁL ES LA MÁS SIMPLE, Y CÓMO TODAS LAS DEMÁS ESTÁN MÁS O MENOS O IGUALMENTE, ALEJADAS DE ELLA

Aunque parece que esta regla nada de nuevo contiene, encierra, sin embargo, el principal secreto del método, y ninguna de este tratado

---

[9] Clara formulación de Descartes acerca del valor de la experiencia.

es tan útil como ella, porque nos enseña que todas las cosas pueden clasificarse en diversas series atendiendo no al género de ser a que se refieren (división que se asemejaría a las categorías de los filósofos), sino a que el conocimiento de unas depende del conocimiento de otras; de suerte que siempre que alguna dificultad se nos presente, podemos determinar si es útil examinar ciertas cosas, cuáles son y en qué orden hay que examinarlas.

Para el exacto cumplimiento de esta regla hemos de observar que todas las cosas —en el sentido en que aquí las tomamos, es decir, no considerándolas aisladamente sino comparándolas para conocer las unas por las otras— pueden ser llamadas o absolutas o relativas.

Denomino absoluto todo lo que en sí contiene la naturaleza pura y simple que se investiga, por ejemplo, lo que se considera como independiente, causa, simple universal, uno, igual, semejante, etc. Lo absoluto es lo más fácil y lo más simple, y de él debemos servirnos para resolver cuestiones.

Llamo relativo a lo que es de la misma naturaleza o al menos participa de ella en un punto por el cual podemos referirlo a lo absoluto y deducirlo de éste siguiendo un cierto orden. Lo relativo contiene otras cosas llamadas relaciones. Relativo es todo lo que denominamos dependiente, efecto, compuesto, particular, múltiple, desigual, desemejante, etc. Las cosas relativas se alejan de las cosas absolutas tanto más cuando mayor es el número de relaciones que contienen. Por la presente regla recomendamos que se distingan bien estas relaciones y se observen su conexión y orden natural, de modo que partiendo de la última y pasando por las otras lleguemos a lo absoluto.

El secreto del método consiste en buscar en todo lo que haya de más absoluto, porque ciertas cosas son más absolutas desde un punto de vista que desde otro y consideradas de manera distinta son más relativas. Así, lo universal es más absoluto que lo particular, porque posee una naturaleza más simple; pero es, en otro sentido, más relativo, porque para que exista hacen falta individuos. A veces ciertas cosas son realmente más absolutas que otras, y, sin embargo, no son las más absolutas de todas; por ejemplo, si nos fijamos en los individuos, la especie es lo absoluto; si consideramos el género, la especie es lo relativo. Entre los cuerpos mensurables, la extensión es lo absoluto; pero en la extensión, es la longitud, etc... Finalmente, para hacer ver que consideramos aquí las series de cosas a conocer y no la naturaleza de cada una de ellas, hemos contado la causa y lo igual en el número de cosas absolutas, aunque su naturaleza sea verdaderamente relativa; porque en filosofía la causa y el efecto son correlativos. No obstante si queremos saber qué es el efecto, es preciso conocer antes la causa y no comenzar por estudiar el efecto. Las cosas iguales también se corresponden, pero no conocemos las desiguales más que comparándolas con las iguales.

Tengamos en cuenta que existen muy pocas naturalezas simples e incondicionales que podamos ver enseguida y por ellas mismas —es decir, con entera independencia de todas las demás— por experimentaciones y con la ayuda de la luz natural. Es preciso observarlas con cuidado porque son las más simples de cada serie, y por eso para conocer las demás tenemos que deducirlas de ellas, ya inmediatamente, ya por dos o tres conclusiones diferentes o por un número mayor; anotaremos la cifra de estas conclusiones para saber los grados que separan las cosas conocidas de la primera y más simple proposición; tal es el encadenamiento de las consecuencias, del cual nacen esas series de objetos a las que hay que reducir toda cuestión si queremos examinarla con un método seguro. Pero como no es fácil pasar revista, en cualquier momento a todas las series y más que retenerlas en la memoria importa reconocerlas por cierta penetración del espíritu, se debe buscar un medio de educar los espíritus de tal suerte que siempre que fuere necesario las descubran en seguida. Para esto nada tan adecuado —yo mismo lo he experimentado— como la costumbre de reflexionar con sagacidad sobre las cosas más insignificantes que se han percibido.

No perdamos de vista que el estudio de una ciencia no debe comenzarse por la investigación de cosas difíciles. Antes de abordar una cuestión, hay que recoger en el acto y sin elegir, las verdades que se presenten; después ver gradualmente si de ellas pueden deducirse algunas otras, de estas últimas otras y así sucesivamente. Hecho esto, es necesario reflexionar atentamente sobre las verdades halladas, y examinar cuidadosamente por qué unas se han encontrado más pronto y más fácilmente que otras, y determinar cuáles son aquéllas y éstas; así sabremos, cuando abordemos determinadas cuestiones, por qué investigaciones convendrá comenzar.

Por ejemplo, yo veo que el número 6 es el doble de 3; busco en seguida el doble de 6, es decir, 12; después, si me parece bien, el doble de 12, es decir, 24; luego el doble de 24, o sea, 48, etcétera; de aquí deduzco fácilmente que la misma proporción existe entre 3 y 6 que entre 6 y 12, entre 12 y 24, etc.; por consiguiente, los números, 3, 6, 12, 24, 48, etc., están en proporción continua. Ciertamente que todas estas cuestiones son tan claras que parecen casi pueriles; pero, siguiendo mi razonamiento, comprendo, reflexionando atentamente, de qué manera se presentan todas las cuestiones relativas a las proporciones y relaciones de las cosas, y en qué orden deben investigarse; lo cual constituye toda la ciencia de las matemáticas puras.

En el ejemplo anterior, observo, en primer término, que no ha sido más difícil encontrar el doble de 6 que el doble de 3; que en todas las cosas, una vez encontrada la proporción entre dos magnitudes, podemos hallar otras mil que estén siempre en la misma relación;

y que la naturaleza de la dificultad no varía aunque se busque 3, 4 o una cifra más elevada, porque esas proporciones se descubren separadamente, sin ninguna relación con las demás.

Observo también que, dadas las cantidades 3 y 6, encuentro fácilmente una tercera en proporción continua, o sea 12; pero que, dadas dos cantidades extremas, 3 y 12, no es tan fácil encontrar la media, 6; la razón no puede ser más sencilla: hay aquí una dificultad de índole muy distinta a la anterior, porque, para encontrar la medida proporcional es necesario pensar al mismo tiempo en las dos extremas y en la proporción que entre ellas existe, a fin de encontrar una nueva dividiendo la primera; operación bien diferente de la que queremos encontrar una tercera en proporción continua. Prosigo todavía y examino, dadas las cantidades 3 y 24, si las dos medias proporcionales 6 y 12 son igualmente fáciles de hallar. Aquí se presenta una dificultad mayor que las anteriores, porque hay que pensar al mismo tiempo en tres números para descubrir el cuarto. Podemos ir más lejos y ver si dados 3 y 48, sería más difícil aún encontrar una de las tres medias proporcionales 6, 12 y 24; a primera vista así parece, pero luego vemos que esa dificultad puede dividirse y simplificarse si primero buscamos una media proporcional entre 3 y 48, es decir, 12; después otra media proporcional entre 3 y 12, o sea 6 y, por último, otra entre 12 y 48, es decir, 24. De este modo la dificultad quedará reducida a la que ya hemos expuesto.

De todo lo precedente deduzco que podemos llegar al conocimiento de una misma cosa por dos caminos diferentes, siendo uno de ellos mucho más difícil y obscuro que el otro; por ejemplo: si para encontrar los números en proporción continua, 3, 6, 12 y 24 nos dan los dos consecutivos 3 y 6, 6 y 12, o 12 y 24, a fin de que hallemos los otros dos, ninguna dificultad nos saldrá al paso, y entonces diremos que la proposición a resolver es examinada directamente. Pero si nos dan dos números alternos, 3 y 12 o 6 y 24, para que encontremos los otros, diremos que la proposición ha sido examinada indirectamente de la primer manera de las ya expuestas; y si nos dan los dos extremos 3 y 24 para descubrir los números intermedios 6 y 12, la cuestión será examinada indirectamente de la segunda manera. Podría continuar y de este ejemplo sacar otras muchas consecuencias; pero las que he sacado para que el lector comprenda lo que yo entiendo por proposiciones deducidas directa o indirectamente, y sepa que las cosas más fáciles y elementales, bien conocidas, son auxiliares eficacísimos, aun en otros estudios, para el hombre que en sus investigaciones puede valerse de una penetrante sagacidad y de una reflexiva atención.

REGLA VII

PARA COMPLETAR LA CIENCIA, ES PRECISO, POR UN MOVIMIENTO CONTINUO
DEL PENSAMIENTO, RECORRER TODOS LOS OBJETOS QUE SE RELACIONAN
CON EL FIN QUE NOS PROPONEMOS, Y ASÍ ABARCARLOS EN UNA ENUMERACIÓN
SUFICIENTE Y ORDENADA

La observación de esta regla es necesaria para admitir como ciertas, verdades que no se deducen inmediatamente de los principios que conocemos con toda evidencia. A veces se llega a esas verdades por una serie de consecuencias tan larga que difícilmente recordamos el camino que hemos seguido; por esto recomendamos un movimiento continuo del pensamiento para suplir la debilidad de la memoria. Si yo encuentro por operaciones diversas (y sirva esto de ejemplo) cuál es la relación que existe entre las magnitudes A y B, después la que se da entre B y C, luego entre C y D y finalmente entre A y E, no veo realmente la que existe entre A y E porque no puedo determinarla con precisión si no recuerdo perfectamente todas las relaciones conocidas.

Por esto hay que acostumbrarse a recorrer esas relaciones por un movimiento continuo de la imaginación, hasta que se pueda pasar de la primera a la última con la rapidez suficiente para que parezca que sin auxilio de la memoria se abarcan todas al mismo tiempo. Este método, ayudando a aquélla, corrige la lentitud del espíritu y extiende su capacidad.

Ese movimiento no debe ser interrumpido. Suele ocurrir que los que quieren sacar rápidamente una consecuencia de principios lejanos, no recorren toda la cadena del conclusiones intermedias con el necesario cuidado para no olvidarse de ninguna; y aunque la olvidada sea la de menor importancia se rompe la cadena y desaparece la seguridad de la conclusión.

He afirmado que la enumeración es indispensable para el complemento de la ciencia. Con efecto, las demás reglas son útiles para resolver gran número de cuestiones, pero la enumeración es la única que puede hacer que formemos un juicio seguro y cierto sobre todos los objetos que queremos conocer; por ella nada se nos escapa por completo y parecemos tener algunos conocimientos sobre todas las cosas.

La enumeración o la inducción es, pues, la investigación de todo lo relativo a una cuestión dada; esta investigación debe ser tan diligente y cuidadosa, que podamos afirmar con entera seguridad y evidencia que por nuestra parte nada hemos omitido; y si a pesar de ella no hallamos lo que buscamos, sabremos al menos que por esa vía no podemos llegar al descubrimiento de la verdad; y si hemos podido recorrer los demás caminos que a ella debían conducirnos, podremos afirmar también que ese conocimiento es inaccesible a la inteligencia humana.

Por enumeración suficiente o inducción, entendemos el medio que sirve para descubrir la verdad con mayor seguridad que la que podría darnos cualquier otro género de pruebas, excepto la simple intuición. Cuando es imposible reducir un conocimiento cualquiera a esta simple intuición, debemos rechazar el silogismo y no confiar más que en la inducción, único recurso que nos queda; porque las proposiciones que deducimos una de otra, de una manera inmediata, si es evidente la deducción, equivalen a una verdadera intuición. Pero si inferimos una consecuencia de proposiciones numerosas y desemejantes, la capacidad de nuestra inteligencia no es bastante grande para abrazarla todas con una sola intuición, en cuyo caso debe bastarnos la incertidumbre de esta operación. Al primer golpe de vista no podemos distinguir los anillos de una cadena muy larga; sin embargo, si vemos la unión de cada anillo con el que le precede y con el que le sigue, tendremos derecho a afirmar que hemos visto cómo el último se enlaza con el primero.

También he afirmado que esta operación debe ser suficiente, porque con frecuencia puede ser defectuosa y, por consiguiente, sujeta a error. Cuando recorremos por la enumeración una larga serie de proposiciones de la mayor evidencia, si omitimos una, aunque sea la menos importante, se rompe la cadena y desaparece la seguridad de la conclusión. Cuando abrazamos todo en nuestra enumeración, pero no distinguimos por separado cada proposición el conocimiento obtenido es confuso.[10]

A veces, esta enumeración debe ser completa; a veces distinta; en ocasiones no es preciso que sea lo uno ni lo otro; por eso me he limitado a decir que debe ser suficiente. Con efecto, si quiero probar por enumeración las clases de seres corporales o de qué manea caen bajo el dominio de los sentidos no podré afirmar que hay, tantos o cuantos, si no sé con certeza que los he comprendido todos en mi enumeración y distinguido más de otros; pero si por el mismo procedimiento quiero demostrar que el alma racional no es corporal, no habrá necesidad de que la enumeración sea completa; bastará reunir todos los cuerpos en algunas categorías para probar que el alma racional no puede referirse a ninguna de ellas; y, finalmente, si quiero demostrar por enumeración que la superficie de un círculo es más grande que la de las demás figuras de igual perímetro, no hace falta pasar revista a todas estas figuras, porque basta demostrarlo respecto de algunas para establecer una conclusión que por inducción comprenda a las otras.

He agregado que la enumeración debe ser metódica, no sólo porque un examen ordenado es el mejor preservativo contra los defectos enunciados, sino porque la vida de un hombre no sería lo suficien-

---

10 Hágase un cotejo entre la inducción en Bacon y en Descartes. Véase el sentido que da este autor al término "intuición".

temente larga para estudiar separadamente cada una de las cosas que se relacionan con el objeto que investigamos, porque son muy numero-sas, y, en fin, porque las mismas se presentarían varias veces a nuestra consideración. Pero si disponemos en orden todas esas cosas, a fin de reducirlas a clases fijas nos bastará con el examen de una sola de esas clases, de una cosa, o de unas con preferencia a otras y al menos no examinaremos inútilmente dos o más veces la misma cosa. Este método es tan eficaz que por él podemos conocer gran número de cosas que a primera vista nos parecían inmensas.

Pero el orden de la enumeración varía con frecuencia y depende de la voluntad de cada uno; para que alcance el mayor grado de perfección debemos recordar lo dicho en la quinta proposición. Hasta en las ciencias menos importantes hay muchas cuestiones cuya solución depende por completo del orden que prescribimos. Así, si queremos hacer un anagrama trasponiendo las letras del algún nombre, no es necesario pasar de las cosas más fáciles a las más difíciles, ni distinguir lo absoluto de lo relativo, porque no es ésa la ocasión de aplicar los principios expuestos; basta, para examinar las transposiciones de letras, trazar un orden, de tal suerte que nunca se vuelva sobre la misma, distribuyéndolas en clases fijas de modo que podamos hallar en seguida la que más convenga a nuestro objeto.

Nunca debemos separar esas tres últimas proposiciones, y sí reflexionar en todas a la vez porque contribuyen de igual manera a la perfección del método. Poco importa el orden en que las expliquemos y el mayor o menor número de palabras que para ello hemos de emplear, porque en este tratado nos ocuparemos de ellas muchas veces y demostraremos en particular lo que aquí acabamos de exponer en general.

REGLA VIII

SI EN LA SERIE DE COSAS POR INVESTIGAR, SE PRESENTA ALGUNA QUE NUESTRO ENTENDIMIENTO NO PUEDA INTUIR SUFICIENTEMENTE BIEN, ES PRECISO DETENERSE ALLÍ, Y NO EXAMINAR LO QUE SIGUE, SINO ABSTENERSE DE UN TRABAJO SUPERFLUO

Las tres reglas precedentes prescriben y explican el orden que hemos de seguir; éste nos muestra cuándo es absolutamente necesario y cuándo es solamente útil, porque todo lo que constituye un grado completo en la serie que conduce de lo relativo a lo absoluto o viceversa, debe ser examinado necesariamente antes de las cosas que siguen; y si a un grado pertenecen muchas cosas es útil recorrerlas todas por orden. Sin embargo, no estamos obligados a seguir esta regla estricta y rigurosamente; suele suceder que no conociendo bien todas esas cosas, o conociendo algunas o una nada más, pasemos a otras. Esta regla se deriva necesariamente de las razones aportadas por la segunda. No por eso deja de contener algo nuevo. Cierto es que parece exclusivamente encaminada a disuadirnos de aplicar a ciertas cosas la enumeración metódica, y a enseñar a los que estudian a no perder el tiempo. Por eso la abonan las mismas razones que a la regla segunda. Pero muestra, a los que conocen bien las siete reglas precedentes, el medio de que han de valerse, en el estudio de cualquier ciencia, para dejar el espíritu tan completamente satisfecho que no desee nada en punto a conocimiento.

Todo el que, en la solución de alguna dificultad, observe rigurosamente las primeras reglas, y por la que ahora nos ocupa, se entere que debe detenerse en su labor de investigación, sabrá entonces con seguridad que por ningún medio puede llegar a la ciencia que busca, no por falta suya sino porque a ello se opone la naturaleza de la dificultad o la condición humana. El saber esto no tiene menor importancia que el conocer la naturaleza misma de las cosas. Sería un insensato el que en el caso que acabamos de indicar llevara adelante su curiosidad.

Aclaremos lo que decimos con uno o dos ejemplos. Si un hombre que se ocupa de las matemáticas con exclusión de todo otro conocimiento, busca la línea llamada en dióptrica anaclástica, [11] en la cual se refractan los rayos paralelos de tal modo que después de la refracción se intersectan en un solo punto —se convencerá fácilmente, según las reglas quinta y sexta, de que la determinación de esta línea depende de la relación existente entre los ángulos de incidencia y los de refracción; y como no será capaz de encontrar esta relación, que atañe a la física y no a las matemáticas, se verá obligado a detenerse en su labor y de nada le servirá pedir a los filósofos o a la experiencia la solución de la dificultad, porque pecaría contra la regla tercera. En vano supondría una relación entre los ángulos de refracción y los de incidencia, porque entonces ya no buscaría la línea anaclástica, sino la correspondiente a su suposición.

Y vamos a otro ejemplo: Si un hombre que no sólo se ocupa de matemáticas desea conocer, según la regla primera, la verdad de todo lo que ve, y tropieza con la misma dificultad que el anterior, irá más allá y sabrá que la relación entre los ángulos de incidencia y los ángulos de refracción dependen del cambio aportado en sus respectivas magnitudes por la diferencia de los medios; que este cambio depende a su vez del medio porque el rayo atraviesa la totalidad del cuerpo diáfano; que el conocer la propiedad de penetrar un cuerpo supone

---

11 Cfr. G. Loria, *op. cit.* (nota 7).

conocida la naturaleza de la acción de la luz; y, finalmente, que para comprender la acción de la luz, es preciso saber lo que entendemos por potencia natural, término último y más absoluto de toda esta serie de cuestiones. Cuando por la intuición haya visto claramente estas proposiciones, volverá a pasar por los mismos grados, según la regla quinta; y si al segundo, no descubre la naturaleza de la acción de la luz, enumerará, según la regla séptima, las potencias naturales, a fin de deducir por analogía del conocimiento de alguna de ellas, el conocimiento de la que se ignora. Hecho esto, investigará de qué manera atraviesa el rayo la totalidad del cuerpo diáfano, y proseguirá ordenadamente el examen de las otras proposiciones, hasta llegar, por fin, a la anaclástica, buscada en vano por muchos filósofos, y tan fácil de descubrir para el que se sirva de nuestro método.

Pongamos el ejemplo más noble de cuantos podamos mencionar: El que se proponga examinar todas las verdades asequibles a la razón humana —examen que deben hacer una vez en su vida todos los que aspiren a la sabiduría— sabrá, por las reglas que hemos dado que nada podemos conocer antes de conocer nuestra inteligencia porque el conocimiento de todas las cosas depende de la inteligencia y no la inteligencia del conocimiento; después de examinar lo que sigue inmediatamente al conocimiento de la inteligencia pura, enumerará los medios de conocer que poseemos, además de la inteligencia, y verá que no hay más que dos: la imaginación y los sentidos. Distinguirá cuidadosamente estos tres medios de conocimiento, y, viendo que la verdad y el error, hablando con propiedad, no pueden estar más que en la inteligencia, aunque con frecuencia tienen su origen en la imaginación[12] y en los sentidos, se aplicará a conocer todas las cosas que pueden extraviarla y las vías abiertas al hombre para hallar la verdad, y elegirá la que más convenga a este propósito. No son tan numerosas que no las comprenda con facilidad en una enumeración suficiente; y al llegar a este punto ocurrirá una cosa que parecerá extraordinaria e increíble a los que no hayan realizado la experiencia; en cuanto el sujeto a que nos referimos distinga los conocimientos que no sirven más que para adornar la memoria de aquellos otros que constituyen la verdadera sabiduría —distinción fácil de hacer *(aquí hay una laguna)*...— quedará plenamente convencido de que si algo ignora no es por su falta de ingenio o capacidad, porque nada puede saber otro, que él no sea capaz de conocer aplicando a ello su inteligencia de la manera expuesta.[13] Y aunque con frecuencia se le presenten muchas cuestiones cuya solución le impide buscar nuestra regla, com-

---

[12] El texto latino usa el término *phantasia*. Se le ha traducido por *imaginación*. En todo caso se trata de la aptitud humana de forjar representaciones.

[13] Tocante a la laguna, se lee en el texto latino: *hic dificit aliquid.*

prenderá claramente que esa solución no está al alcance del espíritu humano; no por esto se creerá ignorante, antes bien, la seguridad de que nadie puede resolver la cuestión propuesta, le satisfará por completo, si es razonable.

Para no estar inciertos respecto al poder de nuestro espíritu, y evitar que se fatigue inútilmente, es preciso, antes de abordar el estudio de alguna cosa en particular, saber cuáles son los conocimientos que puede alcanzar la razón humana. Para obtener mejor resultado de esta investigación hay que elegir, entre dos cosas igualmente fáciles, la más útil.

Este método se parece a esas artes mecánicas que se bastan a sí propias, es decir, que proporcionan al que las ejerce los medios de fabricar los instrumentos que necesita. Si alguno, privado de todo instrumento, quisiera ejercer una de esas artes, la del herrero, por ejemplo, se vería obligado a emplear como yunque una piedra muy dura o una maza de hierro y como martillo un guijarro; y tendría que disponer dos trozos de madera en forma de tenazas, y recurrir a otros materiales análogos. Terminados estos preparativos no se pondría a forjar espadas, cascos y otros instrumentos de hierro, para uso de los demás; ante todo, fabricaría martillos, yunque, tenazas y otros útiles indispensables en su oficio.

Este ejemplo nos enseña que no es en los comienzos —entonces aún no hemos descubierto más que reglas poco esclarecidas y que parecen más bien nacidas en nuestro espíritu, que fruto del estudio— cuando debemos intentar poner término a los debates de los filósofos, y resolver los problemas de los matemáticos; debemos, por el contrario, servirnos de esas reglas para buscar con el mayor cuidado todo lo necesario para el examen de la verdad, cosa no más difícil de hallar que la solución de alguna de las cuestiones que tanta discusión promueven en la geometría, en la física o en cualquier otra ciencia.

Ninguna cuestión es más importante ahora que la de determinar en qué consiste el conocimiento y cuál es su extensión. Este doble estudio lo presentamos en una sola cuestión que será la primera que estudiemos después de establecer las reglas expuestas. El que ame la verdad debe proponerse una vez en su vida el examen de esta cuestión, porque sólo así, llegará a saber cuáles son los medios de conocer y cuál es el verdadero método. Nada más absurdo que el discutir audazmente sobre los misterios de la naturaleza, sobre la influencia de los astros, sobre los secretos del porvenir y sobre otras cosas análogas, como hacen muchas personas, y no haberse preocupado de indagar si la razón humana puede profundizar en tales materias. No debe parecernos muy difícil la determinación de los límites del espíritu que sentimos en nosotros mismos, puesto que en muchas ocasiones no vacilamos en emitir sobre cosas que están fuera de nosotros y nos son totalmente extrañas. No es un trabajo inmenso e insuperable el querer abrazar el pensamiento todo lo que el universo contiene, para ver cómo cada objeto está sometido al examen de nuestro espíritu; porque nada hay tan múltiple ni tan disperso que, por medio de la enumeración no pueda ser circunscrito en límites fijos y reducido a cierto número de términos principales. Para probar lo que decimos hagamos la experiencia con la cuestión, que antes presentamos y dividamos en dos partes todo lo relacionado con ella; nosotros, capaces de conocer, y las cosas mismas, capaces de ser conocidas. Discutamos separadamente estos dos puntos. Observamos en primer lugar que sólo la inteligencia es capaz de conocer, pero puede ser ayudada o impedida en esta labor por otras tres facultades: la imaginación, los sentidos, y la memoria. Es, pues, necesario ver por orden en qué puede perjudicarnos cada una de estas facultades, para guardarnos de ellas, y en qué pueden sernos útiles, para aprovechar todos los recursos que nos proporcionen. Este primer punto será tratado —como veremos en la regla que sigue— por medio de una enumeración suficiente.

Después pasaremos a examinar las cosas mismas, considerándolas al alcance de nuestra inteligencia. Desde este punto de vista las dividiremos en simples y complejas o compuestas. Las simples no pueden ser más que espirituales o corporales, o espirituales y corporales a la vez; las compuestas son de dos clases: la inteligencia prende de la experiencia que ciertas cosas son compuestas antes de formar sobre ellas juicio positivo; y ella misma compone otras, operación que será ampliamente expuesta en la regla duodécima, en la que demostraremos que el error no se encuentra más que en las cosas compuestas por la inteligencia. Por eso dividimos estas dos últimas en dos especies: las que se deducen de las cosas más simples y conocidas por ellas mismas (de éstas trataremos en el libro siguiente), y las que presuponen otras que son compuestas según los dictados de la experiencia (a ésta consagraremos el tercer libro).

En el presente tratado investigaremos con tanto cuidado y haremos tan fáciles las vías abiertas al hombre para llegar a la verdad, que todos se penetrarán profundamente de nuestro método, y comprenderán que si algo ignoran no es por falta de ingenio o de capacidad. Siempre que apliquemos nuestro espíritu al conocimiento de la verdad, sucederá una de estas cosas: lo conseguiremos plenamente; descubriremos que el éxito depende de una experiencia que no podemos hacer, y por lo tanto nos detendremos en la investigación; o nos convenceremos de que el conocimiento de la cosa que estudiábamos no está al alcance del espíritu humano, y, por consiguiente, no nos creeremos más ignorantes porque ese convencimiento es una ciencia en nada inferior a las demás.

REGLA IX

ES NECESARIO DIRIGIR TODAS LAS FUERZAS DEL ESPÍRITU A LAS COSAS MÁS
FÁCILES Y MENOS IMPORTANTES, Y DETENERNOS EN ELLAS MUCHO TIEMPO
HASTA HABITUARNOS A INTUIR LA VERDAD DE MANERA CLARA Y DISTINTA

Expuestas las dos operaciones de nuestra inteligencia, intuición y
deducción, explicaremos en esta regla y en la siguiente los medios
que sirven para aumentar nuestra aptitud al hacer esas operaciones,
y para desenvolver las dos principales facultades de nuestro espíritu a
saber: la perspicacia, para considerar distintamente cada cosa y la sagacidad, para deducir con acierto.

El modo de usar los ojos, nos enseña el uso que debemos hacer
de la intuición; el que quiere con una sola ojeada abarcar muchos objetos, no ve ninguno distintamente; y, por análoga razón el que, con
un solo acto del pensamiento, acostumbra a considerar gran número
de objetos a la vez, tiene un espíritu confuso; en cambio, los obreros que
trabajan en cosas muy delicadas y están acostumbrados a dirigir la
vista atentamente a objetos pequeños, adquieren la facultad de distinguir perfectamente las cosas por pequeño que sea su tamaño; y, los que
no dividen su atención entre varios objetos, sino que la ocupan por
entero en cosas simples y fáciles, adquieren una gran perspicacia.

Es un vicio muy común entre los mortales el mirar como más
bellas las cosas más difíciles. La mayor parte de los hombres creen no
saber nada cuando encuentran una causa de las cosas muy clara y
sencilla; y admiran ciertos razonamientos profundos y sublimes de
los filósofos, aunque descansen en fundamentos que nadie ha com-
probado. ¡Admiración insensata que prefiere las tinieblas a la luz!
Los verdaderos sabios reconocen la verdad con la misma facilidad
cuando la deducen de una causa clara que cuando la causa es de las
que el vulgo denomina obscuras.

Una vez obtenida la verdad, sea cual sea su naturaleza, la comprendemos del mismo modo, por un acto semejante, uno y distinto;
lo que varía es el camino, que será más largo si conduce a una verdad
más lejana de los principios primeros y absolutos.

Es necesario acostumbrarse a abrazar con el pensamiento muy
pocos objetos a la vez y tan sencillos, que jamás creamos aquello de
que no tengamos una intuición tan clara como la que tenemos de la
cosa que más distintamente conozcamos. Algunos nacen con el espíritu más a propósito para esto que otros; pero el arte y el ejercicio

---

14 De lo fácil a lo difícil. Con ocasión de esta regla se busca una explicación
psicológica del saber, que Descartes cifra en la pespicacia y la sagacidad humanas.

pueden dar al espíritu las necesarias condiciones para la labor de que hablamos. Hay un punto en el cual he de insistir con energía: las ciencias se deducen, no de cosas grandes y obscuras, sino de las más sencillas y fáciles. Por ejemplo, si quiero ver si existe alguna potencia natural que en un instante atraviese las distancias que de otro lugar la separa, no me fijaré en la acción magnética, en la influencia de los astros o en la rapidez de la luz, porque esto sería más difícil de probar que lo que busco; atenderé al movimiento local de los cuerpos, y observaré que una piedra no puede en el mismo instante llegar de un lugar a otro, porque es un cuerpo; pero que una potencia semejante a la que mueve esta piedra, sí puede hacerlo. Así, cuando agito el extremo de un bastón, por largo que sea, concibo fácilmente que la potencia que mueve el extremo pone necesariamente en movimiento al mismo tiempo las demás partes del bastón, porque se comunica sola, y no se halla encerrada en un cuerpo, en una piedra, por ejemplo, que la lleve consigo.

Si quiero conocer cómo una sola y misma causa puede producir al mismo tiempo efectos contrarios, no me fijaré en los remedios que arrojan ciertos humores del cuerpo y retienen otros, no diré que la luna calienta con su luz y enfría por una oculta cualidad, sino que consideraré una balanza en que pesos iguales, en un solo y mismo instante elevan un platillo y hacen descender el otro.

REGLA X

PARA QUE EL ESPÍRITU ADQUIERA SEGURIDAD, ES PRECISO EJERCITARLO EN
BUSCAR LO YA ENCONTRADO POR OTROS, Y EN RECORRER CON MÉTODO
INCLUSO LAS ARTES HUMANAS MÁS INSIGNIFICANTES, PERO SOBRE TODO
AQUELLAS QUE EXHIBAN O SUPONGAN EL ORDEN

He nacido, lo confieso, con un espíritu tal, que para mí el mayor placer del estudio ha sido, no el escuchar las razones de los demás, sino el descubrirlas por mí mismo. Esto sólo me llevó desde joven al estudio de las ciencias; y cada vez que un libro prometía por su título un nuevo descubrimiento, antes de avanzar en la lectura trataba de ver si por mi sagacidad natural podía llegar a concebir alguna cosa semejante, y me guardaba bien de privarme de este inocente placer con una lectura precipitada. Esto me resultó tan bien, que al fin me di cuenta de que llegaba a la verdad, no como los demás hombres, con investigaciones vagas y ciegas, y más bien con el auxilio de la fortuna que con el del trabajo mental, sino por una larga experiencia que me proporcionaba reglas fijas, que no son de poca utilidad en este estudio, y de las que me serví después para hallar otras. Con tanto cuidado he cultivado este método, que me he persuadido de que, desde el principio, seguí el mejor procedimiento de estudio.[15] Como todos los espíritus no son igualmente aptos para descubrir la verdad por su propio esfuerzo, esta regla nos enseña que debemos comenzar, no por las cosas arduas y difíciles, sino por el examen de las artes menos importantes y más sencillas, principalmente aquellas en que impera el orden, como son los oficios del tejedor, del tapicero, de las mujeres que bordan o hacen encaje; como son las combinaciones de números, las operaciones aritméticas, y otras artes semejantes con tal las descubramos por nosotros mismos y no por los demás. Como nada hay en ellas que sea obscuro y no esté al alcance de la inteligencia humana, nos hacen ver distintamente sistemas innumerables, diferentes entre sí, y, sin embargo, regulares; y observamos el encadenamiento de estos sistemas. De este modo adquirimos la posible sagacidad.

Ya hemos dicho que esas cosas es necesario observarlas con método; pero el método, en estas artes de poca importancia, no es más que la observación constante del orden que existe en la cosa o del que una ingeniosa invención ha puesto en ella. Por ejemplo, si queremos leer caracteres desconocidos, ningún orden percibimos en ellos, y no obstante, lo imaginamos, no sólo para verificar todas las conjeturas que podemos hacer sobre cada signo, palabra o frase, sino para disponer cada signo, cada palabra y cada frase de modo que lleguemos a conocer por la vía de la enumeración lo que podemos deducir de aquéllos. Hay que guardarse de perder el tiempo adivinando cosas semejantes al azar y sin método, porque, aun cuando las conociéramos mejor sin el auxilio del método, acostumbraríamos el espíritu a las cosas vanas y pueriles, de tal manera que se detendría en la superficie de las cosas sin poder profundizar en ellas. No caigamos tampoco en el error de los que no ocupan su pensamiento más que en cosas serias y elevadas, y después de largos años de estudio adquieren una ciencia confusa en lugar de la ciencia profunda que deseaban. Comencemos con método por el examen de cuestiones fáciles y así nos habituaremos a penetrar por caminos ciertos y conocidos en la verdad íntima de las cosas; porque con este procedimiento veremos cómo poco a poco y en menos tiempo del que creíamos, podemos deducir, con igual facilidad, de principios evidentes, proposiciones que nos parecían muy difíciles y obscuras.

Algunas personas se extrañarán de que, al tratar de los medios de hacernos más aptos para deducir unas verdades de otras, omitamos los preceptos por los cuales los dialécticos creen regir la razón humana,

---

[15] Aquí, como en otros pasajes, se ventila una regla didáctica. El verdadero aprender es un esfuerzo personal activo, no una mera recepción de un contenido.

prescribiendo ciertas formas de razonamiento tan concluyentes, que la razón que en ellas confía, aunque permanezca ociosa y no examine la deducción para comprobar su evidencia, puede por la sola virtud de la forma, establecer conclusiones ciertas. La verdad escapa, con frecuencia, a esos lazos y los que de ellos se sirven no pueden deshacerse de su opresión; la experiencia prueba que los sofismas más sutiles sólo engañan a los sofistas y nunca al hombre que emplea su propia razón para el descubrimiento de la verdad.

Por estas razones, y temiendo sobre todo la ociosidad de nuestro espíritu, rechazamos esas formas contrarias a nuestro fin y preferimos buscar todos los auxilios que puedan mantener atento nuestro pensamiento, como luego veremos. Es evidente que el arte de disertar nada útil encierra para el conocimiento de la verdad; ningún silogismo que dé por resultados una verdad, puede combinar los dialécticos, si no cuentan con la materia, si no conocen la verdad que deducen por ese medio. Vemos, pues, claramente que el estudio de las formas que emplean nada nuevo les enseña. La dialéctica vulgar es completamente inútil a los que quieren descubrir la verdad; sólo sirve, en ocasiones, para exponer a los demás la verdad conocida; y, por lo tanto, para trasladarla de la filosofía a la retórica.

REGLA XI

SI DESPUÉS DE HABER TENIDO LA INTUICIÓN DE ALGUNAS PROPOSICIONES SIMPLES, SE SACA LA CONCLUSIÓN DE OTRA, ES MUY ÚTIL RECORRERLAS TODAS CON UN MOVIMIENTO CONTINUO E ININTERRUMPIDO DEL PENSAMIENTO, REFLEXIONAR SOBRE SUS MUTUAS RELACIONES Y CONCEBIR DISTINTAMENTE Y AL MISMO TIEMPO EL MAYOR NÚMERO POSIBLE DE ELLAS; PORQUE HACIENDO ESTO NUESTRA CIENCIA ADQUIERE MUCHA MÁS CERTEZA Y NUESTRO ESPÍRITU MUCHA MAYOR EXTENSIÓN

Ha llegado el momento de exponer más claramente lo que hemos dicho de la intuición en las reglas tercera y séptima. En aquélla la opusimos a la deducción; en ésta a la enumeración, que definimos como una colección de consecuencias sacadas de varias cosas separadas, en tanto que la deducción se hace por intuición.

Dos son las condiciones que exigimos a la intuición: que la proposición sea clara y distinta y que se comprenda de una vez por completo y no sucesivamente. La deducción —como dijimos, al examinar su formación, en la regla tercera— no se opera por completo de una vez; implica cierto movimiento de nuestro espíritu al inferir una cosa de otra; por eso, con razón la distinguimos de la intuición. Si la consideramos como hecha —Según dijimos en la regla séptima— no designa ningún movimiento sino el término de un movimiento; por esto, suponemos que la vemos por intuición cuando es clara y simple pero no cuando es múltiple y encubierta; entonces le damos el nombre de enumeración o inducción, porque no puede ser comprendida por completo de una vez, y porque su certeza depende en cierto modo de la memoria, que debe retener los juicios formados sobre cada una de las partes de la enumeración a fin de sacar de todos esos juicios un juicio único.[16]

Todas estas distinciones eran necesarias para la aplicación de la presente regla; la novena trata de la intuición, la décima de la enumeración; y ésta explica de qué manera se ayudan y completan las dos operaciones hasta el punto de confundirse pareciendo una sola, en virtud de cierto movimiento por el cual el pensamiento considera atentamente cada objeto y pasa, al mismo tiempo, a otro.

Esta marcha presenta la doble ventaja de hacernos conocer con más certeza la conclusión que buscamos y aumentar la aptitud de nuestro espíritu para descubrir otras conclusiones; porque como la memoria —de la cual hemos dicho que depende la certeza de las conclusiones demasiado complejas para ser abarcadas con una sola intuición— es débil y sus impresiones fugitivas, debe ser afirmada y renovada por ese movimiento continuo y repentino del pensamiento. Por ejemplo, si por medio de varias operaciones descubro la relación que existe entre dos magnitudes, luego la que hay entre una de éstas y una tercera, después la que observo entre esta última y la cuarta, y, por fin, la que se da entre la cuarta y la quinta, no veo por esto la relación que existe entre la primera y la quinta, y no puedo deducirla de las relaciones conocidas si no las recuerdo todas. Por eso, es necesario recorrerlas con el pensamiento, hasta pasar de la primera a la última con la suficiente rapidez para que parezca que, sin el auxilio de la memoria, se abarca toda la serie con una sola intuición.

Nadie dejará de reconocer que este método sirve de remedio a la lentitud del espíritu y aumenta su extensión. La principal utilidad de esta regla consiste en que, a fuerza de reflexionar sobre la mutua dependencia de las proposiciones simples, adquirimos el hábito de distinguir en el acto cuáles son las cosas más o menos relativas, y porqué grados las podemos reducir a lo absoluto. Por ejemplo: si con el pensamiento recorro algunas magnitudes en proporción continua, comprenderé que por una concepción semejante y de igual facilidad, conozco la relación de la primera con la segunda, de la segunda con la tercera, de la tercera con la cuarta y así sucesivamente; en cambio,

---

16 Deducción: inferencia de un juicio general a otro menos general; intuición; visión de conjunto; inducción: enumeración de varios casos para obtener un juicio final.

no puedo concebir con la misma facilidad en qué relación se halla la segunda con respecto a la primera y a la tercera, al mismo tiempo; y aun es mucho más difícil concebir la relación que guarda la segunda respecto a la primera y a la cuarta. De este modo llego a comprender por qué, si me dan la primera y la segunda, puedo encontrar fácilmente la tercera, la cuarta y todas las demás, es decir, que se hace por medio de concepciones particulares y distintas; pero si me dan la primera y la tercera, no conoceré la media tan fácilmente, porque es necesaria una concepción que abarque a la vez las dos magnitudes dadas; si me dan la primera y la cuarta, me será más difícil todavía encontrar las dos medias, porque será preciso abarcar a la vez tres concepciones. Lógica consecuencia de lo que decimos es que será más difícil aún, dadas la primera y la quinta magnitud, descubrir las tres medias; y, sin embargo, no es así, porque, aún cuando haya cuatro concepciones juntas, pueden separarse puesto que el número cuatro se divide por otro número. Así, puedo buscar la tercera magnitud por medio de la primera y de la quinta; después la segunda por medio de la primera y de la tercera, y continuar de este modo hasta hallar las medias que se buscan. El que está acostumbrado a reflexionar sobre estas materias y otras semejantes, reconoce en el acto, cuando examina una cuestión nueva, la causa de la difucultad que encierra, y el modo más sencillo para resolverla —ventaja inapreciable en la investigación de la verdad.

REGLA XII

FINALMENTE, ES PRECISO EMPLEAR TODOS LOS RECURSOS DE LA INTELIGENCIA, DE LA IMAGINACIÓN, DE LOS SENTIDOS Y DE LA MEMORIA, LO MISMO PARA TENER UNA INTUICIÓN DISTINTA DE LAS PROPOSICIONES SIMPLES, QUE PARA COMPARAR CONVENIENTEMENTE LO QUE SE BUSCA CON LO QUE SE CONOCE, A FIN DE DESCUBRIRLE POR ESTE MEDIO, O PARA ENCONTRAR LAS COSAS QUE NECESITAN SER COMPARADAS ENTRE SÍ; EN UNA PALABRA, NO HAY QUE OLVIDAR NINGUNO DE LOS MEDIOS QUE EL HOMBRE PUEDE EMPLEAR

Esta regla encierra todo lo que acabamos de decir, explicando en general lo que debía ser explicado en particular.

Para llegar a conocer hemos de considerar dos cosas: nosotros, que conocemos, y los objetos, que son conocidos. En nosotros existen cuatro facultades que empleamos en el conocimiento: la inteligencia, la imaginación, los sentidos y la memoria. De estas facultades sólo la inteligencia puede percibir la verdad, pero debe ayudarse de la imaginación, de los sentidos y de la memoria, para no dejar en la inutilidad ninguno de nuestros medios.

Cuanto a los objetos, basta considerar tres cosas: primero, lo que se presente espontáneamente a nosotros; después, cómo podemos conocer una cosa por medio de otra, y finalmente, cuáles son las deducciones que podemos sacar de cada cosa. Creo que esta enumeración es completa y que nada se omite en ella de todo lo que alcanzan las facultades humanas.

Deteniéndome en el primer punto quisiera exponer aquí lo que son el espíritu y el cuerpo del hombre, cómo éste está informado [17] por aquél, cuáles son en este todo compuesto, las facultades que sirven para la adquisición de conocimientos; pero este capítulo me parece demasiado limitado para contener los preliminares que es preciso explicar antes que la verdad de estas cosas pueda ser evidente a los ojos de todos. Deseo escribir siempre sin hacer afirmaciones sobre las cuestiones controvertidas, a no ser que haya expuesto previamente las razones que me han llevado a mi opinión y por las que pienso persuadir a los demás.

Pero, puesto que me falta espacio, me limitaré a exponer cuál es, a mi juicio, la manera más útil de concebir nuestras facultades aptas para el conocimiento. Sois libres de no creer que las cosas son así; pero ¿quién impide que no adoptéis las mismas suposiciones, si es evidente que en nada alteran la verdad, aunque contribuyan a mostrarla más claramente? Así, en geometría, hacéis sobre una magnitud suposiciones que no debilitan la fuerza de las demostraciones, aunque en física tengáis distinta idea de esta magnitud.

Es preciso concebir, en primer término, que todos los sentidos externos, en cuanto forman parte del cuerpo y aunque los aplicamos a los objetos por una acción, es decir, por un movimiento local, sienten pasivamente, de la misma manera que la cera recibe la impresión del sello; la forma exterior del cuerpo que siente es realmente modificada por el objeto, del mismo modo que la superficie de la cera es modificada por el sello; y esta modificación no sólo se verifica cuando tocamos un cuerpo que tiene una forma y es duro y áspero, sino cuando por el tacto percibimos el calor y el frío. Lo mismo ocurre con los otros sentidos; la primera parte del ojo, que es opaca, recibe la figura que allí imprime el rayo luminoso revestido de diversos colores; la piel de las orejas, de las fosas nasales y de la lengua, toma una figura nueva por el sonido, el olor y el sabor.

Concebir así las cosas es muy útil a nuestro propósito, porque nada cae tan perfectamente como una figura bajo la esfera de acción de los sentidos; la tocamos, la vemos, y de esta suposición no resulta nada erróneo; la concepción de una figura es tan común y tan simple

_____

17 El término "informar", dar forma, deja a salvo el dualismo metafísico. Compárese dicho concepto en las *Meditaciones Metafísicas*.

que está contenida en todo objeto sensible. Suponed que el color es todo lo que queráis; mas no podréis negar que es algo extenso y, por consiguiente, figurado. Y para no admitir inútilmente e imaginar temerariamente un nuevo ser, habremos de considerar el color como figurado, y entonces concebiremos la diferencia que existe entre el blanco, el azul, el rojo, etc., del mismo modo que la que existe entre estas figuras u otras semejantes:

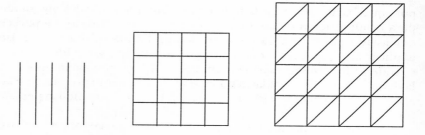

Lo mismo se puede decir de todas las cosas, puesto que es cierto que la multitud infinita de las figuras basta para expresar las diferencias de los objetos sensibles.

En segundo término, es necesario concebir que, en tanto el objeto pone en movimiento al sentido externo, la figura que recibe es trasladada a otra parte del cuerpo denominada sentido común, y esto se verifica de un modo instantáneo y sin que ningún ser pase realmente de un punto a otro. Vamos a explicarlo: cuando escribo al mismo tiempo que sobre el papel trazo los signos, no sólo está en movimiento la parte inferior de la pluma, porque ésa no puede recibir el menor movimiento en cualquiera de sus partes sin que al momento se comunique a toda la pluma; es decir, que la parte superior de la pluma describe en el aire los mismos movimientos que la inferior sobre el papel, sin que yo pueda concebir que algo real pasa de una extremidad a otra. ¿Cómo vamos a creer que hay menos conexión entre las partes del cuerpo humano que entre las de una pluma? ¿Podríamos imaginar algo más simple para expresar esta conexión?

En tercer lugar, hay que concebir que el sentido común obra sobre la imaginación como el sello sobre la cera, y que en ella imprime las figuras o *ideas* que nos vienen puras e incorporales de los sentidos externos; que la imaginación es una parte del cuerpo, de tal grandeza que las partes de ella pueden revestir muchas figuras distintas entre sí y guardarlas largo tiempo. Entonces recibe el nombre de memoria.

En cuarto término, es preciso concebir que la fuerza motriz o los mismos nervios nacen en el cerebro, en el cual se halla la imaginación, que los mueve de muchos modos, como el sentido externo pone en movimiento al sentido común y la parte inferior de la pluma a toda la pluma. Este ejemplo nos muestra cómo la imaginación puede ser la causa de un gran número de movimientos en los nervios sin que las imágenes estén impresas en ella, con tal de que contenga otras imágenes cuyos movimientos sean a modo de una continuación. Con efecto, en el ejemplo de la pluma, ésta no tiene en toda su extensión el movimiento de su parte inferior; antes bien, parece que la parte superior sigue un movimiento completamente opuesto. Por esas razones comprendemos cómo se verifican los movimientos de los otros animales, aunque no admitamos en ellos ningún conocimiento de las cosas, sino únicamente una imaginación puramente corporal; y cómo se realizan en nosotros esas operaciones que percibimos, sin el concurso de la razón.[18]

Y, por último, en quinto lugar, hay que concebir que esta fuerza por la que conocemos propiamente las cosas es puramente espiritual, no menos distinta del cuerpo que la sangre de los huesos o la mano, del ojo; es una, ya reciba, de concierto con la imaginación, las figuras que a ella envía el sentido común, ya se aplique a las que guarda la memoria, o forme nuevas figuras de que tal modo se apoderen de la imaginación que ésta no se basta para recibir al mismo tiempo las ideas que vienen del sentido o para trasmitirlas a la fuerza motriz, según el modo conveniente de distribución.[19] La fuerza que conoce es pasiva unas veces y activa otras; en unas ocasiones es el sello, en otras la cera —comparación que hay que considerar como la más análoga que en las cosas corporales podemos encontrar. Es una sola y siempre la misma fuerza la que, aplicada de concierto con la imaginación al sentido común, se traduce en el lenguaje corriente con las palabras, *ver, tocar,* etc.; aplicada a la imaginación, en cuanto está revestida de figuras diversas, la expresamos con esta otra palabra: *acordarse;* aplicada a la imaginación para crear nuevas figuras, da lugar a que afirmemos que *concebimos* o *imaginamos;* y obrando sola, decimos que *comprendemos.* Ya explicaré en otro lugar más adecuado la manera de producirse esta última operación. La fuerza de que nos ocupamos, por razón de sus diversas funciones, se denomina: inteligencia pura, imaginación, memoria y sentidos. Se llama propiamente espíritu, cuando forma nuevas ideas en la imaginación, o se aplica a las ya formadas, y la consideramos apta para realizar estas diferentes operaciones. En lo sucesivo tendremos en cuenta la distinción que estos nombres significan. Concebidas así estas cosas, el lector atento juzgará de los auxilios que debe esperar de cada una de esas facultades y hasta donde llega el arte para suplir lo que falta en el espíritu del hombre.

---

18 Descartes niega toda vida anímica a los animales.
19 Toda esta parte es una exposición de psicología mecanicista.

Como la inteligencia puede ser movida por la imaginación u obrar sobre ella, y la imaginación puede obrar sobre los sentidos por la fuerza motriz, aplicándolos a los objetos; y los sentidos, a su vez, pueden obrar sobre la imaginación, pintando en ella las imágenes de los cuerpos; y como la memoria —al menos la corporal y semejante a la de los animales— no es distinta de la imaginación —si la inteligencia se ocupa de objetos que nada tengan de corporal y parecido al cuerpo, no puede ser auxiliada por aquellas facultades; será preciso, por el contrario, para evitar los obstáculos que pudieran oponer, apartar a los sentidos y despojar a la imaginación, en cuanto sea posible, de toda impresión distinta. Pero si la inteligencia se propone examinar una cosa corporal, debe buscar en la imaginación la idea más distinta del objeto. Para facilitar esta labor hay que mostrar a los sentidos externos la cosa misma que esa idea representa. La pluralidad de objetos no hace más fácil para la inteligencia, la intuición clara de cada uno; pero, para extraer algún objeto de esa pluralidad, debemos omitir de nuestras ideas sobre las cosas todo lo que no exija la atención, a fin de que la memoria pueda retener el resto más fácilmente. No es necesario presentar a los sentidos externos las cosas mismas; bastan figuras abreviadas con tal no nos induzcan a error. El que observe bien todos estos preceptos, no omitirá nada en lo relativo a la primera parte de la cuestión que nos ocupa.

Pasemos al examen de la segunda parte y distingamos cuidadosamente las nociones de las cosas simples de las nociones de las cosas compuestas. Veamos en cuáles cabe el error, para guardarnos de ellas, y en cuáles podemos obtener un conocimiento cierto, para fijarnos exclusivamente en éstas. Aquí, como en nuestros estudios precedentes, hay que admitir ciertas proposiciones en que no todos convienen; pero poco importa que se las crea tan imaginarias como los círculos en que los astrónomos trazan los fenómenos, si con su auxilio llegamos a determinar los objetos que podemos o no podemos conocer con certeza.

Afirmamos, en primer término, que éstas han de ser consideradas de otro modo cuando las examinamos en relación con nuestra inteligencia, que cuando nos ocupamos de ellas refiriéndonos a su existencia real. Consideremos, por ejemplo, algún cuerpo extenso y figurado; lo primero que decimos es que él en sí es algo uno y simple, porque no se lo puede llamar compuesto de corporeidad, extensión y figura puesto que éstas nunca han existido distintas ni separadas; pero, con relación a nuestra inteligencia decimos, que ese cuerpo está compuesto de aquellas tres naturalezas, porque las hemos percibido separadamente, antes de saber que se encontraban las tres reunidas en un solo y mismo objeto. Tratando aquí de las cosas en cuanto son percibidas por la inteligencia, llamamos simples a aquellas cuyo conocimiento es tan claro y distinto que el espíritu no puede dividirlas de nanera que su conocimiento sea más distinto aún, por ejemplo: la *figura*, la extensión, el movimiento, etc.; todas las demás cosas las concebimos como compuestas de las anteriores. Esto debe entenderse de una manera tan general que ni siquiera exceptuamos las cosas que a veces abstraemos de las cosas simples, como sucede cuando decimos: la figura es el límite de la extensión, concibiendo como límite algo más general que la figura, porque puede decirse el límite de la duración, del movimiento, etc. Aunque la noción de límite haya sido abstraída de la noción de figura, no debe, sin embargo, parecer más simple que ésta, porque si bien se atribuye a cosas esencialmente diferentes de la figura, como la duración, el movimiento, etc., ha sido necesario abstraerla también de estas cosas; y, por consecuencia, es un compuesto de varias naturalezas enteramente diversas a las cuales se aplica por equívoco.

En segundo lugar, dividimos las cosas que llamamos simples con relación a nuestra inteligencia, en puramente intelectuales, puramente materiales y comunes. Son puramente intelectuales las cosas que la inteligencia conoce por una luz innata y sin el auxilio de ninguna imagen corporal; existen, ciertamente, algunas de este género; nos es imposible imaginar ninguna idea corporal que nos represente lo que es el conocimiento, la duda, la ignorancia, la acción de la voluntad, que llamaré *volición* y otras cosas semejantes que conocemos con tanta realidad y facilidad que para ello nos basta el haber sido dotado de razón. Son puramente materiales las cosas que no conocemos más que en los cuerpos, como la figura, la extensión, el movimiento, etc. Son comunes las que se aplican, indistintamente a lo material y a lo espiritual, como la existencia, la duración, la unidad y otras semejantes. A esta clase debe agregarse esas nociones comunes que son como lazos que sirven para unir diferentes naturalezas simples, y sobre cuya evidencia descansa toda conclusión. Por ejemplo: *Dos cosas iguales a una tercera son iguales entre sí. Dos cosas que no pueden referirse de la misma manera a una tercera, no son iguales*. Estas nociones comunes son conocidas por la inteligencia pura, o por la inteligencia examinando intuitivamente la imagen de los objetos materiales.

En el número de las naturalezas simples debemos contar su privación y su negación en cuanto las comprendemos, porque el conocimiento que me hace ver lo que es la nada, el instante, el reposo no es menos verdadero que el que me hace comprender lo que es la existencia, la duración, el movimiento. Por este modo de concebir la cuestión podemos decir que las demás cosas que conocemos están compuestas de esas naturalezas simples; si afirmo que una figura carece de movimiento, diré que mi pensamiento se compone en cierto modo de la figura y del reposo.

Afirmamos, en tercer lugar, que estas naturalezas simples son conocidas por ellas mismas, y que nada de falso contienen; lo cual veremos fácilmente si distinguimos la facultad por la que la inteligencia ve y conoce las cosas de la facultad por la cual juzga afirmativa o negativamente. Porque puede ocurrir que pensemos ignorar las cosas que realmente conocemos; por ejemplo, cuando sospechamos que hay en ellas, además de lo que vemos y alcanzamos con el pensamiento, algo oculto a nuestros ojos, sin que la sospecha tenga fundamento. Es evidente que si creemos no conocer por completo alguna de esas naturalezas simples nos engañamos; porque si nuestro espíritu adquiere de ella la más pequeña noción —y esto es absolutamente necesario puesto que se supone que formamos algún juicio sobre ella— la conocemos por completo; de lo contrario no sería simple sino compuesta de lo que percibimos y de lo que creemos ignorar.

Afirmamos, en cuarto término, que la unión de las cosas simples entre sí es necesaria o contingente. Es necesaria cuando están tan íntimamente unidas las cosas que no podemos concebir distintamente una cualquiera de ellas separada de la otra; así están unidas la figura y la extensión, el movimiento y la duración o tiempo, etc.; porque es imposible concebir la figura privada de extensión ni el movimiento privado de duración. Si yo digo: cuatro y tres son siete, la unión de los elementos que componen este último número es necesaria, porque no concebimos distintamente el número siete sin que encierre de una manera confusa el número tres y el número cuatro. Por la misma razón, todo lo demostrado sobre las figuras y sobre los números va necesariamente, unido a la cosa objeto de la afirmación. Esta unión necesaria no sólo se encuentra en las cosas sensibles; por ejemplo, si Sócrates dice que duda de todo, la conclusión de estas palabras es necesariamente; por lo menos sabe que duda, ya sabe, pues, que hay alguna cosa verdadera o falsa. Esas conclusiones van necesariamente unidas a la naturaleza de la duda.[20] La unión es contingente si las cosas no están ligadas de un modo inseparable, como cuando decimos: el cuerpo es animado, el hombre va vestido, etc. Existe un gran número de proposiciones entre las cuales hay una unión necesaria, considerada generalmente como contingente por no apreciar bien la relación, así: Yo existo, luego Dios existe; y esta otra: Comprendo, luego tengo un espíritu distinto de mi cuerpo, etc. Finalmente, existen muchas proposiciones necesarias que invertidas son contingentes, por ejemplo, de mi existencia concluyo con certeza la existencia de Dios; mas de la existencia de Dios no se concluye la mía.

Afirmamos, en quinto lugar, que nada podemos comprender más allá de estas naturalezas simples y de las naturalezas compuestas que

---

[20] Formulación, aun muy imperfecta, del *cogito*. Las *Reglas* datan de 1628.

con ellas se forman; frecuentemente es más fácil examinar varias unidas que separar una de todas las demás. Por ejemplo, conozco un triángulo, aunque nunca haya observado que en este conocimiento están contenidos el del ángulo, el de la línea, el del número tres, el de la figura, el de la extensión, etc.; pero no por eso decimos que la naturaleza del triángulo está compuesta de todas esas naturalezas y que son mejor conocidas que aquél, puesto que en él se contienen. En el mismo triángulo están comprendidas otras muchas cosas en que no paramos mientes: la magnitud de los ángulos, igual a dos rectas, y las relaciones innumerables que existen entre lados y ángulos o la capacidad del área, etc.

Afirmamos, en sexto término, que las naturalezas llamadas compuestas nos son conocidas, ya porque la experiencia nos las muestra como son, ya porque las componemos nosotros mismos. Conocemos por experiencia lo que percibimos por los sentidos, lo que aprendemos de los demás, y, en general, todo lo que llega a nuestro entendimiento, ya del exterior, ya por la contemplación que el espíritu realiza de sí mismo. El entendimiento no puede engañarse en ninguna experiencia si se limita a la intuición precisa del objeto tal como lo posee en sí mismo o en la imaginación. A veces ocurre que el entendimiento no cree que la imaginación representa fielmente los objetos de los sentidos, que los sentidos revisten la figura verdadera de las cosas, ni que los objetos exteriores sean como aparecen; en todos estos casos estamos sujetos al error, por ejemplo: cuando nos cuentan una fábula y la creemos real; cuando, atacados de la icteria, lo vemos todo amarillo porque tenemos los ojos de este color, y cuando, sumidos en profunda melancolía, miramos como realidades los fantasmas de nuestra extraviada imaginación. Pero estas cosas, no engañarán la inteligencia del prudente; reconocerá que lo recibido de la imaginación ha sido impreso en ella realmente, mas no por eso afirmará que la imagen ha llegado entera y sin alteración de los objetos exteriores a los sentidos y de los sentidos a la imaginación, hasta que lo compruebe de una manera evidente. Componemos nosotros mismos los objetos que comprendemos, siempre que abrigamos la creencia de que hay en ellos alguna cosa que sin experiencia ninguna nuestro espíritu percibe inmediatamente; así, cuando el hombre atacado de icteria se persuade de que es amarillo lo que ve, su pensamiento se compone de lo que la imaginación le representa y de lo que deduce de sí mismo, es decir: que todo le parece amarillo, no por defecto del ojo sino porque las cosas que ve son realmente amarillas. De estas razones inferimos que no podemos engañarnos más que cuando nosotros mismos componemos las nociones que admitimos.

Afirmamos, en séptimo lugar, que esta composición puede hacerse de tres maneras: por impulsión, por conjetura o por deducción. Com-

ponen por impulsión mis juicios sobre las cosas los que creen algo si1
estar persuadidos por ninguna razón y sí determinados por un pode
superior, por su libre voluntad, o por una disposición de su imaginación
El primer motor nunca engaña; el segundo, rara vez, y el tercero, cas
siempre; pero el primero no pertenece a este tratado porque no ca
bajo las reglas del arte. La composición se hace por conjetura cuan
do del hecho de que el agua, estando más alejada del centro que l
tierra, está formada por una substancia más tenue que la de aquélla
y el aire, más elevado que el agua, es también más tenue que ésta —infer
mos que más allá del aire hay una substancia etérea, muy pura y much
más tenue que el aire. Las nociones compuestas de este modo no no
engañan si no las miramos más que como probabilidades y no afirmamo
que son justas. Estas nociones no nos hacen más sabios.

Por la inducción podemos componer noticias de exactitud induda
ble, y, sin embargo, esa inducción es, a veces, defectuosa en más d
un aspecto, como ocurre, por ejemplo, cuando no viendo nada en e
espacio ocupado por el aire concluimos que está vacío, uniendo errónea
mente la naturaleza del vacío con la del espacio. Lo mismo suced
siempre que de una cosa particular y contingente deducimos cos;
general y necesaria. En nuestra mano está evitar ese error; no debemo
unir cosas cuya unión no sea enteramente necesaria. Una conclusió1
legítima es la siguiente; la figura está necesariamente unida a la exten
sión, luego lo que no es figurado no puede ser extenso.

De todo esto resulta, en primer lugar, que hemos expuesto cor
claridad y por una enumeración suficiente lo que en un principi
habíamos demostrado confusamente y sin arte, a saber: que no ha
otras vías abiertas al hombre para llegar al conocimiento cierto de l
verdad, que la intuición evidente y la deducción necesaria; y que so1
esas naturalezas simples de que hablamos en la regla octava. Es evi
dente que la intuición se aplica a estas naturalezas y a las unione
necesarias que existen entre ellas, y, finalmente, a las cosas que e
entendimiento encuentra por una experiencia precisa, ya en sí, ya e1
la imaginación. Cuanto a la deducción, de ella trataremos con exten
sión en las reglas siguientes.

Resulta, en segundo lugar, que no es preciso hacer ningún esfuerz
para conocer las naturalezas simples, porque son suficientement
conocidas por ellas mismas; pero es necesario distinguir unas de otra
y considerarlas atentamente y por separado. Ningún hombre, por mu
obtuso que sea, deja de observar que estando sentado difiere en algo d
cuando está de pie; pero no todos establecen una distinción precisa en
tre la naturaleza de la posición el resto de lo que se encuentra contenid
en este pensamiento; todos no pueden afirmar que la única diferenci;
consiste en el cambio de posición. No está de más que hagamos est;
observación porque los sabios son, por lo general, suficientement

ngeniosos para volverse ciegos ante las cosas evidentes, conocidas hasta
or los más ignorantes; y esto les sucede porque intentan demos-
rar, por medio de alguna cosa más evidente, las que son evidentes por
llas mismas y no necesitan de otras para poner de manifiesto su evi-
lencia. De este modo los sabios explican otra cosa distinta de la que
e proponen o no explican nada. ¿Quién no concibe perfectamente
l cambio que se opera cuando cambiamos de lugar, y quién concebirá
a misma cosa si le decimos: *¿El lugar es la superficie del cuerpo ambiente?*[21]
No os parecen palabras mágicas, de una virtud oculta, fuera del alcance
lel espíritu humano las palabras de los que dicen que el movimiento
—cosa conocida por todo el mundo— *es el acto de una potencia en tanto
s potencia?* ¿Quién comprende estas palabras? ¿Quién ignora lo que
s el movimiento? Los filósofos, siguiendo su costumbre, buscan dificul-
ades donde no las hay e intentan obscurecer las más claras cuestiones.

Las cosas de esa naturaleza no deben explicarse con ninguna defini-
ión, porque corremos el riesgo de tomar lo simple por lo compuesto;
os limitaremos a separarlas de las demás y las examinaremos cuida-
losamente según las luces de nuestro espíritu.

Resulta, en tercer lugar, que toda ciencia humana consiste en ver
listintamente cómo concurren unidas esas naturalezas simples a la
omposición de las otras cosas. Esta observación tiene mucha utilidad;
uando se presenta alguna dificultad, la mayor parte de los hombres
le estudio se detienen en su labor científica, perplejos, no sabiendo
qué clase de pensamientos deben entregarse y creyendo que es necesa-
io buscar algún nuevo ser, para ellos desconocido. Por ejemplo, se
es pregunta cuál es la naturaleza del imán; y augurando que la cosa
s muy ardua y difícil, alejan su espíritu de lo evidente para aplicarlo
difícil, y errando por el espacio vacío de las causas, esperan encontrar
or casualidad algo nuevo. El que piensa, por el contrario, que nada
uede haber en el imán que no esté compuesto de ciertas naturalezas
imples y conocidas con perfecta evidencia, reúne todas las experiencias
ue ha conseguido hacer en el imán, y trata de deducir cuál es la
ombinación de naturalezas simples que produce los efectos observados.
lallada esa combinación, puede decir que ha descubierto la verdadera
aaturaleza del imán en la medida que el hombre puede descubrirla
or medio de las experiencias que necesita hacer.

Resulta, en cuarto lugar, que ningún conocimiento debe ser con-
iderado más obscuro que otro cualquiera, puesto que son todos de
a misma naturaleza y consisten en la composición de las cosas conocidas
or ellas mismas, y, por lo tanto, con absoluta evidencia. No es ésta la
pinión general ni mucho menos. Los más presuntuosos se permiten

---

21 Esta y la siguiente expresión en letras cursivas, figuran en Aristóteles, *Física*,
bros III y IV respectivamente.

dar a sus propias conjeturas el carácter de demostraciones reales, y en las cosas que ignoran por completo, creen ver verdades obscuras que no vacilan en exponer envolviéndolas en ciertas que no comprenden ellos y mucho menos los que les escuchan. Los más modestos se abstienen de examinar gran número de cuestiones fáciles y muy importantes para la vida, porque creen que no están al alcance de sus inteligencias; y abrazan las opiniones de los que más confianza les inspiran por su talento o su saber.

Decimos en quinto lugar que sólo se pueden deducir las cosas de las palabras, la causa del efecto, el efecto de la causa, lo mismo de lo mismo, las partes o el todo de las partes. *(Falta lo demás)* [22]

Para que nadie pierda de vista el encadenamiento de nuestros preceptos, dividimos lo que puede ser conocido en proposiciones simples y cuestiones. Por lo que respecta a las primeras no damos más preceptos que los que sirven para preparar el entendimiento de modo que vea los objetos más distintamente y los estudie con más sagacidad; estas proposiciones deben presentarse por sí, y no necesitan ser buscadas. Ellas son el objeto de nuestras doce primeras reglas, en las cuales creemos haber puesto de manifiesto todo lo que de alguna manera facilita el uso de la razón. Entre las cuestiones, hay unas que se comprenden perfectamente aunque se ignore la solución, y de ellas trataremos en las doce reglas siguientes; y hay otras que no se comprenden perfectamente, y de ellas nos ocuparemos en otras doce reglas. Esta división ha sido hecha con el propósito de no obligarme a decir lo que hiciera suponer el conocimiento de lo que sigue, y de enseñar ante todo lo que creemos debe ser estudio como necesario precedente del cultivo del espíritu. Hay que tener en cuenta que entre las cuestiones que se comprenden fácilmente no colocamos más que aquellas en que percibímos distintamente estas tres cosas: en qué signos puede ser conocido lo que buscamos, cuando se presenta; de qué debemos deducirlo con toda precisión, y cómo hay que probar que de las dos cosas una depende de tal modo de la otra que no puede cambiar la una sin que cambie la otra. De este modo tendremos todas las premisas, y sólo necesitaremos enseñar la manera de encontrar la conclusión, manera que consiste no en deducir una cosa cualquiera de una cosa simple (ya hemos dicho que esto podía hacerse sin preceptos), sino en separar cuidadosamente una cosa que depende de otras muchas unidas.

Como semejantes cuestiones son consideradas como abstractas y no se encuentran más que en la aritmética o en la geometría, parece-

---

[22] El texto latino dice: *coetera desunt* (lo demás falta). el desarrollo de esto figura en la regla XIII. Además, respecto a este párrafo, en el excelente texto francés de M. Georges Le Roy dice "en octavo lugar" en vez de "en quinto lugar".

rán poco útiles a los que no conocen estas ciencias. Les advierto, sin embargo, que es preciso ejercitarse mucho tiempo en aprender este método, si desean comprender perfectamente la parte siguiente de este tratado, en el cual me ocuparé de las otras cuestiones.

REGLA XIII

CUANDO COMPRENDEMOS PERFECTAMENTE UNA CUESTIÓN, ES NECESARIO ABSTRAERLA DE TODA CONCEPCIÓN SUPERFLUA, REDUCIRLA A SUS MÁS SIMPLES ELEMENTOS Y SUBDIVIDIRLA EN TANTAS PARTES COMO SEA POSIBLE, POR MEDIO DE LA ENUMERACIÓN

Los dialécticos al enseñar las formas de los silogismos suponen conocidos los términos y la materia del silogismo. Nosotros exigimos ante todo que la cuestión sea comprendida perfectamente. Los dialécticos distinguen dos términos extremos y un medio. Nosotros consideramos la cuestión de este modo: en toda cuestión hay algo desconocido porque de lo contrario sería inútil la cuestión; este algo desconocido debe ser designado de alguna manera, porque si no, no sabríamos lo que íbamos a buscar; la designación debe formarse con algo conocido. Todo esto lo encontramos hasta en las cuestiones imperfectas; pero para que la cuestión sea perfecta, exigimos que sea completamente determinada, de suerte que no busquemos nada más de lo que puede deducirse de las nociones dadas; por ejemplo, si me preguntan lo que se infiere acerca de la naturaleza del imán, teniendo en cuenta las experiencias de Gilbert, sabemos perfectamente lo que hemos de investigar porque el objeto está completamente determinado. Para mayor claridad pongamos otro ejemplo: me preguntan lo que pienso sobre la naturaleza del sonido después de examinar los siguientes datos para que con referencia a ellos emita mi opinión: tres cuerdas, A, B y C, tienen un sonido igual; la cuerda B es dos veces más gruesa que la cuerda A, pero de una misma longitud y estirada por doble peso; la cuerda C, menos gruesa que la cuerda A, es dos veces más larga y su tirantez es ocasionada por un peso cuatro veces mayor, etc. Por estos ejemplos comprendemos que las cuestiones imperfectas pueden reducirse a perfectas, como explicaremos ampliamente en lugar oportuno; vemos, además de qué modo hay que observar esta regla para separar de toda concepción superflua la dificultad bien comprendida, y para abstraerla hasta el punto de no pensar que estudiamos tal o cual objeto; así, cuando nos determinamos al examen de una experiencia concreta sobre el imán, nos será fácil alejar nuestro pensamiento de las demás experiencias.

Es preciso simplificar la dificultad todo lo posible, según las reglas quinta y sexta, y dividirla, según la regla séptima. Si examino el imán refiriéndome a varias experiencias, recorreré éstas una por una. Si estudio la naturaleza del sonido, en la forma del ejemplo mencionado, compararé primero las cuerdas A y B, después A y C, etc., a fin de abarcar luego el todo en una enumeración suficiente. Esas tres reglas (quinta, sexta y séptima) son las únicas que la inteligencia pura debe observar en toda proposición, antes de llegar a la última solución. No olvidemos que también necesitaré las once reglas que siguen. La tercera parte de este tratado explicará claramente la manera de verificarse esas diversas operaciones.

Entendemos por cuestiones todas las cosas en que se encuentra lo verdadero o lo falso. Enumeraremos sus diferentes clases para determinar, lo que debemos hacer relativamente a cada una.

Ya hemos dicho que en la mera intuición de las cosas simples o compuestas, no cabe error; consideradas así, estas cosas no se llaman cuestiones, pero toman éste tan pronto como sobre ellas formamos un juicio determinado. Con efecto, no sólo incluimos entre las cuestiones las preguntas que nos hacen los demás; cuestión es la misma ignorancia, o mejor dicho, la duda de Sócrates, cuando interrogándose por vez primera, quiso saber si dudaba de todo y terminó por hacer una afirmación. Buscamos las cosas por las palabras, las causas por los efectos, los efectos por las causas, el todo por las partes y por una de éstas todas las demás.

Decimos que buscamos las cosas por las palabras siempre que la dificultad consiste en la obscuridad del lenguaje. A esto se reducen no sólo los enigmas como el de la Esfinge sobre el animal que, al principio, era cuadrúpedo, después bípedo y, por fin, caminaba con tres pies; y también aquel otro enigma de los pescadores que, de pie en la orilla, provistos de cañas y anzuelos para pescar, decían que no tenían los que habían pescado ya, pero, en cambio, tenían los que aun no habían capturado, etc. La mayor parte de las cuestiones controvertidas por los sabios son cuestión de palabras; no tengamos tan mala opinión de los grandes talentos, que creamos desatinada su concepción de las cosas, siempre que no las explican en términos bastantes claros. Por ejemplo, cuando llaman *lugar* a la *superficie de un cuerpo ambiente,* no es que tenga del lugar una idea falsa, sino que abusan de la palabra *lugar* que significa una naturaleza simple, conocida por sí sin necesidad de definición, en cuya virtud se dice que una cosa está aquí o allí, y que consiste en cierta relación del objeto con las partes del espacio extenso. De esa naturaleza, impropiamente han dicho algunos —al ver que se da el nombre de *lugar* a una superficie ambiente— que puede ser llamado *lugar intrínseco,* y así de lo demás. Estas cuestiones son tan frecuentes que si los filósofos se pusieran de acuerdo en lo relativo a la significación de las palabras, cesarían casi todas sus discusiones.

Buscamos las causas por los efectos siempre que tratamos de descubrir si una cosa es y cómo es *(Falta lo demás)*.[23]

Cuando se nos presenta a resolver alguna cuestión, ocurre frecuentemente que no observamos a qué género pertenece, si hay que buscar las cosas por las palabras, las causas por los efectos, etc. Me parece superfluo entrar en más detalles sobre este punto, porque será más breve y más útil examinar por orden todo lo que hay que hacer para llegar a la solución de cualquier dificultad.

Dada una cuestión cualquiera, es preciso, en primer lugar, comprender distintamente lo que se busca.

Algunos se apresuran demasiado en sus investigaciones, aplicando a la solución de las cuestiones propuestas un criterio incierto y sin saber cuáles son los signos por los que han de reconocer la cosa buscada si se presenta. Se parecen los que eso hacen al criado que, enviado a algún sitio por su señor, se tomara tal prisa por obedecer que saliera corriendo por la calle, antes de recibir las órdenes de su amo y de saber a donde se le enviaba.

Aunque en toda cuestión debe haber algo desconocido (de lo contrario sería inútil la cuestión) es preciso, sin embargo, que lo desconocido sea designado por condiciones tan precisas que nos determinemos a investigar la cosa que buscamos y no otra que aun siendo desconocida no nos interese. Al examen de estas condiciones hemos de dedicarnos primeramente. Este examen se refiere a cada una de esas condiciones por separado, investigando cuidadosamente hasta qué punto el objeto de la cuestión está limitado por ellas. Cuando se trata de determinar una cuestión el espíritu del hombre incurre por lo general en un doble error; abarca más de lo que le ha sido dado, u omite algunas cosas. Para evitar este doble error hemos de observar los preceptos que acabo de exponer.

Hay que guardarse de suponer más cosas y más positivas de las que nos han sido dadas para llegar a la solución, principalmente en los enigmas, en todas las cuestiones artificiosamente inventadas para dejar perplejo el espíritu y a veces en aquellas otras en que para hallar la solución se establece como cierta alguna cosa de que nos ha persuadido una opinión inveterada, mas no una razón cierta. Por ejemplo, si después de las observaciones que se han hecho relativamente a los astros, investigamos lo que podemos afirmar como cierto sobre sus movimientos, no debemos admitir gratuitamente como los antiguos que la tierra está inmóvil y colocada en el centro del universo,

---

[23] El texto latino dice: *reliquia desunt* (el resto falta).

porque desde nuestra infancia nos ha parecido que estaba así; es preciso poner esta creencia tradicional en duda para examinar lo que podemos considerar como cierto en este punto.[24]

Pecamos por omisión cuando no nos fijamos en alguna condición requerida para la determinación de una cuestión, ya porque se encuentra expresada en la cuestión misma, ya porque no paremos mientes en ella aunque podamos conocerla; por ejemplo, cuando buscamos el movimiento continuo, no el de la naturaleza como el de los astros, sino un movimiento creado por el arte humano —descubrimiento que algunos han creído posible, pensando por una parte, que la tierra da vueltas perpetuamente alrededor de su eje, y por otra, que el imán retiene todas las propiedades de la tierra; y esperando que para ese descubrimiento basta una piedra que se mueva circularmente y comunique al hierro su movimiento y sus demás cualidades. Aunque obtuvieran éxito en sus experimentos los que tal cosa intentan, no producirían artificialmente el movimiento continuo, sino que se aprovecharían del que existe en la Naturaleza, del mismo modo que si en la corriente de un río colocaran una rueda de manera que nunca dejara de dar vueltas. Es decir, que los que intentan resolver el problema del movimiento continuo han-omitido una condición requerida para determinar la cuestión.

Cuando la cuestión ha sido comprendida suficientemente es preciso ver en qué consiste la dificultad que encierra a fin de separarla de lo que la rodea y resolverla con mayor facilidad.

No basta siempre comprender una cuestión para saber dónde está la dificultad que contiene; es necesario reflexionar en cada una de las cosas que forman el objeto de la cuestión, y si hallamos algo fácil de conocer, separarlo, y así tendremos la proposición separada que uniremos a lo que buscamos. Así, en la cuestión del vaso, poco antes descrito, se advierte con facilidad cómo ha de ser construido: la columna se colocará en su centro, pintada el ave, etc.;[25] pero descartado todo esto como algo que no tiene que ver con la cuestión, queda sólo la dificultad en que el agua contenida antes en el vaso, se escapa totalmente en cuanto llega a determinada altura. ¿Cómo se produce esto? He ahí lo que hay que investigar.

Lo verdaderamente importante es recorrer por orden lo que está contenido en la cuestión dada; rechazar lo que con toda evidencia no nos parezca que sirve a nuestro propósito, retener lo que nos parezca necesario, y someter lo dudoso a un examen más atento.

---

[24] Hay que advertir la circunspección de Descartes al hablar del sistema heliocéntrico.

[25] El texto latino *avis* puede ser traducido por *signo*, por tener tal función gráfica.

REGLA XIV

LA MISMA REGLA DEBE SER APLICADA A LA EXTENSIÓN REAL DE LOS CUERPOS;
Y ES NECESARIO REPRESENTARLA COMPLETA A LA IMAGINACIÓN POR MEDIO
DE FIGURAS CLARAS; DE ESTE MODO SERÁ COMPRENDIDA CON MUCHA
MAYOR DISTINCIÓN POR LA INTELIGENCIA

Para servirnos debidamente del concurso de nuestra imaginación, hemos de hacer notar que cuando deducimos alguna cosa desconocida de otra ya conocida, no encontramos por esto una nueva especie de ser, sino que el conocimiento que antes poseíamos se extiende hasta el punto de hacernos ver que la cosa buscada participa en cierto modo de la naturaleza de las cosas que encierra la proposición. Por ejemplo; a un ciego de nacimiento ningún argumento le dará las ideas que de los colores recibimos por los sentidos; pero si el ciego no es de nacimiento, y, aunque ha visto los colores fundamentales, no vio los mixtos e intermedios, puede representarse, por la deducción fundada en la semejanza, los colores que no ha visto. Por la misma razón, si en el imán existe algo que en nada se parezca a lo que nuestra inteligencia ha percibido, nunca podremos llegar a su conocimiento por medio del razonamiento, porque nos serían precisos nuevos sentidos o una inteligencia divina. Todo lo que en este respecto puede hacer el espíritu humano lo creemos hecho si percibimos distintamente la combinación de seres o naturalezas ya conocidas que produce los mismos efectos que el imán. Sea cual sea la diferencia del objeto, por la misma idea es por la que conocemos todos estos seres ya conocidos: la extensión, la figura, el movimiento, y otros semejantes cuya enumeración sería inútil. La figura de una corona la imaginamos siempre del mismo modo, sea de oro, sea de plata. Esta idea general pasa de un sujeto a otro por medio de una simple comparación por la que afirmamos que el objeto buscado es, en cierto sentido, semejante, idéntico o igual a la cosa dada. En todo razonamiento, conocemos la verdad precisamente por una comparación. Por ejemplo: todo A es B, todo B es C; al afirmar como consecuencia, que todo A es C, comparamos la cosa buscada y la cosa dada, A y C, y establecemos que son iguales a B. Como las formas del silogismo —ya lo hemos dicho— no ayudan a conocer la verdad de las cosas, el lector hará bien rechazándolas por completo y persuadiéndose de que todo conocimiento que no se adquiere por la intuición pura y simple de un objeto individual, se adquiere por la comparación de dos o más objetos entre sí. Casi toda la industria de la razón humana consiste en preparar esta operación. Cuando es clara y simple no hay necesidad de ningún artificio, porque bastan las luces naturales para percibir la verdad que ella nos descubre. Observemos que las comparaciones son simples y claras, cuando la cosa buscada y la cosa dada participan igualmente de cierta naturaleza. Todas las demás comparaciones no necesitan preparación más que porque esa naturaleza común no se encuentra igualmente en los dos términos, sino según ciertas relaciones o proporciones en que va envuelta. La labor principal de la industria humana consiste en reducir estas proporciones a un punto en que se vea claramente la igualdad que existe entre lo conocido y lo que se busca.

No perdamos de vista que sólo pueden ser reducidas a esta igualdad las cosas que llevan consigo el más o el menos —cosas comprendidas bajo la denominación de magnitudes. Como —segun la regla precedente— hemos abstraído los términos de la dificultad, nos ocuparemos únicamente de las magnitudes en general.

No podemos servirnos aquí de la inteligencia pura exclusivamente, sino de la inteligencia ayudada por las figuras impresas en la imaginación, porque lo que se dice de las magnitudes en general es posible referirlo a alguna magnitud en particular.

De donde deducimos que nos será muy útil aplicar lo que se dice de las magnitudes en general a la especie de magnitud que nuestra imaginación se represente mas fácil y distintamente.

Esta magnitud es la extensión real de un cuerpo. Ya hemos dicho en la regla duodécima que la imaginación con las ideas que en ella existen no es otra cosa más que el verdadero cuerpo real extenso y figurado; por otra parte, en ningún sujeto se ven tan distintamente las diferencias de proporciones, porque, aunque una cosa sea calificada de más o menos blanca que otra, un sonido de más o menos agudo, etc., no podemos definir exactamente si el excedente está en proporción doble o triple, sino por cierta analogía a la extensión del cuerpo figurado. Tenemos por cierto y seguro que las cuestiones perfectamente determinadas, no contienen más dificultad que la que consiste en descubrir la medida proporcional de la desigualdad; y que todas las cosas en que encontremos precisamente esta dificultad, pueden y deben ser separadas de cualquier otro sujeto, y referidas a la extensión y a las figuras. De ello vamos a tratar exclusivamente hasta la regla quinta.

Desearíamos aquí un lector aficionado exclusivamente a los estudios matemáticos y geométricos, aunque preferimos que los lectores nunca se hayan ocupado de ellos, a que hayan aprendido estas ciencias por el método vulgar. Las reglas que voy a exponer son de más fácil uso para aprender las ciencias —a cuyo conocimiento bastan plenamente— que para otro intento cualquiera; y es tan grande su utilidad para adquirir una ciencia más alta, que no temo decir que esta parte de nuestro método no ha sido inventada para resolver problemas matemáticos, sino que el conocimiento de las matemáticas, es necesario únicamente para ejercitarse en la práctica de este método. Nada supondré que no sea conocido por uno mismo y no esté al alcance de todo el mundo; pero el conocimiento científico adquirido por la generalidad está obscurecido, si no por errores evidentes, al menos por un gran número de principios equívocos y mal concebidos que en lo sucesivo trataremos de corregir.

Por extensión entendemos, todo lo que tiene longitud, anchura y profundidad, sin investigar ahora si se trata de un cuerpo verdadero o solamente de un espacio. No creo que sea necesaria mayor explicación porque nada percibe nuestra imaginación con más facilidad.

A pesar de eso, los sabios se sirven con frecuencia de distinciones tan sutiles que apagan las luces naturales y encuentran tinieblas en las cosas que comprenden en seguida los más ignorantes. A esos sabios advertimos que por extensión no entendemos, algo distinto y separado del sujeto y que no reconocemos los seres filosóficos que nuestra imaginación no puede percibir realmente. Aunque alguno sea capaz de persuadirse de que, si reducimos a la nada lo extenso de la Naturaleza, la extensión puede existir por sí sola, resultará que para esta concepción no se ha servido de una idea corporal, sino de la inteligencia que ha formado un juicio falso. Y el que tal piense, reconocerá lo que decimos si reflexiona atentamente en la imagen de esa extensión, la cual no podrá representarse en la imaginación por muchos esfuerzos que haga; observará que no la percibe separada de un sujeto y que la imagina de modo distinto al de pensarla. Los seres abstractos (sea cual sea la opinión que la inteligencia forme sobre la verdad de la cosa) no se presentan nunca a la imaginación separados de todo sujeto.

Como de aquí en adelante no haremos nada sin el auxilio de la imaginación, importa distinguir cuidadosamente la idea que a nuestra inteligencia debe representar cada palabra.

Por eso nos proponemos examinar estas tres maneras de hablar: *la extensión ocupa el lugar, el cuerpo tiene extensión, y la extensión no es el cuerpo.*

La primera, muestra cómo se confunde la extensión con lo que tiene extensión. Cuando digo: *la extensión ocupa el lugar,* concibo la misma cosa que cuando digo: *lo que tiene extensión ocupa el lugar.* Y, sin embargo, no se sigue de aquí que sea mejor, para evitar el equívoco, servirse de estas palabras: *lo que tiene extensión,* porque no expresarían con bastante claridad lo que nosotros concebimos, es decir, que un sujeto cualquiera ocupa el lugar porque tiene (el sujeto), extensión, tal vez entendiera alguno, si empleáramos aquellas palabras que *lo que tiene extensión es un sujeto ocupando el lugar,* o como si dijéramos: *un ser animado ocupa el lugar.* Ésa es la razón por la cual hemos dicho que trataríamos aquí de la extensión más bien que de lo que tiene extensión, aunque creemos que la extensión debe ser comprendida por lo que tiene extensión, y tomada en este sentido.

Un cuerpo tiene extensión. Aunque entendamos que en esta frase, la extensión significa una cosa distinta del cuerpo, no nos formamos en la imaginación dos ideas distintas, la una del cuerpo y la otra de la extensión, sino una sola, la de un cuerpo que tiene extensión. En el fondo, es como si dijéramos: *lo que tiene extensión tiene extensión;* lo mismo se puede afirmar de todo ser que no existe sino en otro y no es comprendido sin un sujeto; no ocurre eso con los seres que se distinguen realmente de los sujetos. Si digo, por ejemplo: *Pedro tiene riquezas,* la idea de *Pedro* es diferente a la de *riquezas;* y si digo *Pablo es rico,* me imagino cosa distinta de la que me imaginaría si dijera: *El rico es rico.* La mayor parte de los hombres de estudio no observan esta diferencia, y piensan erróneamente que la extensión contiene algo distinto de lo que tiene extensión, del mismo modo que las riquezas de Pablo son cosa distinta de Pablo.

La extensión no es un cuerpo. La palabra extensión, en el sentido que se le da en esta frase, no corresponde en la imaginación a ninguna idea particular; pero esa frase es producto de la inteligencia pura que tiene la facultad de distinguir separadamente los seres abstractos de esta especie. El concebir así la extensión es muy inclinado al error, porque no observando que la extensión tomado en aquel sentido no puede ser concebida por la imaginación, los que así quieren concebirla se forman de ella una verdadera idea; y como esta idea implica necesariamente la concepción del cuerpo, si dicen que la extensión así concebida no es un cuerpo, tropiezan sin saberlo con esta proposición: *la misma cosa es un cuerpo al mismo tiempo que no lo es.*

Importa mucho distinguir bien las enunciaciones en las cuales las palabras *extensión, figura, número, superficie, línea, punto, unidad,* y otras semejantes, tienen una significación tan rigurosa que excluyen cosas de que en realidad no son distintas, como cuando se dice: *la extensión o la figura no es un cuerpo, el número no es la cosa contada, la superficie es el límite de un cuerpo, la línea es el límite de la superficie, el punto es el límite de la línea, la unidad no es una cantidad, etc.* Todas estas proposiciones y otras semejantes deben ser apartadas de la imaginación aunque contengan algunas verdades. Por eso en lo sucesivo no trataremos de ellas.

En todas las demás proposiciones en que las palabras mencionadas en el párrafo anterior, aunque conserven la misma significación y se empleen haciendo abstracción de todo sujeto, no excluyan ni nieguen cosas de las cuales no son realmente distintas, podemos y debemos servirnos del auxilio de la imaginación, porque, aun cuando la inteligencia no atienda a lo expresado por la palabra, la imaginación se representará una verdadera idea de la cosa, a fin de que la inteligencia dirija su atención a las demás condiciones que no han sido expresadas por la palabra, y no crea que han sido excluidas. Por ejemplo: supongamos, tratándose de números, un sujeto mensurable por varias unidades, y, aunque nuestra inteligencia no reflexiona al pronto más que en la pluralidad del sujeto, cuidemos mucho de que no termine por asentar alguna conclusión que haga suponer que la cosa contada ha sido excluida de nuestra concepción, como hacen los que atribuyen al número propiedades maravillosas, en las que no creerían con tanta fe si no concibieran el número como distinto de la cosa contada. Si se trata de figuras, supongamos un sujeto figurado y extenso; si de un cuerpo, pensemos que lo examinamos en su longitud, anchura y profundidad; si de una superficie, concibámosla larga y ancha omitiendo la profundidad aunque sin negarla; si de una línea, supongámosla larga únicamente; si de un punto, lo consideraremos como ser, omitiendo cualquier otro carácter.

Aunque desenvuelvo ampliamente estas ideas, como la mayor parte de los espíritus están tan llenos de prejuicios, temo que sólo muy pocos encontrarán muy corta la explicación de mi pensamiento a pesar de la longitud de mis razonamientos.

Hasta la aritmética y la geometría, las más ciertas de todas las ciencias, nos engañan en este respecto. ¿Quién es el calculador[26] que piensa, no sólo que los números son abstraídos de todo sujeto por la inteligencia, sino que es preciso distinguirlos realmente de ella por la imaginación? ¿Quién es el geómetra que no mezcla con la evidencia de su objeto principios contradictorios, cuando juzga que las líneas no tienen anchura ni las superficies profundidad y, sin embargo, compone las unas con el auxilio de las otras sin observar que esa línea cuyo movimiento engendra una superficie es un verdadero cuerpo, y la que no tiene anchura no es más que un modo del cuerpo? Para no detenernos demasiado en estas observaciones expondremos de qué manera debe ser concebido nuestro objeto y demostraremos con toda la posible facilidad lo que en este sentido hay de verdadero en la aritmética y en la geometría.

Nos ocupamos de un objeto que tiene extensión, no considerando en él más que esta extensión, y prescindiendo de la palabra *cantidad*, porque hay filósofos tan sutiles que establecen distinciones entre la cantidad y la extensión. Suponemos que todas las cuestiones han sido llevadas a un punto en que el único objeto consiste en buscar cierta extensión comparándola con otra ya conocida. Como no aspiramos al conocimiento de un nuevo ser, sino solamente a reducir las proporciones, por embrolladas que parezcan, a ese punto en que lo desconocido se encuentra por lo conocido, todas las diferencias de proporciones que puedan existir entre los demás sujetos, es posi-

---

[26] Calculador: matemático. Texto latino: *logista*.

ble hallarlas entre dos o más extensiones. Para conseguir este fin nos basta considerar en la extensión, los elementos que pueden ayudarnos a exponer las diferencias de las proporciones. Estos elementos se presentan en número de tres: dimensión, unidad y figura.

Por dimensión entendemos el modo y razón según los cuales un sujeto es considerado como mensurable; de suerte que las únicas dimensiones del cuerpo no son la longitud, la anchura y profundidad. La pesadez es la dimensión según la cual los sujetos son pesados; la velocidad es la dimensión del movimiento;[27] y así una infinidad de modos semejantes. La división en varias partes iguales —lo mismo si es real que intelectual— es propiamente una especie de dimensión, aunque haya alguna diversidad en la significación de la palabra. Con efecto: si consideramos las partes relativamente al todo, decimos que contamos; si consideramos el todo dividido en partes, los medimos; por ejemplo: medimos los siglos por los años, por los días, por las horas y por los minutos; pero si contamos los minutos, los días y los años, terminamos por completar la suma de los siglos.

De lo anterior resulta con toda evidencia que en un mismo sujeto puede haber infinidad de dimensiones diferentes, que si bien nada añaden a las cosas en que se encuentran, deben ser consideradas de igual manera, lo mismo si tienen un fundamento real en los sujetos, que si son una invención de nuestro espíritu. La pesadez de los cuerpos, la velocidad del movimiento, la división del siglo en años y días, son cosas reales; pero la división del día en horas y minutos nada tiene de real. Y pudiéramos citar muchos ejemplos como éste.[28] Sin embargo, todas esas cosas son idénticas, si las consideramos desde el punto de vista de la dimensión como debe hacerse aquí y en las ciencias matemáticas. A los físicos corresponde examinar si las dimensiones inventadas por el espíritu tienen fundamento real.

Esta consideración arroja gran luz sobre la geometría, porque la mayor parte de sus cultivadores conciben erróneamente en esta ciencia tres clases de cantidades: la línea, la superficie y el cuerpo. Ya hemos dicho que la línea y la superficie no son perceptibles a la concepción, en cuanto son distintas del cuerpo o una de otra; pero si las consideramos simplemente como abstraídas por la inteligencia, no podremos afirmar que sean especies distintas de cantidad, del mismo modo que no podemos afirmar que el animal y el ser viviente son en el hombre diferentes especies de substancia. Las tres dimensiones del cuerpo longitud anchura y profundidad, no difieren más que en el nombre. Aunque no carezcan de fundamento real en toda cosa que tenga extensión las consideramos como ficciones de la inteligencia lo mismo que a otras muchas de que no se habla tanto. Por ejemplo: si queremos

---

[27] Vislumbre de la geometría analítica. Su *Geometría* fue publicada en 1637 junto con la *Dióptrica* y los *Meteoros*, obras todas precedidas del *Discurso* como preámbulo.
[28] Estas diferencias son un tanto artificiales.

medir exactamente un triángulo, es preciso conocer tres de sus elementos: tres lados, dos lados y un ángulo, dos ángulos y el área, etc.; si se trata de un trapecio hay que conocer cinco cosas; si de un tetraedro, seis, etc. Todas estas cosas pueden llamarse dimensiones; pero a fin de escoger aquí las que más ayuden a la imaginación nunca abrazamos más de una o dos aunque en la proposición que nos ocupe existan otras. Las dividimos para dirigir nuestra atención a muy pocas a la vez y a todas sucesivamente.

La Unidad es —como ya he dicho en otro lugar— aquella naturaleza de que deben participar igualmente todas las cosas que se comparan entre sí. Cuando en una cuestión no hay alguna unidad determinada, podemos adoptar una de las magnitudes dadas o cualquier otra magnitud, y ella será la medida común a todas las demás; consideramos que tiene tantas dimensiones como términos se comparan; y la concebimos como algo extenso, haciendo abstracción de sus demás caracteres (y entonces vendrá a ser lo mismo que el punto de los geómetras, cuando por su movimiento componen la línea), como una línea, o como un cuadrado.

En cuanto a las figuras, ya hemos dicho que sólo por ellas podemos formar ideas de todas las cosas. De sus mil diversas clases, emplearemos las que expresen más fácilmente todas las diferencias de relaciones y proporciones. Dos clases de cosas se comparan entre sí: cantidades y magnitudes; y para representarlas a nuestra inteligencia tenemos dos clases de figuras. Así los puntos

que designan el número del triángulo, o el árbol genealógico de alguno

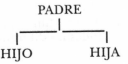

son figuras para representar pluralidades; aquéllas, en cambio, que son continuas e indivisas como el triángulo, el cuadrado, etc.,

representan magnitudes.

Antes de exponer las figuras que hemos de emplear en este tratado, nos ocuparemos de las relaciones que pueden existir entre los seres de la misma especie, relaciones que se reducen a dos principales: el orden y la medida. Para descubrir el orden hace falta cierta habilidad —como se ha visto en todas las partes de este tratado— en tanto que para conocerlo una vez encontrado no existe la menor dificultad; nuestro espíritu —según la regla séptima— puede fácilmente recorrer cada una de las partes ordenadas, porque en estas relaciones los términos se enlazan directamente, sin necesidad de intermedio, como ocurre en las medidas. Reconozco el orden que existe entre A y B, considerando estos dos términos; en cambio no reconozco la proporción de la magnitud entre dos y tres, si no reconozco un tercer término, la unidad, que es la medida común de los otros dos.

Las magnitudes continuas —por medio de una unidad artificial, ya que no natural— pueden reducirse a la pluralidad (a veces todas; y siempre, parte de ellas por lo menos) y esta pluralidad puede ser dispuesta con tal orden que la dificultad consiste en el conocimiento de la medida no dependa más que de la inspección del orden —progreso de utilidad extraordinaria en la investigación.

De todas las dimensiones de magnitud continua, las que más distintamente concebimos son la longitud y la anchura. No debemos de fijar la atención en varias a la vez, sino comparar dos que difieran entre sí; y si hay más dimensiones diferentes qué comparar lo haremos sucesivamente, cuidando mucho de no observar más de dos al mismo tiempo.

De lo dicho concluimos que es preciso abstraer las proporciones tanto de las figuras de que se ocupan especialmente los geómetras, como de cualquier materia que tratemos; que para esta operación basta conservar las superficies rectilíneas y rectangulares o las líneas rectas que también llamamos figuras porque nos sirven tanto como las superficies para representar un sujeto que tiene realmente extensión, como ya dijimos en otro sitio; y, finalmente, que por esas mismas figuras debemos representar lo mismo las magnitudes continuas que la pluralidad o el número. El arte humano no puede inventar nada más sencillo para exponer todas las diferencias de las relaciones.

REGLA XV

CASI SIEMPRE ES TAMBIÉN ÚTIL TRAZAR ESTAS FIGURAS Y PRESENTARLAS A LOS SENTIDOS EXTERNOS A FIN DE MANTENER MÁS FÁCILMENTE POR ESTE MEDIO LA ATENCIÓN DE NUESTRO ESPÍRITU

La forma de trazar estas líneas para que al contemplarlas se reflexione nuestra imaginación más distintamente, es tan sencilla, que ella misma se explica.

Representaremos la unidad de tres maneras: por un cuadrado □, si la consideramos larga y ancha; por una línea ——, si sólo la consideramos larga; y por un punto •, si la consideramos como componente de la pluralidad. De cualquier modo que nos la representemos y la concibamos, comprenderemos que es un sujeto que tiene extensión en todos sentidos y que es susceptible de infinidad de dimensiones.

Para representar los términos de una proposición, en los cuales tenemos que examinar al mismo tiempo dos magnitudes diferentes, trazaremos un rectángulo, cuyos dos lados serán las magnitudes propuestas, de esta manera:

si son inconmensurables[29] con la unidad, de esta otra

o de la siguiente •••/••• si son conmensurables, sin añadir nada, a menos que se trate de una pluralidad de unidades.

Si no examinamos más que una magnitud, representaremos la línea por un rectángulo, uno de cuyos lados será la magnitud propuesta y el otro la unidad, de esta manera [   ], lo que ocurre siempre que la misma línea deba ser comparada con una superficie cualquiera; será representada por una longitud ——, si la consideramos como inconmensurable, o de este otro modo • • • •, si es una pluralidad.

REGLA XVI

EN CUANTO A LAS COSAS QUE NO EXIGEN LA ATENCIÓN INMEDIATA DEL ESPÍRITU, AUNQUE SEAN NECESARIAS PARA LA CONCLUSIÓN, ES MÁS ÚTIL DESIGNARLAS CON SIGNOS MUY CONCISOS QUE CON FIGURAS ENTERAS; DE ESTE MODO NO SE EQUIVOCARÁ LA MEMORIA Y EL PENSAMIENTO NO SE VERÁ OBLIGADO A DIVIDIRSE PARA RETENERLOS, MIENTRAS SE APLICA A LA INVESTIGACIÓN DE LAS OTRAS

Ya hemos dicho que de las innumerables dimensiones que podemos representarnos en la imaginación, sólo dos debemos considerar al mismo tiempo por una mirada o por una intuición; pero importa

---

[29] El texto latino dice *commensurabiles*, pero debe leerse *incommensurabiles*. El error salta a la vista comparando los signos.

mucho retener las demás de tal suerte que se presenten con facilidad al espíritu siempre que las necesitemos. Con este objeto ha sido creada la memoria por la naturaleza. Pero como esta facultad está sujeta a frecuentes equivocaciones, para no vernos obligados a emplear parte de la atención en renovar la memoria mientras otros pensamientos ocupan el espíritu, la industria humana ha inventado el uso de la escritura.

Con la ayuda de esta invención nada confiamos a la memoria; antes bien, abandonando nuestra imaginación a las ideas presentes, trazamos sobre el papel lo que es preciso retener, por medio de figuras muy cortas, para que después de examinar cada cosa por separado, según la regla novena, podamos, según la regla undécima, recorrerlas todas con un movimiento rápido del pensamiento y abarcar a la vez el mayor número posible.

Lo que tengamos que considerar como unidad para la solución de la cuestión, será expresado por un signo único que se puede representar *ad libitum;* pero para mayor facilidad nos serviremos de letras minúsculas *a*, *b*, *c*, etc., que expresarán las magnitudes ya conocidas, y de mayúsculas A, B, C, que designarán las magnitudes desconocidas; y colocaremos las cifras 1, 2, 3, 4, etc., ya a la cabeza de estos signos, ya a continuación, según se quiera indicar el número de magnitudes o el número de relaciones que encierran. Por ejemplo, si escribo 2a³, es lo mismo que si digo; doble de la magnitud representada por *a*, que contiene tres relaciones.

Por este procedimiento economizaremos palabras y conseguiremos algo de extraordinaria importancia: presentar los términos de la dificultad simplificados y reducidos a lo que son en sí, de tal modo, que sin omitir nada útil, nada contendrán de superfluo, nada que ocupe inútilmente el espíritu cuando sea preciso abarcar varios objetos a la vez.

Para comprender mejor lo que antecede debemos observar que los calculadores tienen la costumbre de designar cada magnitud con varias unidades o con un número; pero nosotros no hacemos menos abstracción de los números que de las figuras geométricas o de cualquier otra cosa. Así evitamos el fastidio de un cálculo largo y superfluo, y, lo que es más importante, las partes del sujeto que constituyen la naturaleza de la dificultad, consérvanse siempre distintas y no envueltas en números inútiles. Por ejemplo: si se busca la base de un triángulo rectángulo cuyos lados dados son 9 y 12, un calculador dirá que esa base es $\sqrt{225}$ ó 15; pero nosotros, en lugar de 9 y 12 pondremos *a* y *b* y encontraremos que la base es $\sqrt{a^2 + b^2}$. Estas dos partes *a* y *b* que son confusas en el número serán distintas en nuestra fórmula.

Por número de relaciones entendemos las proporciones que se suceden en orden continuo —proporciones que en el álgebra vulgar se expresan por medio de varias dimensiones y figuras, llamadas, la primera, raíz; la segunda, cuadrado; la tercera, cubo; la cuarta, doble cuadrado—, términos que muchas veces, lo confieso, llegaron a engañarme. Me parecía que nada más claro podía presentarse a mi imaginación, después de la línea y del cuadrado, que el cubo y otras figuras semejantes; porque con su auxilio resolví no pocas dificultades. Pero después de muchas experiencias, vi que esta manera de concebir no me había hecho hallar lo que sin ella no hubiera podido conocer fácil y distintamente; me convencí de que debía rechazar tales denominaciones, para que no turbaran la concepción, y porque la magnitud llamada cubo o doble cuadrado, no puede —según la regla precedente— presentarse a la imaginación más que como una línea o como una superficie.

La raíz, el cuadrado, el cubo, etc., no son más que magnitudes en proporción continua, que suponemos siempre precedidas de esa unidad artificial de que ya hemos hablado. La primera proporcional se refiere inmediatamente y por una sola relación a aquella unidad; la segunda, por el intermedio de la primera y consiguientemente por dos relaciones; la tercera, por el intermedio de la primera y de la segunda, y por tres relaciones, etc. De aquí en adelante llamaremos primera proporcional a la magnitud llamada raíz en álgebra; segunda proporcional a la que lleva el nombre de cuadrado, y así a todas las demás.

Observemos también que, aun cuando abstraigamos del número los términos de la dificultad [30] para examinar la naturaleza de ésta, ocurre frecuentemente que hubiera podido ser resuelta de una manera más sencilla con el número dado que separada de éste; ya hemos visto anteriormente que los mismos números explican el orden y la medida. Por consiguiente, después de haber buscado la solución de la dificultad haciendo abstracción de los números, es preciso referirla a éstos para ver si por casualidad nos proporcionan una solución más simple.

Por ejemplo: después de ver que la base de un triángulo rectángulo, cuyos lados son a y b, es $\sqrt{a^2 + b^2}$, y que en lugar de a^2 podemos poner 81, y en lugar de b^2 144, números que sumados hacen 225, cuya raíz —es decir, la media proporcional entre la unidad y 225 es 15— concluiremos que la base 15 es conmensurable con los lados 9 y 12; en ese triángulo rectángulo un lado es al otro como 3 es a 4. Todo esto lo comprendemos nosotros, que queremos adquirir un conocimiento evidente y distinto de las cosas, pero no los calculadores que limitan sus aspiraciones a encontrar la suma que buscan sin observar cómo depende de las conocidas. Y precisamente en eso consiste toda la ciencia. [31]

---

[30] Sin duda el sentido del texto es obscuro. Tal vez se omitieron algunas palabras en el texto latino.

[31] Cfr. el *Filebo* de Platón.

No debemos confiar a la memoria las cosas que no reclaman una constante atención, si podemos escribirlas, porque la labor inútil de recordarlas sustrae alguna parte de nuestro espíritu al estudio del objeto presente. Primero escribiremos los términos de la cuestión como se presentaron a nuestra consideración la primera vez; después la forma que hemos empleado para abstraerlos, y las figuras que los representan, a fin de que, en cuanto hayamos encontrado la solución en los signos, podamos fácilmente y sin el auxilio de la memoria, aplicarla al sujeto particular de que se trate. Con efecto, no se puede abstraer una cosa más que de otra menos general; escribiré, pues de este modo: en el triángulo rectángulo *a b c* se busca la base *a c*, y abstraigo la dificultad para buscar en general la magnitud de la base, según la magnitud de los lados; en seguida, en lugar de *a b*, igual a 9, pongo *a*; en lugar de *b c*, igual a 12, pongo *b*, y lo demás se hace del mismo modo.

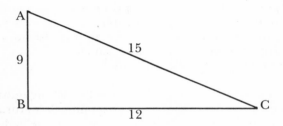

Para terminar, tengamos en cuenta que nos serviremos de estas cuatro reglas en la tercera parte del presente tratado,[32] y que las tomaremos en una acepción más amplia que la en que las hemos empleado hasta aquí, como diremos a su debido tiempo.

REGLA XVII

SE DEBE EXAMINAR DIRECTAMENTE LA DIFICULTAD PROPUESTA, HACIENDO ABSTRACCIÓN DE QUE SEAN CONOCIDOS UNOS TÉRMINOS Y DESCONOCIDOS OTROS, Y SIGUIENDO POR LA VERDADERA RUTA SU MUTUA DEPENDENCIA

Las cuatro reglas precedentes han enseñado cómo las dificultades determinadas y perfectamente comprendidas, deben ser abstraídas de cada sujeto y llevadas a ese punto en que no existen más que ciertas magnitudes que descubrir con el auxilio de las relaciones que las unen, de tal o cual manera, a magnitudes conocidas.

---

[32] Como se advierte, todavía aquí tenía Descartes la intención de terminar esta obra de las *Reglas*.

En las cinco reglas siguientes expondremos cómo han de ser tratadas estas dificultades de modo que sea cual sea el número de magnitudes desconocidas que se encuentren en una proposición, estén subordinadas unas a otras de manera que lo que la primera es con relación a la unidad, la tercera con relación a la segunda, la cuarta con relación a la tercera, y sucediéndose de esta suerte, por numerosas que sean, formen una suma igual a alguna magnitud conocida. Todo esto por un método tan cierto que con seguridad podemos afirmar que por ningún otro procedimiento hubiéramos conseguido reducir aquellas magnitudes a términos tan simples.

En toda cuestión a resolver por deducción, hay una vía plana y directa que es la más fácil para llegar de un término a otro, en tanto que las demás son difíciles e indirectas. Para comprender bien esta afirmación es necesario recordar lo que dijimos en la regla undécima, en la cual, al exponer el encadenamiento de las proposiciones, demostramos que si se compara una de ellas con la que les precede y con la que le sigue, se ve la relación que existe entre la primera y la última; también hicimos ver que no es tan fácil deducir de los extremos las proposiciones intermedias. Ahora bien, si consideramos su dependencia recíproca, sin interrumpir el orden un momento, para inferir de este examen, cómo la última depende de la primera, habremos recorrido directamente la dificultad. Si sabemos la forma en que se relacionan la primera y la última, y de este conocimiento queremos deducir cuáles son las intermedias que las unen, habremos seguido una marcha indirecta y contraria al orden natural. Pero como aquí nos ocupamos de cuestiones cuyos extremos son conocidos, y hay que llegar por una marcha inversa al conocimiento de los intermedios, todo el arte consiste en suponer conocido lo que ignoramos, y procurarnos así un medio directo y fácil para resolver las dificultades más complicadas. Ya hemos dicho que en toda cuestión los términos desconocidos dependen de tal modo de los conocidos, que son por ellos perfectamente determinados.

Si reflexionamos sobre las cosas que a nuestra consideración se presentan, reconoceremos aquella determinación; y si contamos las cosas desconocidas en el número de las conocidas, para deducir, gradualmente y por el verdadero camino, lo conocido como si fuera desconocido, habremos verificado todo lo que prescribe esta regla.

Cuanto a los ejemplos de lo que acabo de exponer y otras cosas de que también debemos ocuparnos, los reservo para la regla veinticuatro, porque allí estarán en el lugar más adecuado y conveniente.[33]

---

[33] Incluso se da a entender aquí que ya poseía Descartes por lo menos el esquema de las siguientes reglas.

REGLA XVIII

PARA ESTO NO HAY NECESIDAD MÁS QUE DE CUATRO OPERACIONES: ADICIÓN, SUSTRACCIÓN, MULTIPLICACIÓN Y DIVISIÓN; CON FRECUENCIA LAS DOS ÚLTIMAS NO DEBEN HACERSE AQUÍ, POR NO COMPLICAR INÚTILMENTE LAS CUESTIONES Y PORQUE MÁS ADELANTE PODRÁN SER EJECUTADAS CON MÁS FACILIDAD

La multiplicidad de reglas procede, por lo general, de la impericia de los maestros; las cosas que pueden ser reducidas a un solo principio son menos claras si las referimos a varias reglas particulares.

Todas las operaciones que han de servirnos para examinar las cuestiones, o lo que es lo mismo, para deducir ciertas magnitudes de otras conocidas, las reducimos a cuatro clases principales. La explicación de estas cuatro operaciones bastará para demostrar que su número es suficiente.

Con efecto: si llegamos al conocimiento de una magnitud porque tenemos las partes de que se compone, es por adición; si descubrimos una parte porque conocemos el todo y el excedente del todo sobre aquella parte, es por sustracción. No hay más medios para deducir una magnitud cualquiera de otras magnitudes consideradas absolutamente y en las cuales esté contenida la primera. Pero si una magnitud es intermedia entre otras de las que difiere por completo, y no se halla contenida en ninguna, es necesario referirla a aquéllas; y esta relación, si se busca directamente, se hallará por una multiplicación, y si indirectamente, por una división.

Para comprender mejor lo que decimos, hay que tener en cuenta que la unidad es aquí la base y el fundamento de todas las relaciones que en una serie de magnitudes continuas, ocupa el primer grado; que las magnitudes conocidas ocupan el segundo, y las que se buscan el tercero, el cuarto y los demás si la proposición es directa. Si es indirecta, la magnitud buscada ocupa el segundo grado, las otras los intermedios, y la conocida el último.

Si decimos: la unidad es a a o 5 conocido como b o 7 conocido es a a b o 35 buscado, entonces a y b ocupan el segundo grado, y a b, producto, el tercero. La unidad es a c o 9 como a b o 35 es a a b c o 513 buscado; entonces a b c ocupa el cuarto grado y es el producto de dos multiplicaciones de a b y de c que están en el segundo grado. Por la misma razón; la unidad es a a 5 como a 5 es a a^2 o 25; la unidad es a 5 como a^2 25 es a^3 125; y finalmente, la unidad es a a 5 como a^3 125 es a a^4 o 625, etc. Con efecto, la multiplicación no se hace de otro modo, ya se multiplique una magnitud por ella misma, ya se multiplique por otra enteramente diferente.

Si se dice: la unidad es a a o 5, divisor conocido, como B o r buscado es a a b 35, dividendo conocido —se invierte el orden, y por eso B buscado no se encuentra más que dividiendo a b dado por a dado también. Del mismo modo si se dice: la unidad es a A o 5 buscado como A o 5 buscado es A² o 25 dado; o aún: la unidad es a A o 5 buscado, como A² o 25 buscado también es a a^3 o 125 dado. Abarcamos estas operaciones con el nombre de división —aunque encierran más dificultades que las primeras— porque encontramos en ellas la magnitud buscada con más frecuencia y, por consiguiente, contiene mayor número de relaciones. El sentido de estos ejemplos es lo mismo que si dijéramos que es preciso extraer la raíz cuadrada de a^2 o 25, o el cubo de a^3 o 125, y así lo demás. Esta fórmula usada por los calculadores equivale a decir —sirviéndonos de los términos de la geometría— que hay que hallar la media proporcional entre la magnitud llamada unidad y la designada por a³, o las dos medias proporcionales entre la unidad y a^3, y así todas las demás.

Por lo expuesto es fácil comprender que esas dos operaciones bastan para encontrar todas las magnitudes que deban ser deducidas de otras magnitudes, con el auxilio de alguna relación. Bien comprendido esto quedamos por explicar cómo aquellas operaciones han de ser sometidas al examen de la imaginación y cómo hay que presentarlas ante nuestra vista; y después exponer su uso y su práctica.

Si tenemos que hacer una división o una sustracción, concebimos el sujeto bajo la forma de una línea o de una magnitud que tiene extensión, no considerando en ella más que la longitud; si hay que añadir la línea a a la b.

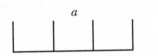

Las unimos una a otra de esta manera, ab,

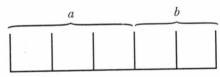

y se obtiene así c.

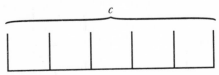

Pero, si la parte más pequeña debe ser restada de la mayor, a saber *b* de *a*

las aplicamos una sobre otra, de esta manera

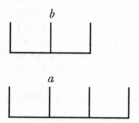

y así se tiene la parte de la magnitud mayor que no puede ser recubierta por la más pequeña, es decir:

En la multiplicación concebimos también bajo la forma de líneas las magnitudes dadas; pero imaginamos que forman un rectángulo: porque si multiplicamos *a* por *b*, las adaptamos a ángulos rectos de esta manera

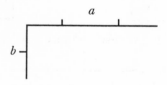

y obtenemos el rectángulo.

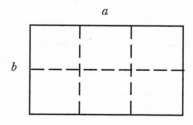

Por otra parte, si queremos multiplicar *a b* por *c*,

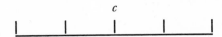

es preciso concebir *ab* como una línea, a saber: *ab*,

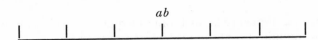

de manera que resulte *a b c:*

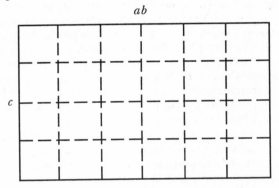

Finalmente, en la división en que el divisor sea conocido, nos representamos la magnitud a dividir bajo la forma de un rectángulo

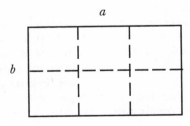

uno de cuyos lados es divisor, y el otro cociente. Por ejemplo: si queremos dividir el rectángulo entre *a*, prescindimos de la anchura *a* y queda *b* por cociente:

Si, por el contrario se quiere dividir el mismo rectángulo por b, se quita la altura b, y el cociente será a:

Por lo que respecta a las divisiones en que el divisor no es conocido pero sí designado por alguna relación como cuando se dice que hay que extraer la raíz cuadrada o cúbica, etc., observemos que es preciso concebir el dividendo y los demás términos como líneas en una serie de proporciones continuas siendo la primera la unidad, y la última la magnitud a dividir. Ya diremos oportunamente cómo se encuentran las medias proporcionales entre el dividendo y la unidad. Basta por ahora con advertir que tales operaciones no han terminado aún; porque deben acabar por un acto indirecto y reflejo de la imaginación, y ahora no tratamos más que de cuestiones a examinar directamente.

En lo que concierne a las otras operaciones, pueden hacerse muy fácilmente, concibiéndolas de la manera que hemos indicado. Falta explicar cómo deben ser preparados sus términos. Aunque somos libres —cuando una dificultad se presenta por vez primera— de concebir los términos como líneas o como rectángulos, como dijimos en la regla catorce, ocurre frecuentemente en el curso de la operación que un rectángulo producido por la multiplicación de dos líneas, deba ser luego concebido como línea para servir a otra operación: o que el mismo rectángulo o la línea producida por una adición o una sustracción tengan que ser concebidos como otro rectángulo, designado por la línea que ha de dividirle.

Es decir, que todo rectángulo puede ser transformado en una línea, y recíprocamente toda línea y todo rectángulo en otro rectángulo cuyo lado sea designado. Todo esto es muy fácil para los geómetras, que usan líneas en los casos en que nosotros componemos con ellas algún rectángulo. Uno de los lados de los rectángulos es la longitud que tomamos por unidad. De esta suerte todo se reduce a la siguiente proposición: Dado un rectángulo construir otro igual sobre un lado conocido.

Aunque esta operación es familiar, aun a los que comienzan el estudio de la geometría, quiero exponerla para no omitir nada. (*Falta el resto.*) [34]

---

[34] El texto latino dice: *coetera desiderantur.*

REGLA XIX

POR ESTE MÉTODO DE RAZONAMIENTO ES PRECISO BUSCAR MAGNITUDES
EXPRESADAS DE DOS MANERAS DIFERENTES, SUPONIENDO CONOCIDOS
TÉRMINOS DESCONOCIDOS A FIN DE EXAMINAR DIRECTAMENTE LA DIFICULTAD.
DE ESTA SUERTE OBTENDREMOS OTRAS TANTAS COMPARACIONES ENTRE
DOS COSAS IGUALES

REGLA XX

HALLADAS LAS ECUACIONES, ES PRECISO EFECTUAR LAS OPERACIONES
APLAZADAS,[35] SIN SERVIRNOS DE LA MULTIPLICACIÓN CUANDO HAYA LUGAR
A LA DIVISIÓN

REGLA XXI

SI HAY VARIAS ECUACIONES DE ESTA ESPECIE, ES PRECISO REDUCIRLAS A
UNA SOLA CUYOS TÉRMINOS OCUPEN EL NÚMERO MENOR DE GRADOS EN
LA SERIE DE MAGNITUDES EN PROPORCIÓN CONTINUA, SEGÚN LA CUAL
HAN DE SER ORDENADOS LOS TÉRMINOS

---

[35] Compárese el enunciado de la *Regla* XVIII.

TABLA DE LOS PRINCIPIOS DE LA FILOSOFÍA

Versión española de Francisco Larroyo.

ANÁLISIS

Los principios de la Filosofía, cuya tabla completa se presenta a continuación, aparecieron en Amsterdam, en 1644, bajo este título: *Renati Descartes Principia Philosophiae.* La obra está dedicada a la princesa Elizabeth de Bohemia. El abate Picot, amigo de Descartes, hizo la traducción francesa, la cual fue revisada por Descartes, y publicada en París, en 1647, con este nombre: *Los Principios de la Filosofía, escritos en latín por Renato Descartes y traducidos en francés por uno de sus amigos.* El texto francés contiene algunas modificaciones respecto del texto latino; modificaciones introducidas por el propio Descartes; lo que significa que fue el texto definitivo para éste.

Los Principios de la Filosofía comprenden cuatro partes. En ellos se expone la doctrina en tal orden que "pueda ser aprendida fácilmente", y espera que "se verá por experiencia que sus opiniones no tienen nada que las deba hacer rechazar por quienes enseñan; sino, al contrario, se encontrarán muy útiles y cómodas" (Carta de Descartes a Mersenne, con ocasión de la controversia que había suscitado la nueva doctrina).

La primera parte, intitulada *De los principios del conocimiento humano,* es una exposición general de la filosofía de Descartes. Con todo, se ofrece en otro estilo con la mira de lograr sus propósitos didácticos. En los 76 filosofemas, que comprende esta parte, además figuran ajustes por demás importantes respecto a sus obras anteriores, los cuales vienen a redondear el sistema.

La segunda parte, intitulada *De los principios de las cosas materiales,* estudia en 64 artículos los hechos de la Naturaleza: los cuerpos, la extensión, la materia, el tiempo, el movimiento, el choque, etc. El método matemático encuentra aquí su aplicación consecuente. Gracias a tal vía metódica se eleva el filósofo al conocimiento de las leyes.

La tercera parte, intitulada *Del mundo visible,* ofrece en 157 enunciados un ensayo de mecánica celeste: habla de los movimientos de los planetas, de la constitución del universo, de la formación del sol, de la luz, de las manchas del sol, de las estrellas fijas, de los cometas, etc. Acepta la hipótesis de Copérnico (1473-1543), pero ve de conciliarla con la ortodoxia católica.

La cuarta parte, intitulada *De la tierra,* se ocupa del globo terrestre y de su formación, en 207 tesis. ¿Cómo bajo la acción de la luz, del calor y de la pesantez, la materia se reparte en cuatro grandes sectores,

173

a saber, el aire, el agua, la tierra y el fuego?: he ahí el tema medular de esta parte.

La significación de *Los Principios* reside en que Descartes ofrece el panorama de la filosofía, vinculando sus partes en un todo compacto. En la *Carta* que dirige al traductor de esta obra en versión francesa; *Carta* "que puede servir de prefacio", lo confirma cuando declara que "toda la filosofía es como un árbol, cuyas raíces son la metafísica, el tronco es la física y las ramas que salen de este tronco las demás ciencias". Más adelante señala que la primera parte de esta obra contiene "los principios del conocimiento que es como podemos llamar a la filosofía primera o también metafísica". Las otras tres partes se ocupan de "todo lo que hay de más general en la física".

Cada uno de los principios está seguido de una explicación pertinente donde aquéllos se desarrollan con rigor. El lector podrá, echando un vistazo a las partes, darse cuenta de las ideas del sistema y de su lugar en el conjunto.

PRIMERA PARTE

DE LOS PRINCIPIOS DEL CONOCIMIENTO HUMANO

1. Que para examinar la verdad, es preciso dudar, en cuanto sea posible, de todas las cosas, una vez en la vida.

2. Que es útil también tener por falsas todas las cosas de que se puede dudar.

3. Que no debemos servirnos de esta duda para dirigir nuestras acciones.

4. Por qué es posible dudar de la verdad de las cosas sensibles.

5. Por qué se puede dudar también de las demostraciones matemáticas.

6. Que poseemos un libre albedrío que hace que podamos abstenernos de creer en las cosas dudosas, e impide de esta suerte que seamos engañados.

7. De cómo no podríamos dudar sin existir, lo cual es el primer conocimiento cierto que puede adquirirse.

8. De cómo así se conoce en seguida la distinción que hay entre el alma y el cuerpo.

9. Lo que es pensar.

10. De cómo hay nociones de suyo tan claras que se las obscurece al quererlas definir al estilo escolástico, y no se adquieren por el estudio, sino que son innatas.

11. Cómo podemos conocer con mayor claridad nuestra alma que nuestro cuerpo.

12. De qué viene que no todos conozcan el alma de esta manera.

13. En qué sentido se puede decir que si no se conoce a Dios no se puede tener conocimiento cierto de ninguna otra cosa.

14. Cómo puede demostrarse que existe un Dios, solamente porque la necesidad de ser o existir está comprendida en la noción que de él tenemos.

15. De cómo la necesidad de existir no está comprendida de este modo en la noción que tenemos de las cosas restantes, sino únicamente la posibilidad de existir.

16. Que los prejuicios impiden que muchos conozcan claramente esta necesidad de existir que hay en Dios.

17. De cómo debemos creer que la causa de una cosa sea tanto más perfecta cuanto mayor sea la perfección que en dicha cosa concebimos.

18. Y con esto se puede demostrar de nuevo que hay un Dios.

19. De cómo, aunque no comprendamos todo lo que hay en Dios, nada hay, sin embargo, que conozcamos tan claramente como sus perfecciones.

20. De cómo no somos causa de nosotros mismos, sino que lo es Dios, y, por consiguiente, que Dios existe.

21. Cómo la duración de nuestra vida basta para demostrar que Dios existe.

22. De cómo, conociendo de la manera expuesta que hay un Dios, se conocen también todos sus atributos, en cuanto pueden ser conocidos por la mera luz natural.

23. Que Dios no es corpóreo, ni conoce por medio de los sentidos como nosotros, ni es autor del pecado.

24. Que, después de haber reconocido que Dios existe, es necesario, para abordar el conocimiento de las criaturas, recordar que nuestro entendimiento es finito y el poder de Dios es infinito.

25. Y que es preciso creer todo lo que Dios ha revelado, aunque esté por encima del alcance de nuestra inteligencia.

26. Que no hay que tratar de comprender lo infinito, sino únicamente pensar que todo aquello en que no hallamos límites es indefinido.

27. Qué diferencia hay entre "indefinido" e "infinito".

28. Que no se debe examinar para qué fin ha hecho Dios cada cosa, sino únicamente por qué medio ha querido que fuese producida.

29. Que no es Dios la causa de nuestros errores.

30. Y que es verdadero, por lo tanto, todo lo que percibimos claramente; lo cual nos libra de las dudas antes expuestas.

31. De cómo nuestros errores no son más que negaciones relativamente a Dios, pero privaciones o defectos relativamente a nosotros.

32. Que no hay en nosotros más que dos clases de pensamientos, a saber: la percepción del entendimiento y la acción de la voluntad.

33. Que no nos engañamos sino cuando formulamos juicios acerca de alguna cosa que no conocemos bastante.

34. Que para juzgar se necesita de la voluntad tanto como del entendimiento.

35. Que la voluntad es más extensa que el entendimiento, y de aquí proceden nuestros errores.

36. No pueden, por tanto, nuestros errores imputarse a Dios.

37. Que la principal perfección del hombre consiste en poseer libre albedrío, y esto es lo que le hace digno de elogio o de censura.

38. De cómo nuestros errores son defectos de nuestra manera de obrar, pero no de nuestra naturaleza, y de cómo las faltas de los subordinados pueden muchas veces imputarse a los otros señores, pero no a Dios.

39. Que la libertad de nuestra voluntad se conoce por la simple experiencia que de ella tenemos, sin necesidad de prueba.

40. Cómo sabemos también con certeza que Dios ha determinado previamente todas las cosas.

41. Cómo se puede concertar nuestro libre albedrío con la preordinación divina.

42. En qué consiste que, aunque no quisiéramos equivocarnos jamás, nos equivocamos, sin embargo, por nuestra voluntad.

43. Que no podríamos equivocarnos si sólo juzgáramos de las cosas que percibimos clara y distintamente.

44. Que no podríamos sino juzgar mal de lo que no percibimos claramente, por más que pueda ser verdadero nuestro juicio, y de cómo muchas veces es nuestra memoria la que nos engaña.

45. Qué es una percepción clara y distinta.

46. De cómo puede la percepción ser clara sin ser distinta, pero no lo contrario.

47. De cómo para extirpar las preocupaciones de nuestra infancia es preciso examinar qué hay de claro en cada una de nuestras primeras simples nociones.

48. Que todo aquello de que tenemos alguna noción se considera como una cosa o como una verdad; y de la enumeración de las cosas.

49. Que las verdades no pueden enumerarse de este modo ni es necesario hacerlo.

50. Que todas estas verdades pueden ser percibidas claramente, pero no por todos los hombres, a causa de los prejuicios.

51. Qué es la sustancia, y por qué ese nombre no se puede atribuir en igual sentido a Dios y a las criaturas.

52. Que el nombre de sustancia puede aplicarse en igual sentido al alma y al cuerpo; y cómo se conoce la sustancia.

53. Que cada sustancia posee un atributo principal, y de que el del alma es el pensamiento y el del cuerpo la extensión.

54. Cómo podemos tener ideas distintas de la sustancia que piensa, de la corpórea y de Dios.

55. Cómo podemos también tener ideas distintas de la duración, del orden y del número.

56. Qué son cualidad, atributo y manera o modo.

57. Hay unos atributos que pertenecen a las cosas a que son atribuidas y otros que dependen de nuestro pensamiento.

58. Que los números y los universales dependen de nuestro pensamiento.

59. Cuáles son los universales.

60. De las distinciones, y primeramente de la distinción real.

61. De la distinción modal.

62. De la distinción que se hace por el pensamiento.

63. Cómo se pueden tener nociones distintas de la extensión y del pensamiento, en cuanto la una constituye la naturaleza del cuerpo y el otro la del alma.

64. Cómo se pueden también concebir distintamente el pensamiento y la extensión, considerándolos como modos o atributos de las sustancias pensante y extensa.

65. Cómo se conciben también las diversas propiedades o atributos del pensamiento y de la extensión.

66. Que tenemos también ideas distintas de nuestros sentimientos, afecciones y apetitos, aunque muchas veces nos equivoquemos en los juicios que hacemos acerca de ellos.

67. Que muchas veces nos engañamos al juzgar que sentimos dolor en alguna parte de nuestro cuerpo.

68. Que en tales cosas es preciso distinguir aquello en que cabe engaño de lo que se concibe con claridad.

69. De cómo se conocen los tamaños, las figuras, etc., de muy distinto modo que los colores, los dolores, etc.

70. Que podemos juzgar de las cosas sensibles de dos maneras: una que nos hace incurrir en el error y otra que nos aparta de él.

71. Que los prejuicios de nuestra infancia son la causa primera y principal de nuestros errores.

72. Que la segunda causa de nuestros errores consiste en que no podemos olvidarnos de estos prejuicios.

73. La tercera causa de nuestros errores reside en que nuestro espíritu se fatiga cuando atiende a todas las cosas de que juzgamos.

74. La cuarta causa de nuestros errores es que ligamos nuestros pensamientos a palabras que no los expresan con exactitud.

75. Resumen de todo lo que debe observarse para filosofar bien.

76. Que debemos preferir a nuestros razonamientos la autoridad divina, y no creer nada de lo que no es revelado sin conocerlo con mucha claridad.

SEGUNDA PARTE

DE LOS PRINCIPIOS DE LAS COSAS MATERIALES

1. Razones por las cuales se puede saber con certeza que existen los cuerpos.

2. Cómo se sabe, asimismo, que nuestra alma está vinculada a un cuerpo.

3. Cómo nuestros sentidos no nos enseñan cuál es la naturaleza de las cosas, sino únicamente en qué son éstas útiles o dañosas para nosotros.

4. De cómo no son la pesantez, la dureza, etc., lo que constituye la naturaleza del cuerpo, sino la extensión únicamente.

5. De cómo esta verdad ha sido obscurecida por las opiniones acerca de la rarefacción y del vacío.

6. Cómo se produce la rarefacción.

7. Que la rarefacción no puede explicarse de un modo inteligible si no es de la manera que aquí se propone.

8. Que el tamaño no difiere de lo que es grande ni el número de las cosas numeradas, sino por obra de nuestro pensamiento.

9. Que la sustancia corpórea no puede concebirse claramente sin su extensión.

10. Lo que es el espacio o lugar interior.

11. En qué sentido cabe decir que el espacio no es diferente del cuerpo que contiene.

12. En qué sentido cabe decir que el espacio es diferente del cuerpo.

13. Qué es el lugar exterior.

14. Qué diferencia hay entre el lugar y el espacio.

15. De cómo puede tomarse por lugar exterior de un cuerpo la superficie que le rodea.

16. Que no puede existir ningún vacío en el sentido que dan a esta palabra los filósofos.

17. Que la palabra "vacío" tomada en su acepción ordinaria no excluye todo género de cuerpos.

18. Cómo puede corregirse la falsa opinión acerca del vacío, que tanto preocupa.

19. Que esto confirma lo dicho acerca de la rarefacción.

20. Que no puede haber átomos o corpúsculos indivisibles.

21. Que la extensión del mundo es indefinida.

22. Que la tierra y los cielos están hechos de una misma materia, y de cómo no puede haber muchos mundos.

23. Que todas las variedades que hay en la materia dependen del movimiento de sus partes.

24. Lo que es el movimiento en su acepción común.

25. Lo que es el movimiento propiamente dicho.

26. Que no se requiere de más acción para el movimiento que para el reposo.

27. Que el movimiento y el reposo son únicamente dos diferentes estados del cuerpo en el cual se encuentran.

28. Que el movimiento en su propio significado se refiere solamente a los cuerpos que tocan lo que se mueve.

29. Y también se refiere a los movimientos de los cuerpos que consideramos como en reposo.

30. De dónde viene que el movimiento que separa dos cuerpos que se tocan, precisa atribuirlo más a uno que a otro.

31. Cómo puede existir en un mismo cuerpo una diversidad de movimientos.

32. Cómo el movimiento único propiamente dicho, que es único en cada cuerpo, puede también ser adquirido por muchos otros.

33. Cómo en cada movimiento debe haber todo un círculo o anillo de cuerpos que se mueven en conjunto.

34. Qué se sigue de que la materia se divide en partes indefinidas e innumerables.

35. Que no debemos dudar de que esta división se produzca, aunque no podamos comprenderla.

36. Que Dios es la primera causa del movimiento y Él lo conserva siempre en igual cantidad en el Universo.

37. La primera ley de la Naturaleza: que cada cosa perdura en el estado en que está, mientras que nada la cambia.

38. Por qué los cuerpos puestos en movimiento continúan moviéndose después de que se les impulsa.

39. La segunda ley de la naturaleza: todo cuerpo que se mueve tiende a continuar su movimiento en línea recta.

40. La tercera: si un cuerpo en movimiento encuentra otro animado de un movimiento más fuerte que el suyo, no pierde nada de su propio movimiento, y si se encuentra con uno animado de un movimiento más débil, pierde tanto movimiento como el que da.

41. La prueba de la primera parte de esta regla.

42. La prueba de la segunda parte de esta regla.

43. En qué consiste la fuerza de cada cuerpo para actuar o para resistir.

44. Que el movimiento no es contrario a otro movimiento, sino al reposo, y la dirección de un movimiento hacia un lado, a la dirección hacia otro.

45. Cómo se puede determinar de qué manera el movimiento de cada cuerpo cambia los movimientos de los cuerpos con que se encuentra, conforme a las siguientes reglas.

46. La primera.

47. La segunda.

48. La tercera.

49. La cuarta.

50. La quinta.

51. La sexta.

52. La séptima.

53. Que la explicación de estas reglas es difícil a causa de que cada cuerpo es tocado por muchos otros al mismo tiempo.

54. En qué consiste la naturaleza de los cuerpos sólidos y de los líquidos.

55. No hay nada que una las partes de los cuerpos sólidos, sino que ellas están en reposo recíprocamente.

56. Que las partes de los cuerpos fluidos poseen movimientos que tienden igualmente hacia todos lados, y que la menor fuerza es suficiente para mover los cuerpos sólidos que ellas rodean.

57. La prueba del artículo precedente.

58. Que un cuerpo no debe ser considerado completamente fluido respecto de un cuerpo sólido que circunda, cuando algunas de esas partes se mueven menos rápidamente que las de este cuerpo sólido.

59. Que un cuerpo sólido estando impulsado por otro no recibe de éste sólo todo el movimiento que él adquiere, sino que toma también una parte del cuerpo fluido que le rodea.

60. Sin embargo, no puede tener más velocidad que la del cuerpo sólido que se la comunica.

61. Un cuerpo fluido que se mueve en su totalidad hacia una dirección, lleva necesariamente consigo mismo todos los cuerpos sólidos, que él contiene o rodea.

62. Que no se puede decir propiamente que un cuerpo sólido se mueve, sino que él es llevado por un cuerpo fluido.

63. De dónde viene que hay cuerpos tan duros que no pueden ser divididos por nuestras manos, aunque sean más pequeños que éstas.

64. Que no acepto principios de física que no sean también aceptados en matemáticas, con la mira de probar por demostración todo lo que deduciré de ésos, y que estos principios sean tan suficientes que todos los fenómenos de la naturaleza puedan ser explicados por ellos.

TERCERA PARTE

DEL MUNDO VISIBLE

1. Que nunca se pensará en las obras de Dios con suficiente profundidad.

2. Que sería demasiada presunción de uno mismo intentar conocer el fin que Dios se propuso cuando creó el mundo.

3. En qué sentido se puede decir que Dios ha creado todas las cosas para el hombre.

4. Acerca de los fenómenos o experiencias y para qué pueden utilizarse aquí.

5. Qué proporción hay entre el sol, la tierra y la luna en orden de sus distancias y de sus magnitudes.

6. Qué distancia hay entre los otros planetas y el sol.

7. Que se puede aceptar la lejanía de las estrellas fijas tanto como se quiera.

8. Si la tierra se viese desde el cielo sólo parecería un planeta de menor tamaño que Júpiter o Saturno.

9. La luz del sol y de las estrellas fijas es propia de ellas.

10. Que la de la luna y la de los otros planetas viene del sol.

11. Por lo que hace a la luz de la tierra, es como la de los otros planetas.

12. La tierra ilumina a la luna en la fase de la luna nueva.

13. Que el sol es una de las estrellas fijas, y la tierra uno de los planetas.

14. Por qué las estrellas fijas se mantienen siempre en la misma situación unas de otras, y por qué no pasa lo mismo con los planetas.

15. Que se puede echar mano de diferentes hipótesis para explicar los fenómenos planetarios.

16. Que no se pueden explicar todos por la hipótesis de Ptolomeo.

17. Que las de Copérnico y de Tycho Brahe no difieren si se les considera como hipótesis.

18. Que por la hipótesis de Tycho Brahe se atribuye un efecto de más movimiento a la tierra que por la hipótesis de Copérnico.

19. Que yo niego el movimiento de la tierra con más énfasis que Copérnico y con más veracidad que Tycho.

20. Que es necesario suponer que las estrellas fijas estén en extremo alejadas de Saturno.

21. Que la materia del sol así como la de la flama es demasiado móvil, pero eso no significa que pase completamente de un lugar a otro.

22. Que el sol no tiene necesidad de la alimentación como la flama.

23. Que todas las estrellas no están en una superficie esférica, y que están muy alejadas unas de otras.

24. Que toda la materia de los cielos es líquida.

25. Que ella misma lleva consigo todos los cuerpos que contiene.

26. Que la tierra reposa en su cielo, pero que no deja de ser llevada por él.

27. Que ocurre lo mismo con todos los planetas.

28. No se puede decir propiamente que la tierra o los planetas se mueven, sino que son transportados.

29. Que también, hablando impropiamente y siguiendo el uso no se puede atribuir movimiento a la tierra, sino solamente a los otro planetas.

30. Que todos los planetas son llevados alrededor del sol en e cielo del cual forman parte.

31. De qué manera esto ocurre.

32. De qué manera, asimismo se forman las manchas visibles sobre la superficie del sol.

33. Que la tierra tiene un movimiento alrededor de su centro, la luna alrededor de la tierra.

34. Que los movimientos de los cielos no son perfectamente circulares.

35. Todos los planetas no están siempre en un mismo plano.

36. Cada uno de ellos, además, no es equidistante siempre de un mismo centro.

37. Que todos los fenómenos pueden ser explicados por la hipótesis aquí propuesta.

38. Que, siguiendo la hipótesis de Tycho Brahe, se debe deci que la tierra se mueve alrededor de su centro.

39. También que ella se mueve alrededor del sol.

40. Aunque la tierra cambie de situación respecto de los otros planetas, eso no es advertido tratándose de las estrellas fijas a causa de su enorme distancia.

41. Esta distancia de las estrellas fijas es una idea necesaria para explicar los movimientos de los cometas.

42. Todas las cosas que se ven sobre la tierra, forman parte de los fenómenos, pero aquí no hay necesidad de considerarlas todas.

43. No es aceptable que sean falsas las causas de las cuales se pueden deducir todos los fenómenos.

44. Que yo no quiero asegurar, sin embargo, que éstas que propongo sean verdaderas.

45. Yo supondría aquí que algunas sean falsas.

46. Cuáles son éstas.

47. Su falsedad no impide que lo que se infiera de ello no sea verdadero.

48. Cómo todas las partes del cielo han llegado a ser redondas.

49. Entre esas partes redondas, debe haber otras más pequeñas para rellenar todo el espacio que ellas ocupan.

50. Éstas más pequeñas pueden ser divididas fácilmente.

51. Y que se mueven rápidamente.

52. Que hay tres elementos principales en el mundo visible.

53. Que se pueden distinguir en el universo tres diferentes materias celestes.

54. Cómo el cielo y las estrellas han podido formarse.

55. Lo que es la luz.

56. Cómo se puede decir que una cosa inanimada tiende a producir algún efecto.

57. Cómo un cuerpo puede tender a moverse en muchísimas formas a un mismo tiempo.

58. Cómo tiende a alejarse del centro alrededor del cual se mueve.

59. Qué cantidad de fuerza tiene este impulso.

60. Toda la materia de los cielos tiende así a alejarse de ciertos centros.

61. Ésa es la causa por la cual los cuerpos del sol y de las estrellas fijas son redondos.

62. La materia celeste que les circunda tiende a alejarse de todos los puntos de su superficie.

63. Las partes de esta materia no se estorban en eso, recíprocamente.

64. Eso basta para explicar todas la propiedades de la luz y para comprender la apariencia de los astros luminosos sin que en tal fenómeno intervenga otra cosa.

65. Que los cielos están divididos en muchos torbellinos y los polos de algunos de esos torbellinos tocan las partes más retiradas de los polos de los otros.

66. Que los movimientos de estos torbellinos se deben desviar un poco, pero no interferirse entre sí.

67. Que dos torbellinos no se pueden tocar en sus polos.

68. Que no pueden ser todos del mismo tamaño.

69. Que la materia del primer elemento entra por los polos de cada torbellino hacia su centro, y sale de ahí por los lugares más distantes de los polos.

70. Que no ocurre lo mismo con el segundo elemento.

71. Cuál es la causa de esta diversidad.

72. Cómo se mueve la materia que forma el cuerpo del sol.

73. Hay muchas desigualdades en lo que respecta a la situación del sol, en medio del torbellino que le rodea.

74. Hay muchas también, en lo que respecta al movimiento de su materia.

75. Que eso no obsta que su figura no sea redonda.

76. Cómo se mueve la materia del primer elemento situado entre las partes del segundo en el cielo.

77. Que el sol no envía solamente su luz hacia la eclíptica, sino también hacia los polos.

78. Cómo la envía hacia la eclíptica.

79. De qué manera es fácil, algunas veces, a los cuerpos móviles que su acción se extienda extremadamente lejos.

80. Cómo envía el sol su luz hacia los polos.

81. Que no tiene quizá tanta fuerza hacia los polos como hacia la eclíptica.

82. Qué diversidad hay en el tamaño y en los movimientos de las partes del segundo elemento que componen los cielos.

83. Por qué las más alejadas del sol en el cielo, se mueven más rápido que las que están un poco menos lejos.

84. Por qué también las que están más próximas del sol se mueven más rápidamente que las que están menos lejos.

85. Por qué las más próximas del sol son más pequeñas que las que están más alejadas.

86. Que estas partes del segundo elemento tienen diversos movimientos que los hacen redondos en todos sentidos.

87. Que hay diversos grados de velocidad en las pequeñas partes del primer elemento.

88. Que aquellas de estas pequeñas partes que tienen la mínima velocidad, pierden un poco de ella en favor de otra, vinculándose unas a otras.

89. Que tales especies de partes pequeñas se encuentran fundamentalmente en la materia que fluye de los polos de cada torbellino hacia su punto central.

90. Cuál es la figura de estas partes que nosotros llamamos acanaladas.

91. De estas partes acanaladas, las que vienen de un polo giran en un sentido totalmente opuesto a las que vienen del otro.

92. No hay más de tres canales en la superficie de cada parte.

93. Entre las partes acanaladas y las más pequeñas del primer grupo hay una infinidad de tamaños.

94. Cómo se producen manchas en el sol o en las estrellas.

95. Causas de las principales propiedades de estas manchas.

96. De qué manera son destruidas y de qué manera se originan de nuevo.

97. De dónde viene que sus extremidades parezcan tener los mismos colores que el arco iris.

98. Cómo estas manchas se transforman en flamas y, al revés, las flamas en manchas.

99. Cómo son las partes de las manchas en que se dividen.

100. Cómo una especie de aire se forma en torno de las estrellas.

101. Las causas que producen o disipan estas manchas son muy inciertas.

102. Cómo algunas veces una sola mancha cubre toda la superficie de un astro.

103. Por qué el sol parece algunas veces más oscuro que de costumbre, y por qué las estrellas no siempre se ven del mismo tamaño.

104. Por qué hay estrellas que aparecen o desaparecen de nuevo.

105. Hay poros en las manchas por donde las partes acanaladas tienen libre paso.

106. Por qué las partes acanaladas no pueden retornar por los mismos poros por los que ellas entran.

107. Por qué las que vienen de un polo deben tener otros poros que los que vienen del otro.

108. Cómo la materia del primer elemento toma su curso por esos poros.

109. En estas manchas, hay también otros poros que atraviesan las ya mencionadas.

110. Estas manchas obstruyen la luz de los astros que cubren.

111. Cómo puede llegar a aparecer de súbito una nueva estrella en el cielo.

112. Cómo una estrella puede desaparecer poco a poco.

113. Las partes acanaladas forman varios pasos en todas las manchas.

114. Una misma estrella puede aparecer y desaparecer varias veces.

115. Algunas veces todo un torbellino puede ser destruido.

116. Cómo puede acontecer eso antes que las manchas que cubren un astro sean muy espesas.

117. Cómo esas manchas pueden también algunas veces, llegar a ser espesas antes que el torbellino que las contiene sea destruido.

118. En qué forma son producidas estas manchas.

119. Cómo una estrella fija puede convertirse en cometa o planeta.

120. Cómo se mueve esta estrella cuando empieza a dejar de ser fija.

121. Lo que entiendo por solidez de los cuerpos y por su agitación.

122. La solidez de un cuerpo no depende solamente de la materia de la que está compuesto, sino también de la cantidad de esa materia y de su estructura.

123. Cómo las pequeñas bolas del segundo elemento pueden tener más solidez que todo el cuerpo de un astro.

124. Cómo pueden tener también menos solidez.

125. Cómo algunas pueden tener más solidez y otras menos.

126. Cómo un cometa puede comenzar a moverse.

127. Cómo los cometas continúan sus movimientos.

128. Cuáles son sus principales fenómenos.

129. Cuáles son las causas de estos fenómenos.

130. Cómo la luz de las estrellas fijas puede llegar hasta la tierra.

131. Las estrellas no están quizá en los mismos lugares donde aparecen, y qué es el firmamento.

132. Por qué no vemos los cometas cuando están fuera de nuestro cielo.

133. Acerca de la cola de los cometas y las diferentes cosas que ahí se observan.

134. En qué consiste la refracción que hace visible la cola de los cometas.

135. Explicación de esta refracción.

136. Explicación de las causas que hacen visible las colas de los cometas.

137. Explicación de la aparición de las bolas de fuego.

138. Por qué la cola de los cometas no está siempre exactamente recta, ni directamente opuesta al sol.

139. Por qué las estrellas fijas y los planetas no aparecen con tales colas.

140. Cómo los planetas han podido comenzar a moverse.

141. Cuáles son las diferentes causas que desvían el movimiento de los planetas. La primera.

142. La segunda.

143. La tercera.

144. La cuarta.

145. La quinta.

146. Cómo pudieron haberse formado los planetas.

147. Por qué no todos los planetas son equidistantes del sol.

148. Por qué los más próximos del sol, se mueven más rápido que los más alejados, y sus manchas que están muy próximas a éste se mueven menos rápido que cualquier planeta.

149. Por qué la luna gira alrededor de la tierra.

150. Por qué la tierra gira alrededor de su centro.
151. Por qué la luna se mueve más rápidamente que la tierra.
152. Por qué siempre un mismo lado de la luna es el que está vuelto hacia la tierra.
153. Por qué la luna siendo nueva o llena va más veloz y se aparta menos de su ruta que durante su creciente o su menguante.
154. Por qué los planetas que están alrededor de Júpiter giran ahí más rápido, al paso que no ocurre lo mismo con aquellos que se dice están alrededor de Saturno.
155. Por qué los polos del ecuador están más alejados que los de la eclíptica.
156. Por qué se acercan poco a poco.
157. La causa general de todas las variantes que se nota en los movimientos de los astros.

CUARTA PARTE

DE LA TIERRA

1. Para encontrar las causas verdaderas de cuanto sucede en la tierra es preciso mantener la hipótesis ya dicha, no obstante que parezca falsa.
2. Cómo se ha originado la tierra según esta hipótesis.
3. Su división en tres regiones. Descripción de la primera región.
4. Descripción de la segunda región de la tierra.
5. Descripción de la tercera región de la tierra.
6. Que las partes del tercer elemento que se encuentran en esta tercera región han de ser muy grandes.
7. Que tales partes pueden ser cambiadas gracias a la acción de los otros dos elementos.
8. Que las partes del tercer elemento son mucho mayores que las del segundo, pero ni tan sólidas ni tan movibles.
9. ¿?

10. Que en torno de ella queda una total serie de intervalos, que habían sido ocupados por los otros dos elementos.
11. Que las partes del segundo elemento entonces eran tanto más pequeñas cuanto más cerca se encontraban del punto medio de la tierra.
12. Que los espacios por donde ellos pasaban entre las partes de la tercera región, eran más estrechos.
13. Que las partes más toscas de esta tercera región, no eran siempre las que se hallaban más abajo.

14. Que en la tercera región de la tierra se formaron entonces diversos cuerpos.

15. Cuáles son las acciones principales por las que se han formado los cuerpos. Explicación de la primera.

16. El primer efecto de esta acción reside en hacer transparentes los cuerpos.

17. Cómo los cuerpos duros y sólidos pueden ser transparentes.

18. El segundo efecto de la primera acción, que consiste en purificar los líquidos y dividirlos en diversos cuerpos.

19. El tercer efecto de esta primera acción es el de redondear las gotas de los líquidos.

20. Explicación de la segunda acción consistente en la pesantez.

21. Cada parte de la tierra, considerada en sí misma, es más bien ligera que pesada.

22. En qué reside la ligereza de la materia celeste.

23. La ligereza de esta materia celeste es la que hace pesados a los cuerpos terrestres.

24. Cuando son más pesados ciertos cuerpos que otros.

25. La pesantez de un cuerpo no corresponde siempre a la cantidad de materia que éste contiene.

26. Por qué la pesantez de un cuerpo no se advierte sino cuando se halla en su lugar natural.

27. Por qué los cuerpos tienden hacia el centro de la tierra.

28. De la tercera acción, que no es otra cosa que la luz, y cómo agita las partículas del aire.

29. Explicación de la cuarta acción, que no es otra cosa que el calor, y por qué se conserva después de producir la luz.

30. Cómo penetra el calor en los cuerpos que no son transparentes.

31. Por qué comunmente dilata los cuerpos y por qué reduce el volumen del algunos de ellos.

32. Cómo la tercera región de la tierra comenzó a dividirse en dos cuerpos diversos.

33. Hay tres diferentes especies de partes terrestres.

34. Cómo se formó un tercer cuerpo entre los dos precedentes.

35. Las partes de este cuerpo son del mismo género.

36. Todas las partes de este género constan de dos especies.

37. Cómo ciertos cuerpos pueden ser divididos en una pluralidad de otros cuerpos.

38. Cómo se forma un cuarto cuerpo por sobre un tercero.

39. Cómo este cuarto cuerpo crece y el tercero se purifica.

40. Cómo el espesor de este tercer cuerpo se reduce, en tanto entre él y el cuarto cuerpo se conserva un espacio, que se satura de la materia del primero.

41. Cómo se originan algunas escisiones en el cuarto cuerpo.

42. Cómo este cuarto cuerpo se rompe en varias piezas.

43. Cómo una parte del tercer cuerpo queda sobre el cuarto.

44. Cómo se han generado las montañas, las planicies, los mares, etc.

45. Acerca de la naturaleza del aire.

46. Por qué el aire fácilmente se puede condensar o rarificar.

47. Cómo se explica que tenga tanta fuerza en la presión de ciertas máquinas.

48. De la naturaleza del agua, y por qué ésta fácilmente se convierte en vapor o en hielo.

49. Del flujo y reflujo del mar.

50. Por qué el agua del mar tarda aproximadamente doce horas veinticuatro minutos en subir y descender.

51. Por qué las mareas son más fuertes durante la luna llena o la luna nueva que en otras épocas.

52. Por qué también son más fuertes en los equinoccios que en los solsticios.

53. Por qué el agua y el aire fluyen sin cesar del oriente al poniente.

54. Por qué los países que tienen el mar al oriente son de ordinario menos calurosos que los que lo tienen al occidente.

55. Por qué en los lagos no hay flujo ni reflujo; y por qué tal fenómeno no entra en las playas del mar a la misma hora que en alta mar.

56. Cómo se puede dar razón de todas las peculiaridades del flujo y reflujo.

57. De la naturaleza de tierra interior ubicada abajo de las aguas más profundas.

58. De la naturaleza del mercurio.

59. De las diferencias del calor existentes en esta tierra interior.

60. Del efecto de este calor.

61. Cómo se engendran las substancias agrias y corrosivas del vitriolo, del alumbre y otros parecidos metales.

62. Cómo se engendra la materia oleaginosa del azufre, del betún y cosas semejantes.

63. Acerca de los principios de la química y de qué manera se forman los metales en las minas.

64. De la naturaleza de la tierra exterior, y del origen de las fuentes.

65. Por qué el agua del mar no crece, a pesar de que allí desembocan los ríos.

66. Por qué el agua de la mayor parte de las fuentes es dulce, y salada la del mar.

67. Por qué hay también fuentes cuya agua es salada.

68. Por qué hay minas de sal en algunas montañas.

69. Por qué existen, además de la sal común, otras especies de sales.

70. Diferencias entre vapores, vahos y exhalaciones.

71. Cómo de una mezcla se originan diferentes especies de piedras, de las cuales unas son transparentes y otras no.

72. Cómo los metales se extraen de las minas y cómo se les beneficia.

73. Por qué los metales sólo se encuentran en ciertos lugares de la tierra.

74. Por qué estos lugares se hallan de ordinario al pie de las montañas, del lado sur u oriental.

75. Todas las minas están en el exterior de la tierra, y no se sabría horadar hasta el interior.

76. Cómo se componen el azufre, el betún, el aceite mineral y la arcilla.

77. Acerca de las causas de los temblores de la tierra.

78. Por qué existen volcanes.

79. Por qué los temblores de tierra tienen efecto a menudo en varias sacudidas.

80. De la naturaleza del fuego.

81. Cómo se origina éste.

82. Cómo se le conserva.

83. Por qué se necesita para conservar el fuego de un cuerpo que lo alimente.

84. Cómo puede ser producido el fuego mediante el pedernal.

85. Cómo se le puede obtener mediante madera seca.

86. Cómo se le puede producir con un espejo cóncavo o con un convexo.

87. Cómo la sola agitación de un cuerpo lo puede inflamar.

88. Cómo de la mezcla de dos cuerpos pueden éstos ponerse en combustión.

89. Cómo se produce el fuego de la pólvora, del rayo y del aerolito (bólido).

90. Cómo se incendian las estrellas que caen, y cuál es la causa del fuego que ilumina pero no quema.

91. En qué consiste la luz del agua del mar, de la madera podrida, etc.

92. Cuál es la causa del fuego que arde o calienta, pero que no ilumina, como el del heno que así mismo se enciende.

93. Por qué si se echa agua sobre la cal viva, y, en general, cuando se mezclan dos cuerpos de diferente naturaleza, se excita en ellos el calor.

94. Cómo arde el fuego en las concavidades de la tierra.

95. De qué manera arde una antorcha.

96. Cómo se conserva la flama.

97. Por qué la flama termina en punta, y de dónde viene el humo.

98. De qué manera el aire y otros cuerpos alimentan la flama.

99. Que el aire circula alrededor del fuego en el lugar del humo.

100. De qué manera los líquidos apagan el fuego, y cómo se explica que existen cuerpos que ardan en el agua.

101. Qué materias son apropiadas para alimentar el fuego.

102. Por qué la flama del alcohol no quema un trapo mojado con tal líquido.

103. Por qué arde fácilmente el alcohol.

104. Por qué el agua común apaga el fuego.

105. Por qué a veces el agua también puede incrementar el fuego, y por qué las sales hacen lo propio.

106. Qué cuerpos son los más adecuados para mantener el fuego.

107. Por qué hay cuerpos que se inflaman y cuerpos que el fuego consume sin inflamarlos.

108. De qué manera el fuego se conserva en el carbón.

109. De la pólvora, que se hace del azufre, del salitre y del carbón. En primer lugar, del azufre.

110. Del salitre.

111. De la mezcla de estas dos substancias.

112. Acerca del movimiento de las partes del salitre.

113. Por qué la flama de la pólvora se dilata mucho, y por qué su acción tira hacia arriba.

114. Acerca de la naturaleza del carbón.

115. Por qué se granea la pólvora, y en qué reside su fuerza.

116. Lo que se puede juzgar de las lámparas de las que se dice haber conservado su flama varios siglos.

117. De las otras acciones del fuego.

118. Qué cuerpos pueden fundirse y hervirse por el fuego.

119. Cuáles los que hace secos y duros.

120. Acerca del agua destilada.

121. Acerca de los sublimatos y los aceites.

122. Aumentando o disminuyendo la fuerza del fuego se transforma también su efecto.

123. De qué manera se calcinan varios cuerpos.

124. De qué manera se forma el vidrio.

125. Cómo están unidas las partes del vidrio.

126. Por qué es líquido y viscoso cuando se quema.

127. Por qué es muy duro cuando está frío.

128. Por qué, además, es fácil de quebrarse.

129. Por qué se hace menos quebradizo cuando se deja enfriar lentamente.

130. Por qué es transparente.

131. De qué manera se le puede teñir de diversos colores.

132. Lo que es rígido y es elástico, y por qué estas cualidades pertenecen al vidrio.

133. Explicación de la naturaleza del imán.

134. No hay poros en el agua ni en el aire propios para recibir partículas acanaladas.

135. No hay nada parecido en ningún cuerpo de la tierra, excepto en el hierro.

136. Por qué hay tales poros en el hierro.

137. Cómo pueden existir estos poros en cada una de sus partes.

138. De qué manera están dispuestos estos poros para recibir las partes acanaladas de los dos lados.

139. Cuál es la diferencia entre el imán y el hierro.

140. Cómo se hace hierro o acero fundiendo la mina.

141. Por qué el acero es más sólido y rígido y quebradizo.

142. Qué diferencia hay entre el simple hierro y el acero.

143. Razón por la cual precisa dejar el acero en el agua.

144. Qué diferencias existen entre los poros del imán, del acero y del hierro.

145. Enumeración de todas las propiedades del imán.

146. De qué manea las partículas acanaladas toman su curso a través y alrededor de la tierra.

147. Que estas partículas pasan con más dificultad a través del aire y por el resto de la tierra exterior que a través de la tierra interior.

148. Menos difícil es para ellas el pasar a través del imán.

149. Qué son los polos del imán.

150. Por qué estos polos se dirigen hacia los polos de la tierra.

151. Por qué también se inclinan hacia el centro de ella, según los sitios que ocupan.

152. Por qué dos piedras de imán se vuelven hacia sí recíprocamente, de la propia manera como lo hacen hacia la tierra, la cual es también un imán.

153. Por qué dos imanes se aproximan recíprocamente, y cuál es su esfera de acción.

154. Por qué también se rechazan uno de otro.

155. Por qué cuando se divide un imán las partes resultantes que han estado unidas se rechazan entre sí.

156. Las dos partes de un imán que se tocan se convierten en dos polos de fuerza contraria, cuando se le divide.

157. Por qué la fuerza que reside en cada pequeña pieza de un imán, es parecida a la que hay en su totalidad.

158. Cómo esta fuerza es transmitida al hierro por el imán.

159. Cómo se transmite al hierro de manera diversa, en la medida que el imán se dirige a sí mismo.

160. Por qué, sin embargo, una pieza de hierro que es más larga que ancha o gruesa, es afectada por esta fuerza conforme a su longitud.

161. Por qué el imán no pierde nada de su fuerza en el acto de trasmisión al hierro.

162. Por qué se transmite al hierro más rápidamente, y cómo se afirma en él al correr del tiempo.

163. Por qué el acero es más sensible a ella que el hierro.

164. Por qué el acero es afectado por una fuerza mayor tratándose de un imán mayor que de otro menor.

165. Cómo la sola tierra puede transmitir esta fuerza al hierro.

166. Cómo se explica que muchas pequeñas piedras de imán parezcan a menudo tener más fuerza que toda la tierra.

167. Por qué las agujas imantadas tienen los polos de su fuerza en sus extremidades.

168. Por qué los polos del imán no se dirigen siempre exactamente hacia los polos de la tierra.

169. Cómo esta variación puede cambiar con el tiempo en un mismo lugar de la tierra.

170. Cómo puede ser también alterada por la diferente situación del imán.

171. Por qué el imán atrae al hierro.

172. Por qué soporta más hierro cuando está armado que cuando no lo está.

173. Cómo los dos polos del imán se ayudan recíprocamente a sostener el hierro.

174. Por qué una aguja de hierro no está impedida de girar en torno del imán al cual está suspendida.

175. Qué situación, uno respecto del otro, han de tener dos imanes para ayudarse a soportar hierro o para impedirlo.

176. Por qué un imán más fuerte no puede atraer al hierro que pende de un imán más débil.

177. Por qué algunas veces, al contrario, el imán más débil atrae el hierro de uno más fuerte.

178. Por qué en nuestros países el polo austral del imán puede atraer más hierro que el otro.

179. Cómo están colocados los granos del polvo de acero alrededor del imán.

180. Cómo una hoja de hierro unida a uno de los polos del imán, impide la fuerza de éste.

181. Que esta misma fuerza no se neutraliza por la interposición de ningún otro cuerpo.

182. Que si la situación del imán es opuesta a la que toma de manera natural cuando nada le estorba, le quita poco a poco su fuerza.

183. Su acción puede también desaparecer por el fuego o disminuir por el moho.

184. Acerca de la atracción del ámbar, el azabache, la cera, el vidrio, etc.

185. Acerca de la causa de esta atracción en el vidrio.

186. La propia causa parece tener lugar en todas las otras atracciones.

187. Los ejemplos aquí mencionados pueden servir para explicar todos los más admirables sucesos que ocurren en la faz de la tierra.

188. De las cosas que hay que explicar todavía para que este tratado sea completo.

189. Qué es la sensación y de qué modo sentimos.

190. Cuántos sentidos diferentes hay y cuáles son los interiores, es decir, los apetitos naturales y las pasiones.

191. De los sentidos exteriores, y en primer lugar del tacto.

192. Del gusto.

193. Del olfato.

194. Del oído.

195. De la vista.

196. Cómo se prueba que el alma no siente sino en cuanto está en el cerebro.

197. Cómo se prueba que el alma es de tal naturaleza que el simple movimiento de algún cuerpo basta para hacerla experimentar todo género de sensaciones.

198. Que no hay nada en los cuerpos que pueda excitar en nosotros alguna sensación, a no ser el movimiento, la figura, la situación y el tamaño de sus partes.

199. Que no hay en la naturaleza ningún fenómeno que no se halle comprendido en lo que se ha expuesto en este tratado.

200. Que este tratado no contiene principios que no hayan sido aceptados por todo el mundo y en todo tiempo, de suerte que esta filosofía no es nueva, sino la más antigua y común que puede existir.

201. Que es cierto que los cuerpos sensibles se componen de partes no sensibles.

202. Que estos principios concuerdan menos con los de Demócrito que con los de Aristóteles u otros filósofos.

203. Cómo se obtiene el conocimiento de las figuras, tamaños y movimientos de los cuerpos que no son perceptibles por los sentidos.

204. Que, tratándose de las cosas que no perciben nuestros sentidos, basta explicar cómo pueden ser, y de cómo esto es todo lo que ha tratado de hacer Aristóteles.

205. Que, empero, hay una certeza moral de que todas las cosas de este mundo son tales como se ha demostrado aquí que pueden ser.

206. Y que se posee también una certeza de esto, algo más que moral.

207. Sin embargo, someto todas estas opiniones al juicio de los doctos y a la autoridad de la Iglesia.

ÍNDICE

REGLAS PARA LA DIRECCIÓN DEL ESPÍRITU

TABLA DE LOS PRINCIPIOS DE LA FILOSOFÍA. CUADRO

ESTE LIBRO FUE IMPRESO Y ENCUADERNADO
EL 14 DE FEBRERO DE 2012, EN LOS TALLERES DE

FUENTES IMPRESORES, S. A.
Centeno, 109, 09810, México, D. F.